Walter Sauer (Hrsg.)
Bayerische Weihnacht

Bayerische Weihnacht

Ein Lesebuch für die ganze Familie

Herausgegeben von Walter Sauer

Ehrenwirth

Die Deutsche Bibliothek – CIP-Einheitsaufnahme

Bayerische Weihnacht: ein Lesebuch für die ganze Familie /
hrsg. von Walter Sauer. – München : Ehrenwirth, 1996
ISBN 3-431-03467-5

ISBN 3-431-03467-5
© 1996 by Ehrenwirth Verlag GmbH, Schwanthalerstraße 91, D-80336 München
Umschlag: Atelier Kontraste, München
Illustrationen: Sigrid Meggendorfer, München
Satz: ew print & medien service gmbh, Würzburg

Inhalt

I. Advent und Nikolo

II. Weihnachten und Mettennacht

6

I

Advent und Nikolo

Georg Lohmeier

Wenns weihnachten tuat

Wenns weihnachten tuat, den ganzen Advent her bald, auf was gfrei i mi da zon mehran? – Aufs Christkindl natürli als Christenmensch. Nachand aber aar aufs Kletzenbrout.

Was a guate alte Bäurin is, die macht no a Kletznbrout. Die Stadterer und Zuagroaßtn kennen's net, die nennen's Früchtebrot. 's Kletznbrout is aber kerniger und größer. Es san Trümmer Bauernloab, wie ma s' dös ganz Jahr über hat, aus dem nämli'n roggan Mehl, Dampfe und Wossa – grad no vuil schwaarer. Bereits äußerli' is zum kenna, weil's a weng schwirzer is wia dös ander und weil hier und da a Kletzn außerspitzt, a zsammbochane, a resche.

Wennst an Loab aber onschneidst, Bruaderherz, na laaft dir's Wossa im Mäui zsamm, a so fein schmeckt's. Und was da erst alls drinnat is! Die Kletzn san dös wichtigst. – Was a Kletz is, dös werd an Gotts Nam' woihl an iader Mensch wissn: A Kletz is früahrer amal a Birn gwen, ehvor ma s' dürrt hat, a kloane, süaße Haberbirn. Von die Bäuerinna hat an iade sein extrigs Rezept, je nachdem, wia grouß und geldig der Hof is, wia rar daß oba ganga is auf an Platz, desto mehrer is einikemma as Kletznbrout: Nüss und mehrerloa Gwürz, Zitronat und Orangeat, Mandelkern und Zibem und no a ganze Litanei, was se a Mannsbuild net mirka konn.

Oans aber woaß i: An jeder Loab Kletznbrout schmeckt anderst. Und zon bessern und raran is, wenn's auf an Hof glei neinerloa Kletznbrout geit. Neinerloa? – Ja, freili! Weil an alter Spruch sagt: Dös Dirndl, dem neinerloa Kletznbrout grat, dös kimmt dös Jahr zon heiretn.

Iatz, Leut, paßts amal auf: Heit laß mar enk sölla neinerloa Kletznbrout versuacha. Weil in dem Kletznbrout, sag i, da is dös grecht Weihnachtn drinna, die ganze Freid vom Dezember: die liabe Hoamlichkeit von die Englamter und dös lustige Klopfersnachtgehn, dös Kripperlherrichten und Guatlbocha, dös Sauabstecha und Christbaamstehln, das Fest der alten Biere, dös Einkaafa und Wartn und Bravsein, daß 's Christkindl kimmt.

I woaß schon, eigentlich sollt man dös Kletznbrout erst am Heil' Abnd essn, aber's Versuacha is dengascht derlaabt. Heit bsunders.

Es singt und klingt ja aa schon recht christkindlnah, denn die Propheten vom Advent, der Johann Baptist und der Isaias, verheißn die allergrößt Freud.

Der Johann Baptist
Geht voran dem Herrn Christ,
Bahnt an Weg eahm in d'Welt,
Wo's stockfinster is und kalt.
Wo mir wartn, wia's steht
Beim Isaias, dem Prophet.
Daß üns 's Christkindl kimmt
Und üns an Himmi aufnimmt.

Die Tage vor dem Heiligen Abend haben eine sonderbare Lieb und Kraft. Die Berge sind weiß, und die Tannen hängen voller Schnee. Es glitzert die Welt.

Der alte heidnische Zauber der Dezembernächte, die Klöpfersleut, Perchtentänzer und Peitschenknaller, der Umgang der Todesgöttin Perchta mit den abgeschiedenen Seelen, all diese unheimlichen Umtriebe vermögen die lichte Himmelsfreud' nicht zu erklären.

Es glitzert diese unsere nüchterne Welt trotz aller Geschäftigkeit. Auch wenn es sich die Leut' noch soviel kosten lassen, diese Tage vor dem Heiligen Abend ist ein jeder glücklich: die verfrorenen Christbaumverkäufer mit ihrer letzten Ausschußware, die Aktionäre der großen Kaufhäuser, die Melber, Metzger und Spirituosenhändler, sogar die Bankleut'; gerade die Bankleut'; denn in ihren Tresoren stapeln sich die Banknoten. Es sind dieselben Banknoten, die vor drei, vier Wochen als Weihnachtsgratifikation ihren raschen, lustigen Umlauf angetreten haben. Von den Tresoren wanderten sie in die Geldbeutel, von den Geldbeuteln in die Kassen der Kaufhäuser, von da wieder zurück in die Tresore. Morgen kehren die letzten von ihnen zurück, und dann liegen sie wieder still und unberührt da, und kein Mensch sieht es ihnen an, wieviel Freude mit ihnen gekauft worden ist. Es glitzert die Welt in diesen heiligen Tagen. Sogar im Herzen eines alten Bauernknechts wird es Weihnachten.

Ja, ja, mit da Arbet geht nimmer vuil zsamm, die Tag vorm Heil' Abnd. Halbete Zeit kemma vom Stall schon net ausse: D'Ruabn müaßn eingrallt werdn, d'Erdäpfe gricht, Gsod gschnittn, Hei und Strouh zuabergschafft.

Aber drauß, da ruaht da Tag. Da Rauhreif hängt an de Baam, und die Schernhäufer am Anger hinterm Stoll san stoanhart. Es geht nimmer vuil zsamm mit da Arbet dia Tag vorm Heil' Abnd. Die Knecht tean a weng Steck kliabn, habn bsetzte Handschuh an, schafwoillerne Fäustling, und die Dirna müa'n ebba gar schon da Bäurin helfn. Da Bauer is übernachte vom Saupaßn, weil ma no Facke kriagt habn gestern, neine hats und koans no derleit.

Aufstehn ma do mit da Zeit. Weil ma all Tag as Englamt gehn. Söl is ma dös liaba. Und von eh müaßn d'Roß eahnane drei Gsedl no kriagn. – Na geht's dahi. Stockfinster is und halbe sechse in da Früah. Aber am Berg wenn man na gehn, da werd's allerweil liachter. Untn im Tal liegt die Pfarrkirch, ganz hell schon beleicht, und von all Seitn siahgst Liachter, dös san die Weiberleit mit de Laterna. Schön langsam kemmas vom Fleck. Von da Schwindau aufa, von Giabing ausser und vo Schuilding oba – von überalln her und auf die Pfarrkircha zua.

Iatz dös Englamt selm erst! Wia da die Urgl braust und da Chor singt! Ausgsetzt is, da Weihrauch steigt, und da Herr Pfarrer singt dös schöne Evangeli vom Englischn Gruaß: Dös hat an Klang, als waar die Mettnnacht schon da. In illo tempore missus est Angelus Gabriel ... Und auf d'Letz na draht die Urgl erst auf, und mir singan dös Tauet Himmel. Dös geht oan durch und durch. Net leicht, daß i dös ganz Jahr in da Kircha amal mitsang, aber beim Englamt schon!

> Am Himmi leicht a Stern,
> As Englamt gehn i gern.
> Hat's grengt oder gschniebn,
> Bi no nia dahoam bliebn.
> In der Finstern gehn ma hi,
> An Stall rüahrt se's Vieh,
> Hat der Bräunl a weng gscharrt,
> Hab an Hoban z'fein gspart.
> An die Schneestange hängt der Reif,
> Am Brunn an Eiszapfa steif.
> D'Maria übers Gebirg geht
> Zu seiner Bas Elisabeth.

Vor dem letzten Krieg noch war der Advent auf dem Land eine recht stille und liebe Zeit, geradeso, wie es ein alter Bauernknecht erzählt. Kein

Tanz war erlaubt, keine Hochzeit, versteht sich, nur die Christkindlmärkte wurden abgehalten. Und noch etliche Jahre früher wurde im Advent auch gefastet – und das nicht weniger streng als in der Fastenzeit. Eine Ausnahme hat es aber doch gegeben, und das war das Fest des alten Bieres. Jeder Wirt, ob groß oder klein, ladet zum alten Bier ein. Der Brauch ist geblieben. Von einem adventlichen Geschehen kann man beim alten Bier nicht reden. Es ist ein recht irdischer Sauf- und Freßbrauch. Besonders die Gschäftsleut' müssen da herhalten und bei den Wirten eine ordentliche Zeche machen. Jeden Adventssonntag ist woanders das alte Bier. Es ist ein Jammer. So viel kann ein biederer Kaufmann mit seiner Frau Gemahlin gar nicht essen und trinken: ein Gansviertel und ein Nierenbratl, Bratwürst und Gschwollene, Entnbratl und Schweinernes, Milzwurst, Kalbshaxn und Gansjung. Und der Herr Oberlehrer kriegt den Kalbskopf. Dazu das letzte Bier vom alten Sud, von der alten Gerste und vom alten Hopfen des vorausgegangenen Jahres. Manche Gschäftsleut' haben sich früher auf das alte Bier eigene Esser engagiert, kleinere Leut', denen das Schlemmen noch eine Freud' gemacht hat. Heutzutag sind aber solche Leut' schwer zu kriegen. Also muß die ganze Verwandtschaft herhalten, und es wird obendrein tüchtig eingepackt und heimgetragen. Den ganzen Dezember über verzehren dann die armen Kaufleut' Tag für Tag Alte-Bier-Essen, kalte oder aufgewärmte Gansviertel und halbe Enten. Da soll einem dann noch das Weihnachtsessen schmecken! – Oh, ihr sündhaften Wirt', ist das die rechte Vorbereitung auf die Ankunft des Herrn?

No net gar a so gach! Oans muaß ma die altn Biere lassn: Es geht ruhig oba, staad, koan Muse spuilt, man hört koan Gschroa. Es werd grad gmüatli gessn und trunka. Gessn und trunka. Es werd aa net extra vuil gredt. Na, na, de altn Biere san schon recht. Es gschiahgt ja nix Unrechts. Der Brauch derf bleibn. – Was könna mir in Bayern dafür, daß andernorts dene Leut' koan sölla Adventsbrauch eingfalln is?

Nix Scheeners ko's gebn
Wiar a boarisches Lebn.
Mit an gmüatlichen Si'
Werst net so schnell hi'.
Und 's Christkindl woaß selm:
Mir san lauter Schelm.
Und dengascht, wenn's kaam,

So vuil schön waar der Traam!
Und an Herrgott sein Bua –
Auf den wart ma zua –
Der is guat und is ra'
Und liegt auf da Strah.

Jetzt ist auch die Zeit, wo der schönste Platz auf der Welt die warme
Stube ist. Lassen Sie die Wintersportler nur ausziehen mit ihren Schlitt-
schuhen, Brettln und Eisstöcken, sie kehren alle wieder reumütig und
froh auf die Ofenbank zurück. Einige Pechvögel werden freilich gleich ins
Bett müssen. Jetzt beginnt nämlich nicht nur die Saison für die Ski-
fabrikanten, auch die Gipswerke werden ihre Lager räumen können. Die
Krankenhäuser Bayerns und Österreichs werden Tonnen von Gips verar-
beiten. Die Gipsaktien werden anziehen, das ist eine sichere Spekulation.
Aber das macht nichts, denn Gips gibt's genug.
Wieviel Aufregung erspart sich da der Großvater auf der Ofenbank! Freilich, alle Tag geht es ihm nicht gleich gut, besonders wenn die Nachbarn
auf den Heimgarten vergessen und mit dem Tarock nichts zusammen-
geht. Dann friert es ihn, und sogar der Schnupftabak ist ihm zu kalt. An
solchen Tagen geht er gleich lieber ins Bett. Aber zum Tarocken wenn es
ist, dann hat er seine Freud, und er ist der gesündeste Mensch. Bis tief in
die Nacht hinein, ja bis zum Morgengrauen haben sie um die Zeit schon
oft gekartet. Der Brauch stirbt nicht aus.

Die Wintertag, die Feiertag,
Da tua i fein grad, was i mag:
Warm hintern Ofa hint i hock
Und spuil mein Bauerntarock.
An Weiher drauß, da is mir z'kalt,
Beim Eisstockschiaßn friert's mi bald.
Grad die Trumpfsau, die is mein Freid,
I mach sechs Stich mit Leichtigkeit.
Und bleibt koan Trumpf mir in da Hand,
Na huilft koan Zehner, koan Verstand,
Na gehn i durche, zahl, mein Gschick:
An Himmi hab i mehra Glück.

Der allerschönste Wintersport – und da lass' ich das Skifahren und Eisstockschießen und alles weit hint, vielleicht sogar das Schlittenfahren und Kammerfensterln –, also der allerschönste Wintersport, das war für die alten Bayern das Wirtshaussitzen. Man kann es natürlich auch im Sommer betreiben, wenn es heiß ist und einem das Bier in die Gurgl hinunterrinnt wie der Bach in den Mühlschuß. Aber das ist nichts Besonderes. Im Sommer dürstet einen jeden. Im Winter jedoch schmeckt das Bier nur dem Kenner, dem wahren Liebhaber. Da wird es um seiner selbst willen getrunken. Jetzt erfährst du das wahre Wesen des Objektes Bier, das Ding an sich.

Draußen pfeift der böhmische Wind, die Brunnen alle schweigen, jeder Kreatur ist es zu kalt, die Quellen sind verstummt, die ganze Welt hängt voller Eiszapfen.

Aber drinnen in der warmen Wirtsstube, da zapft der Herr Wirt einen neuen Banzen an, und die flinke Kellnerin dreht den Hahn auf. Dieser Brunnen fließt und strömt nicht nur zur Sommerszeit, nein, auch im Winter, wenn's saukalt ist. Prost! Ich brauche keinen Bierwärmer.

So sitzt man brav in der Stubn.

Es is ganz stad im Dorf. – Es wird nachtfinster. Grad vom Unterwirt brennt a Latern. – Da garrezt auf oanmal der Schnee: vier Mannsbilder stapfen daher. Sie san's, die Hirtn, wolln's sein. Lammfell habns' um, und in de Händ tragns' mordslange Stecka und a grouße Latern. Dös san die Klöpferlashirtn, die zum Christkindlsinga gehn. Und a Gschau habns' dir, die Burschn, a grundehrlichs und bravs, a glückseligs gar, als wann sie schnurstracks vo Bethlehem uma kaaman.

Aber dö san ma schon de grechtn Hirta! Sie singan 's Christkindl an, drin in da Wiagn, und gehn vo Wirtshaus zu Wirtshaus! – Als wann dös Christkindl in an Wirtshaus z'findn waar! Wos do ausdrückli drinsteht im Evangeli: daß in ganz Bethlehem drin koan Wirt unsern Herrn hat aufnehma wolln. – Sauberne Hirta seids ma ös! Lustige Loder! Singts net grad dem Kripperl z'liab, schon ehnder um a Maß Bier und um a Stamperl Schnaps! –

Oder wollts ös vielleicht die Herrn Gastwirt da dron erinnern, wie daß sie selbigsmal so hartherzig gwest san – in Bethlehem hint? –

Konn sein und aa net. Es laßt se koana einischaugn von enk. – Aber singa wanns teats, na muaß ma enk guat sein. Es klingt enka Liadl so heilig und frumm, daß schier a jede Wirtsstubn – und sitzn aa Rauschige drin – a Kircha werdn möcht um und um.

Inge Peitzsch

Dezember

Im Dezember ist groß und klein mit der Vorbereitung des Christfestes beschäftigt. Der Advent ist die Zeit der Erwartung, deren geheimnisvollseliger Atmosphäre sich auch heute niemand ganz entziehen kann – trotz der Hektik unserer Tage. Wen wundert's, daß sich gerade für die Wochen vor der Heiligen Nacht zahllose Bräuche erhalten haben. Um so mehr gilt es, hier eine Auswahl zu treffen, was nicht immer leichtfällt.

Die Tage sind kurz geworden, und die langen Abende bieten Gelegenheit, sich im Warmen zusammenzusetzen; man unterhält sich, bastelt etwas für die bevorstehenden Festtage – oder macht Hausmusik. Zither, Klampfe, Hackbrett, Baß, Harfe und die »Ziach«, die Harmonika, sind für den südbayrischen Raum typische Instrumente. Sie erfreuen sich wieder zunehmender Beliebtheit, und Musikschulen im ganzen Land sorgen für weite Verbreitung.

Singend und spielend versammeln sich also Familie und Nachbarn um den Tisch, auf dem ein Kranz oder ein »Paradeiserl« den Advent verkündet. Das Paradeiserl ist ein Vorläufer des Adventskranzes in Pyramidenform. Die Ecken bilden rotbackige, blankpolierte Äpfel, die durch reisigumwundene Steckerl verbunden sind. In der Delle, aus welcher der Apfelstiel herauswuchs, steckt jeweils eine Kerze. Manchmal aber symbolisiert nur eine einzige Kerze im obersten Apfel das Licht, das Christus durch seine Menschwerdung in die Heidenwelt brachte. Kirschzweige stehen im irdenen Krug in einer warmen Ecke. Sie werden am 4. Dezember, dem St.-Barbara-Tag, geschnitten. Wenn sie bis zum Weihnachtsabend blühen, bedeutet das Glück und Gesundheit für die Familie im nächsten Jahr.

Auch ein Stück Aberglaube wirkt heute noch in die Adventszeit hinein. Unsere Vorfahren waren der festen Überzeugung, daß an den vier Donnerstagen der Adventswochen Wotans wilde Jagd, oder in Bayern halt das »Wuide Gjaid«, im Gebraus der Winterstürme über die Lande zog, und genauso wie diese an Fensterläden und losen Schindeln rüttelte, so passiert es auch jetzt an den angegebenen Tagen, daß plötzlich an Türen gebumbert, an Fenster geklopft wird: die Klöpfer ziehen von Haus zu Haus und erklären singend, was ihr Begehr ist:

»Mir kemma daher so spat in der Nacht,
Heut is ja die heilige Klöpfersnacht!
Mir hör'n die Schüssl scho klinga,
Jetzt wird uns die Bäurin Kletzn bringa.
Mir hör'n die Scheitl scho außikracha,
Jetzt wird uns die Bäurin Küacheln bacha.
Zweng de Äpfl, de Zwetschgn, de Kletzn
     und Birn
Werd si do dengerscht da Baua mit da Bäurin net z'kriagn!«

Wenn sie zufriedengestellt wurden, lassen sie sich auch nicht lumpen:

»Jetzt hat man uns ehrsam Erleichterung geb'n,
Gott laß uns das Jahr mit Freuden ausleb'n!
Jetzt wünschen wir 's Glück wohl eini in'n Stall;
Wohl zuehi zum Vieh und sonst überall!«

Wie aus dem Lied hervorgeht, haben früher vor allem die Armen der Gemeinde geklöpfelt, und es war selbstverständlich, ihnen etwas zu schenken. Heute sind es die Kinder, die sich den Spaß nicht entgehen lassen, ein wenig Gespenster zu spielen und dafür auch noch belohnt zu werden.
Die vier Klöpfersnächte zählen genauso wie die Nacht vor Nikolaus (6. Dezember), die zwölf sogenannten heiligen Nächte vor Weihnachten – hier besonders der Lucientag (13. Dezember) und der Thomastag (21. Dezember) –, die Christnacht selber, Neujahr und Epiphanias zu den Rauhnächten. Nach altem Dämonenglauben waren in diesen Nächten rauhe, rohe, in Rauchwaren gehüllte Spukgestalten los. Alle diese Nächte liegen um die Zeit der Wintersonnenwende, die man vor Einführung des Gregorianischen Kalenders im Jahre 1582 am 13. Dezember vermutete. Dazu gehört also auch die Nacht vom 5. auf den 6. Dezember, den St.-Nikolaus-Tag, einen unbestrittenen Höhepunkt der Vorweihnachtszeit. Auf der ganzen Welt beschenkt man zum Gedenken an den frommen und mildtätigen Bischof von Myra vor allem die Kinder. Er kommt als Sendbote des Christkindes auf die Erde und belohnt die Braven. Besonders bunt geht's aber an diesem Abend im Berchtesgadener Land in den Gnotschaften Winkl und Loipl zu, in denen der tollste Rauhnachtsspuk getrieben wird.

Während die Dorfbewohner in ihren Stuben sitzen, geht draußen Unheimliches vor sich. An einer Wegkreuzung haben sich die zwölf Buttmanndl, der Nikolo, das Nikoloweiberl und einige Krampusse versammelt. Hinter den gespenstischen Buttmanndln verbergen sich unverheiratete junge Männer der Gemeinde, die rundum in abgedroschene Strohgarben gebunden sind, vor den Gesichtern tragen sie schreckliche Larven aus Holz, Rupfen oder Fell, Hörndln stehen ihnen von den Ohren ab, schwere Kuhglocken haben sie umgehängt. Die Krampusse oder Ganggerl sind grauslich kostümierte Teufel, deren Körper mit Ketten umwunden sind. Diesen schiachen heidnischen Dämonen stehen der christliche Nikolo und sein Nikoloweiberl gegenüber, hinter dem sich ein Bub in Berchtesgadener Mädchentracht verbirgt, den Scheibling über eine blonde Perücke aus Werg gestülpt, einen Korb mit allerlei Gaben in der Hand. Kein Fremder darf heimlich zusehen oder gar dabeisein, wenn sich die gespenstische Schar trifft und im Halbkreis aufstellt. Die heidnischen Spukgestalten setzen ihre Larven ab, gemeinsam beten sie das Glaubensbekenntnis, ein Vaterunser und ein Ave-Maria. Die Dämonen werden eben nur gespielt, dahinter stecken gute Christen! Dann stapfen sie ins Dorf, dringen in die Häuser ein und ängstigen die Kinder. Natürlich nehmen sich die Buttmanndl besonders der jungen Mädchen an, denen sie sich jetzt, bis zur Unkenntlichkeit maskiert, ungeniert nähern können. Endlich erscheint der heilige Nikolaus: er verschafft sich Ruhe und weist das Heidengesindel aus dem Haus. Die Kinder werden beruhigt, und wenn sie sich wieder etwas derfangt haben, trifft sie ein neuer Schrecken: der Nikolo hat nämlich jede Schandtat in seinem goldenen Buch vermerkt, er weiß alles. Doch meist handelt es sich ja um läßliche Sünden. Wird Besserung gelobt und gar noch ein schönes Verserl aufgesagt, dann steht einer Bescherung aus dem Korb des Nikoloweiberls nichts mehr im Weg. Wenn aber ein Lausbub zu arge Streiche gespielt haben sollte, dann kann es schon sein, daß der Ganggerl wieder hereingerufen wird und den Lümmel in seiner Kirm mitnimmt!

In den Rauhnächten vor Weihnachten treiben die Kirchseeoner Perchten im Landkreis Ebersberg ihr Unwesen. Wir haben es hier mit einem Brauch zu tun, der erst 1954 nach alpenländischem Vorbild eingeführt wurde, aber bereits allseits beliebt ist und großen Anklang findet. Eigentlich ist der Perchtentanz ein Epiphaniasbrauch: in der Nacht vom 5. zum 6. Januar treibt nämlich Frau Percht ihren grausamen Spaß, vor allem mit den Frauenspersonen, beschenkt mitunter aber auch die Kinder. Die

Kirchseeoner Perchten aber tanzen in den Rauhnächten der Adventszeit. 15–20 junge Burschen tragen grotesk überspitzte Schiachmasken, sind in lange Zottelfelle eingemummt und ziehen in Sprungtänzen zur Musik eines Glockenspiels durch den Ort. Melodie und Text der Lieder stammen von den Perchtentänzen aus Salzburg und Zell am See.

> »Heit is Rauhnacht.
> Wer hat's aufbracht?
> A oida Mo
> Hat rote Hos'n o.
> Is über d'Stiagn abikrocha,
> Hat eahm d'Händ und d'Füaß abbrocha.
> Krapfa raus, Krapfa raus,
> Sonst schlag'n ma eahm a Loch ins Haus.«

Äußerst grausame Bräuche ranken sich in der Oberpfalz um den Lucientag, den 13. Dezember. In grauer Vorzeit als Tag der Wintersonnenwende angesehen, fürchtete man in dieser längsten Winternacht das grauenhafte Treiben einer bösartigen Hexe. Als nun die liebliche Lucia den 13. Dezember als Ehrentag zugeteilt bekam, wurde ihr Name mit der germanischen Winterbestie verknüpft. So läuft heute in der fraglichen Nacht ein weißgewandetes Ungeheuer mit fliegendem rotem Mantel, das Gesicht mit häßlich verzerrter Larve verhüllt, hinter den Kindern her und droht, ihnen mit einer Sichel den Bauch aufzuschlitzen und ihre Gedärme in einem Henkeltöpfchen (Schwingerl) aufzusammeln. »Schwingerl voll Därm, Schwingerl voll Därm ...«, heult es schaurig durch die Gassen. Freche Lausbuben aber lassen sich von der blutigen Luz nicht mehr beeindrucken, sie rennen hinter ihr drein und äffen sie nach: »Luzia, Luzia, dei Hemad steht für! Geh außi, stecks eini, nachad tanz i mit dir!« Die Schulbuben aus Fürstenfeldbruck begehen den Lucientag wesentlich freundlicher. Sie basteln lange zuvor aus Pappendeckel oder Sperrholz Modelle ihrer Wohnhäuser, der Kirchen oder von öffentlichen Gebäuden, nageln sie auf Brettchen und bekleben die Fensterhöhlungen mit Transparentpapier. Am Lucientag treffen sie sich erst mit ihren Lehrern zur Messe und ziehen dann nach Einbruch der Dunkelheit hinunter zur Amper. Sie beleuchten ihre Häuschen von innen mit einer brennenden Kerze, setzen sie auf die Wellen und lassen sie den Fluß hinunterschwimmen. Der älteste Beleg für diese Lichterschwemme stammt aus dem Jahre 1566. Man glaubt, daß der Brauch auf ein Gelöbnis anläßlich einer Hochwasserkatastrophe zurückgeht, bei der die Hilfe der heiligen Lucia herbeigefleht wurde. Andere sehen den Ursprung in heidnischer Zeit, als mit kultischen Handlungen das Licht in dunkler Winterszeit beschworen und den Flußgöttern geopfert wurde.

Lucia, die Leuchtende, weist schon auf das Licht hin, das nach den Rauhnächten, der dunkelsten Zeit des Jahres, aus dem Stall von Bethlehem ausstrahlen wird. Immer mehr Kerzen werden am Paradeiserl oder am Adventskranz angesteckt, die Stunden verrinnen so schnell, daß die Weihnachtsvorbereitungen kaum bewältigt werden können. Früher, als man in seinen täglichen Bedürfnissen viel genügsamer war, kam nach der Christmette ein möglichst reichhaltiges Festmahl auf den Tisch. Wir müssen uns nur einmal vergegenwärtigen, welche Anstrengungen Peter Rosegger als Waldbauernbub unternahm, um das für seine Vorstellungen üppige, für unsere aber eher karge Christmahl zu ermöglichen! Als Wohlstandsbürger, die wir das ganze Jahr über zu gut essen, sind wir Wochen vor Weihnachten bereits eifrigst bemüht, auch die kulinarische Seite des Festes gut vorzubereiten. Das wird in den übrigen Gegenden Deutschlands auch so sein – aber in Bayern sicher wie so oft ein bißchen anders!

Verführerischer Duft von Kletzenbrot (Kletzen = Dörrbirnen), von Stollen und Lebkuchen durchzieht die Häuser, und schier unübersehbar ist das Vielerlei der Plätzchensorten: Spekulatius und Marzipan werden gemodelt, Nonnenpfortzerl, Springerle, Spitzbuben, Kolatscherl, Liebesbrieferl, Pfauenaugen, Busserl, Hausfreunderl und was es noch mehr dieser Köstlichkeiten gibt, füllen Blechschachteln und verschwiegene Schubladen. Wahrscheinlich reichen sie ja bis Ostern – aber vor dem Fest wird nicht genascht!

Beim Bauern im Stall erfreut sich der »Weihnachter«, die dicke Mettensau, größter Aufmerksamkeit. Sie weiß natürlich nicht, daß sie nur deshalb mit lauter Leckereien verwöhnt wird, weil sie die Ehre hat, das Christfest mit Mettenblunzen, Bratwürsten und Schweinebraten zu verschönern. Eine Woche vorher erfüllt sich dann ihr Schicksal.

Vielerorts werden Christkindlmärkte abgehalten, an denen das Zubehör für die Krippen und der Baumschmuck ergänzt werden können. Eine Duftwolke von Bratwürsteln, Anisbonbons, Glühwein und Bratäpfeln sowie eine Geräuschkulisse aus Gesprächsfetzen, Glöckchengebimmel, Posaunenklängen, Weihnachtschorälen und Glockenspiel vermitteln zusammen mit dem Lichtergefunkel der riesigen Fichte die schöne, anheimelnde Weihnachtsstimmung. Warum sollte man sich ihr verschließen?

Julius Kreis

Damals

Wir Kinder erlebten damals die schönste Vorweihnachtszeit in der Schreinerwerkstatt. Da kamen wir vom Hof herein aus der Schneeburg, schlenkerten die rotgefrorenen Hände, rieben blaustrahlende Nasen warm, hauchten und stampften und vergruben uns nicht weit vom Ofen weg in den großen Hobelspanhaufen. Da roch's nach Leim und Holz und Beize, im Ofen gloste noch ein behagliches Feuerchen, in den dunklen Winkeln standen schwarz und drohend wie ungefüge Riesen Bretter und Balken, und irgendwo raschelte eine Maus durch die Späne. Vom nachtenden Himmel herab fiel groß und weichflockig der Schnee, und in der Werkstatt brannte – ein Märchenlicht – die Petroleumlampe ...

An seiner Bank arbeitete da nach Feierabend der alte Gesell, der Rieglertoni; denn er war daran, ein hölzernes Fahrrad zu bauen. Das Fahrrad lief damals noch an der Spitze der neuzeitlichen Erfindung, und der Rieglertoni setzte als Mann des unentwegten Fortschrittes seine ganze Schreinerehre darein, so ein Vehikel aus Holz zu bauen. Er wandte viele Feierabende daran.

Und diese Winterabende in der Werkstatt vor Weihnachten waren uns Kindern hohe Feste.

Während da der Rieglertoni leimte und hobelte, maß und klopfte, erzählte er – bisweilen von einem meterlangen Fluch über ein schlecht passendes Stück unterbrochen – Christkindlgeschichten. Er hatte sie alle selbst erlebt und stand mit dem Christkindl auf du und du, und am schönsten war's, wenn er uns erzählte, wie er als Lehrbub in der Christkindlwerkstatt gearbeitet hatte. Was für ein strenger Meister der Niklo gewesen sei und wie ihn einmal der Erzengel Gabriel gebeutelt habe, weil er einem Wiegenpferd einen zu großen Kopf aufgeleimt hatte. – Und wie die kleinen Engelbuben das Leimhaferl halten mußten und dem Niklo zur Brotzeit in Forstenried eine Maß Bier holten und dem Christkindl einen warmen Kaffee, und jedes hatte eine Nudel gekriegt.

Ja, mitten im Forstenrieder Park wär' die Christkindlwerkstatt gewesen, und wenn er einmal Zeit hat, der Rieglertoni, dann führt er uns hin.

»Toni! Toni! Wann ham S' denn Zeit? Wann ham S' Zeit? Morg'n – über

morg'n?« – Aber da schüttelte der Toni dann immer bedächtig den Kopf und sagte, man kann nur hin, wenn eine recht stockfinstere Nacht ist, aber da müßt' man so aufpassen zweg dö Wildsäu, die jeden Menschen auffressen, und ihn selbst hätten sie damals auch einmal schon beim Krawattl gehabt, als er mit den Engelbuben das Bier holte. Aber da wär' zum Glück der Niklo dazugekommen und hätte mit der Rute die Wildsäu furchtbar durchgeprügelt ... Ja, so war's, Kreuzbirnbaumhollerstaud'n! Aber jetzt müßten wir zum Essen hinauf, sonst schimpft der Vater.

Da saßen wir mit großen runden Augen im Hobelspanhaufen und hörten zu ...

»No a bißl weiter, Toni! Grad no a Bröckerl!« Oh, wie wohlig schauerte es einem in der Geborgenheit der Werkstatt vor den Wildsäuen und wie gehörten dem tapferen Niklo unsere Herzen, der die Untiere so verdrosch. Und kurz vor Weihnachten, wenn wir uns wieder einmal in den Spanhaufen hineinwühlten – da – »Toni! Da schaug her! Toni!« Da lagen Äpfel und Nüsse drin und für jeden ein geschnitzter Kasperl, ein Wagerl, eine Puppe ...

Und der Toni tat schwerhörig – wandte sich dann verwundert um, visierte noch ein Stück gegen 's Licht und kam dann langsam näher.

»Meiner Seel!« sagte er. »Kinder, da is as Christkindl dag'wen. – Ko net anders sei! – Wia i vor a Viertelstund in Hof 'naus bin, da is mir scho a so g'wen, als wenn ebbas durch d'Werkstatt fliagat.«

Und dann lachte der Alte mit dem ganzen Gesicht und bewunderte unser Sach. – »Naa, is des aber schad, daß mir's Christkindl auskemma is! Dös hätt' mi no kennt! G'wiß aa no hätt's mi kennt!« – Ja, war das schade, daß es dem Rieglertoni auskemma war ...

Und in der Petroleumlampe zuckte das blaue Flämmchen, und hinter den Bretterstapeln und Hobelbänken, die da ins Dunkel wuchsen, war's wie leises Flügelrauschen vor Weihnachten.

Martin Greif

Barbarazweige

Am Barbaratage holt ich
Drei Zweiglein vom Kirschbaum,
Die setzt ich in eine Schale,
Drei Wünsche sprach ich im Traum.

Der erste, daß einer mich werbe,
Der zweite, daß er noch jung,
Der dritte, daß er auch habe
Des Geldes wohl genung.

Weihnachten vor der Mette
Zwei Stöcklein nur blühten zur Frist: –
Ich weiß einen armen Gesellen,
Den nähm ich, wie er ist.

Erika Eichenseer

Barbara-Legende

De Barbara hat an recht an hantign Vater ghabt: reich und stolz und grausam.

S ganze Haus is voller Götzn gstandn: fürs Gschäft oana, fürs Weda oana, für d Gsundheit, fürs Geld.

Für alls hats so an goldna Gischpl gebn, und da Vater hat gmoant, de san für was guat. Aber sei größter Schatz war sei Waberl, a gscheits Dirndl.

Und wia de so in de Jahr kumma is und immer scheener worn is, hat er s gar eigsperrt im Turm, daß' eahm ja koana nimmt.

Als wenn des wos helfat! –

Kummt er wieder mal hoam, findt er s Zeichn vom Kreuz in ihrm Turm.

»Bist ganz narrisch? – Weg mit dem Schandfleck, sonst daschlogt die da Zorn vo de Götter – oder da mei! Gheirat werd, aber glei! Daß a Ruah werd!«

»Naa, Vater!«

Und des »Naa« is so fest und so klar, daß er merkt, daß alls z spaat is.

Wos er probiert, rührt net o: net s Bittn, net s Schlagn, und net amal da Richter woaß mehr an Rat.

Jetz reißns ihr d Kleider vom Leib und zerfetzn ihrn Körper mit Scherbn.

Gwalt is stärker als Recht!

Am nächstn Tag siechst koa Spur.

Gott is no stärker!

Und de grausame Jagd geht vo vorn o: Sie schneidn ihr d Brust ab und treibns nackad durch d Stod und wolln ihr mit Gewalt ihr Unschuld raubn – vor alle Leut!

Doch sie bet' und vertraut.

Da treibts dem Vater s Bluat in de Augn – und er dasticht sei eigenes Kind.

Glei drauf daschlogtn da Blitz, und koana von seine Götter hilft eahm.

De heilige Jungfrau aber steigt zu de mächtign Nothelfer auf, hilft de Bergleut und de Soldaten, hilft bei Unweda und in der Todesnot.

Dir aa!

Aus dem deutschen Passional, 1513

Kam die Zeit da nun, daß die würdige Jungfrau Maria bei den vierzehn Jahren war, da wöllt man ihr einen Mann haben geben nach der Juden Gewohnheit. Da sprach sie: »Ich hab noch bisher mein Keuschheit behalten, und ich habe Gott gelobt, ich wölle sie behalten, die Weil ich lebe.« Da sprach ein Priester: »Es ist geschrieben: was man Gott gelobt hat, das söll man halten, und söll das leisten. Darum söllen wir Gott bitten, daß er uns zu erkennen geb, wie wir uns halten söllen mit der Jungfrauen.« Der Rat gefiel ihnen allen wohl, und beteten mit großem Fleiß. Da kam eine Stimme von Gott in den Tempel, das hörten alle, die da waren, die sprach: »Alle die Männer, die von Davids Geschlecht sind, und noch nicht Hausfrauen haben, die söllen all in den Tempel kommen, und söll jeglicher ein dünn Rut mit sich bringen. So söllet ihr mit Fleiß merken, wes jegliche Rut sei, und welche Rut Blüt und Blumen bringet und der heilige Geist darauf sitzet.« Da kamen viel Männer dar, und jeglicher hoffet, es werde seine Rut blühen, und man würde ihm Maria vermählen. Da sie lang da waren, da kam die Stimme also von Gott und sprach: »Es ist einer geboren von Davids Geschlecht, der heißt Josef und sitzet zu Bethlehem. Der ist Marien würdig, wann er ist gerecht und dienet Gott mit Fleiß, und ist so demütig, daß er sich ihrer unwürdig dünket.« Da sandte der oberste Priester nach ihm, da war er gehorsam, und kam zuhand. Da ging ihm der Priester entgegen und nahm ihm die Rut aus der Hand und trug sie zu dem Altar. Da gewann sie zuhand Blumen und der heilige Geist saß darauf sichtlich in einer Tauben Gestalt. Da dankten sie Gott dem Allmächtigen mit großen Freuden. Und also geboten die Priester Josef, er sölle Maria nehmen zu einem Gemahel, und sölle ihre Keuschheit hüten und sölle ihr treu sein. Da sprach Josef: »Des bin ich unwürdig, doch will ich Gott und euch gehorsam sein. Und als ich Gott mein Keuschheit gelobt und gehalten hab bisher, also will ich sie mit ihr halten bis an mein End.« Also gaben die Priester Marien und Josef zusammen zu der Eh. Nachdem fuhr Josef heim und bereitete die Hochzeit.

Max Huber

Mariä Verkündigung

Maria –
Lotosbleamö
im Wassertümpö
vo Nazaret!

Dei Gnadnstund war's,
an dem Dag in da Fruah,
wias d'dö sonnenhungrig
aufblaadl't hast,
himmöwärts zua
unter laudda Kaskad'n
vo Liacht.

Wundert's dö da,
wenn a Aug
auf die gworfa
da Sonnenfalter
und fliagt auf
di zua?

Und wia dö sei
gaucklada Schaddn
hod gstroaft,
is ganz anders
dir wordn,
du hast ziddad
vor Schreck!

Und über a Weil –
zwisch'n Hoffnung
und Furcht –
kimmt da langsam
'sBegreifa –
no faßt' da's net ganz.

Und wiara
net aufgibt,
da Sonnenfalter,
im Danz di
umschwirrt
und sei Flügl-
schlag stroaft,
gnauggst' ergebn'n
im Wind.

Und dawei aus dir ausbricht
dei Duftwoiknja,
kimmt a liacht
über di.

Georg Lohmeier

Die hypostatische Union

Die Roratepredigten der bayerischen Barockprediger »für alle Tage im Advent« lesen sich anheimelnd und strömen eine liebe, fast märchenhafte theologische Gelehrsamkeit aus. – Eine gute halbe Stunde lang ist damals bei jedem frühmorgendlichen Englamt also gepredigt worden. Es sind fast musikalische Kanzelreden, zart und anheimelnd wie ein Adventsingen der Rokokozeit. – Die bayerisch-barocke Theologie der damaligen Prediger hatte einen originellen Schmelz. – Auffällig häufig ist von der »hypostatischen Union« die Rede, von der Vereinigung der göttlichen und menschlichen Natur in dem jungfräulichen Leib Mariens. Das war ein zentrales Thema der Theologen an der Salzburger Benediktineruniversität im 17. Jahrhundert gewesen.

»Von dem nazarenischen Friedenstractat zwischen Himmel und Erden« doziert Professor P. Simon Oberascher. Andere sprechen von dem »paradeisischen Apfel« und fragen, ob der nicht die Kriegsursach gewesen? Oder sie fragen, warum Gott ausgerechnet seinen Sohn hat Mensch werden lassen? Und warum er das Christkindlein nicht als Mädchen, sondern als Knäblein auf die Welt hat kommen lassen? Warum nit der Heilige Geist den Friedenspact geschlossen? Und warum ausgerechnet in Nazareth, im Loretohaus der heiligen Jungfrau, dieser Frieden hat geschlossen werden müssen? – Wo es doch viel berühmtere Städte gäb, z.B. Wien und München, Augsburg und Paris oder Rom?

Eine andere Adventspredigt befaßt sich mit der pfiffigen Frage, warum denn ausgerechnet der Erzengel Gabriel als Gesandter der göttlichen Botschaft zu Maria nach Nazareth ist geschickt worden und nicht der Erzengel Michael, dem das eigentlich zugestanden? – Weil halt die Obristhauptleut' und Generale nicht die besten Friedensdiplomaten sind. – Und warum aber auch nicht die großmächtigen Erzengel Uriel oder Raphael? – Wo doch der Raphael mit dem Tobias auf die Brautschau gegangen und als himmlischer Progoder und Hochzeitslader sich schon ausgekannt hätte! – Über jeden Erzengel wird etwas Großes, etwas Schönes und etwas Lustiges gesagt. So über den Uriel, daß er der »cherubinische Paradeiswachter sei und auch als eine Art Sturmwind dem Heiligen

Geist vorauseile, obwohl man sonst nit viel weiß über ihn. – Sankt Michael wird der »große Teufels-Stößer« genannt, der den »stolzisten Luzifer in den höllischen Abgrund gerennt« habe.

Gabriel ist auserwählt worden. Und warum? – Weil sein Name der richtige ist. Nur seines Namens wegen, denn Gabriel heißt: »fortitudo Dei«, Stärkn Gottes. – Und ein starker Gesandter mit einem imponierenden Namen richte allerwege das Beste aus. – Außerdem sei der Gabriel auch beim Daniel gewesen und habe dem bereits die große Prophezeiung getan von der Menschwerdung Christi. – Er hätte dem Daniel damals freilich auch erzählt, daß er mit dem Erzengel des persischen Reiches vor Gottes Angesicht habe streiten müssen ...

Das schönste aber an so einer weitschweifigen barocken Roratepredigt sind immer die tiefgläubigen Antworten, die mit zu Herzen gehender Naivität Unfaßbares aufgliedern und erläutern.

»Auf jedes Warum, geliebte Zuhörer, will ich anjetzo ein klärendes Darum setzen.« Nur diese folgenden Fragestücklein könnten noch immer nicht ganz klar beantwortet werden: »Wie, wann, zu was Zeit und unter was Gestalt und Aufzug die Englische Person als ein Gesandter Gottes zu Maria gekommen sei.« In der Zeit, meinen die Prediger, variierten die hl. Kirchenväter am meisten. Die einen sagen, etwa um Mitternacht sei Christus im Schoße der Jungfrau empfangen worden. Und das sei nit die schlechteste Zeit. Die anderen aber geben als gewiß die Morgenstunde an. Und dritte wieder meinen mit Bedacht, daß der Gabriel zu Mittag gekommen sei. Und dann ruft Pater Ignatius Ertl aus München, Augustinerbarfüßer, nachdem er alle die drei möglichen Empfängniszeiten aufgezählt hat, mit einleuchtender Gewißheit: »Und weilen man dessen keine Gewißheit hat, also läutet die katholische Kirch in der Früh, zu Mittag und gegen den späten Abend das Ave Maria.« Der Engel des Herrn brachte Maria die Botschaft ...

Wie schlicht und undogmatisch unsterblich! Und dann kommt es noch gläubiger und ergreifend frömmer und fröhlicher. Der Münchner Augustinerpater ruft den frühmorgendlichen Rorateamtgehern zu: »Und was seine Person anlanget, so ist der Erzengel Gabriel nicht in Englischer Gestalt als ein Geist, sondern in einem angenommenen menschlichen Leib, als ein schöner, feuriger Jüngling der Jungfrau Mariae erschienen. Denn, kam Gottes Sohn als ein Mensch zur Welt herab, so mußte sich auch der Engel nicht schämen, die menschliche Leibsgestalt und Form an sich zu nehmen.« »Non est servus major Domino«, der Knecht ist nit

33

mehr als sein Herr. »Und muß sich allezeit der Diener in der gleichen Liberey seines Herrn bekleiden ...«

»Wie lange er sich aber bei Maria aufgehalten, ist ungewiß. Etliche Lehrer sagen, Gabriel sei nicht lange bei Maria geblieben und ihm sei immediate der Sohn Gottes nachgefolgt und als ein Mensch in Maria empfangen worden. – Hingegen Cornelius a Lapide wie auch Eusebius Nierenbergius ziehen aus einer Offenbarung, daß sich Gabriel neun Stunden bei der Jungfrau aufgehalten habe ...« (Ignatius Ertl, Roratepredigten, Erstes Adventualis, 8. Predigt)

Wia schön und wia fein, wia liab und wia einfach diese barocke Theologie! Und wie freudig klingt alles. Unsere modernen Theologen sollten die Barockprediger, diese verrufenen Skribenten des 17. und 18. Jahrhunderts, lesen, dann könnten sie sich in der Frage der Menschwerdung des Wortes spitzfindigen Peinlichkeiten derhüten. Man glaubt heut nicht mehr daran, daß der Erzengel Gabriel als ein von Gott bevollmächtigter »Plenipotentiarius« seine Friedenslegation mit dem einzigen Wörtlein »Ave« vorgebracht habe. Daß er in feuriger Jünglingsgestalt mehrere Stunden im »Lustgärtlein der allerseligsten Jungfrau Mariae« zugebracht hätte. Und auch Ertl beschreibt ausführlich das nazarenische Lustgärtlein als »ein Paradeisl und rosenduftendes Pavillon« ...

Man philosophiert über das »fiat mihi secundum verbum tuum«. Aber über diese Marianische Antwort gibt's nicht viel zu sagen. Das ist die erlösende Einwilligung in den göttlichen Ratschluß, das kann ein jeder glauben, wissen, erfahren ... Ersatzdefinitionen von einem »ontologischen Kraftakt« wetteifern bei manchen Weihnachtstheologen der Gegenwart mit dem Unglauben der Heiden.

Da brauch i nix wissen, da brauch i nix verstehn, dös glaab i a so. Und aa dös bedenk i gern, daß mar an Christkindl a Herberg richtn sollt im Advent. Einwendig drin. »Diversorium paratum«, heißt das große Adventsthema eines Predigermönches aus dem Benediktinerstift Ottobeuren, des Namens Sebastian Textor. – Er weiß in seinem Adventskalender hundert Vorschläge und nennt viele Vorbilder, die dem Herrn täglich einen Strohhalm wenigstens ins Kripplein legen. Er führt Leute vor, die sich im Advent bekehrt haben, die dem neugeborenen Christkindl »in ihrem Herzenskripperl eine schöne Wiegn geschnitzt haben«. Dann erzählt er auch von wunderbaren Bekehrungen, wie z.B. ein uralter boshafter und habgieriger Greis, der sich und den Seinen seiner Lebtag nit die Wassersuppen gegönnt, wie der sich im Advent beim

Rorateamt auf wunderbare Weis bekehrt hätte und daraufhin wieder jung und kräftig geworden ...

Ja, im Advent werdn die Kerzn onkennt.
Sitz i brav in der Stubn und greif zum Evangelium.
Und liachter werd d'Seel', les i vom Engel Gabriel.

Josef Lettl

Da Niklo kommt

Heiliger, heiliger Nikolas, bring dö braven Kinder was,
laß do Bösn laufa, dö wern sich scho epps kaufa!

Die Heiligen sind die Sterne am Himmel des Kirchenjahres. Mit dem Advent beginnt es, und gerade in dieser dunklen Zeit leuchten helle Sterne: Andreas, Franz Xaver, Barbara, Lucia, Thomas. Gewiß am meisten aber funkelt der vom heiligen Nikolaus. Obwohl über das wirkliche Leben des Heiligen wenig bekannt und er mehr eine legendäre Gestalt ist, wird Sankt Nikolaus schon seit dem 11. Jahrhundert verehrt. Viele Nikolauskirchen gibt es, im Passauer Bistum allein an die dreißig. In Griesbach und in Untergünzkofen steht die Figur des Heiligen im Bischofsornat mit Buch und drei Goldkugeln. Das altehrwürdige Kirchlein in Fränkendorf, Pfarrei Ruhstorf, ist ihm geweiht. Viele Berufs- und Standesgruppen haben sich ihm anvertraut, so die Pilgersleut und Reisenden, die Schiffer, die Flößer, die Bäcker, und Sankt Nikolaus gilt als zuverlässiger Fürsprecher und Helfer beim Heiraten und in Wassersnot. Der Legende nach hat der Heilige um 300 n. Chr. als Bischof von Myra in Kleinasien gelebt. Er war ein großer Wohltäter der Armen und der Kinder. So habe er drei Schwestern, Töchter eines verarmten Edelmannes, vor Sünde und schwerem Schicksal bewahrt, indem er ihnen bei Nacht drei Goldkugeln zum Fenster hineinlegte. Mit diesem Heiratsgut konnten sie sich ehrbar verheiraten und brauchten nicht nach des Vaters Willen in ein Freudenhaus.
Sankt Nikolaus steht am 6. Dezember auf dem Kalenderblatt. Nach altem Brauch besucht der Heilige am Vortag die Kinder. Einige Zeit vorher meldet er sich an. Ein wenig zwiespältig – auf das Gewissen kommt es an, ob mehr mit Freude oder Angst – wird der Nikolaus von den Kleinen erwartet.
Oft ist es um diese Zeit schon Winter gewesen. Einmal aber, so denke ich zurück, war nur eine aperne Gefrier an einem nebligen Adventstag. Um drei Uhr war die »ganze Schule« (vor- und nachmittags) aus, und wir Schulkinder sind auf unserm einstündigen Schulweg »heimgestanderlt«

(immer wieder stehengeblieben). Der Reitbauer hat über den Zaun zu uns herausgerufen: »Seids rechte Bangatn gewesen, nachher kommt der Arnstorfer (von Arnstorf) Niklo zu enk, er bringt nichts als eine lange Gartn (Gerte), die Spitzbuben aber steckt er in sein Sack!« Der Schneiderbauern Valentin drauf: »Der Nikerl ist ein alter Mann, der uns Buben nicht derwischen kann!« – »Ja, wart nur, du Sprüchbeutel«, der Reitbauer zurück, »grad vorher hab ich ihn gesehen im Holz hinten beim Gartnschneiden, ein ganz schiacher Gsell, da wirst spitzen!«

Jetzt hat der Spring Karli geprahlt: »Ich hab mein Schnappmesserl scho im Hosnsack, steckt er mich wirkli eini in sein Sack, der Nikerl, nachher schneid ich ihn einfach auf und spring ihm davon!« –

»Na ja«, meinte da der Reitbauer, »heut meld er sich an, morgen kommt er, wir werden's scho sehn, wer übermorgn nimmer dabei ist bei den Schulkindern. – Könnts überhaupt den Vaterunser richtig beten?« –

»I scho«, schreit der Scharl Wigg, »Vater unser, der du bist, der Vater fährt Mist, d' Mutter kreit (kratzt) oa, san mir glei wieder doa!«

Ja, soviel Schneid haben wir Buben noch gehabt, den Dirndln aber hat der Reitbauer verheißen, zu ihnen käme, wenn sie recht brav gewesen seien, der Reicherstorfer Niklo, der viele schöne Sachen einlege.

Wir Kinder sind weiter auf dem hartgefrorenen Schulweg, und grad »gnedig« ists uns eingegangen beim Mutmaßen, wie der heurige Niklobesuch ausfallen werde. Auf einmal, am Stafflmoar-Moas (Jungwald) vorbei, ist der Schneiderbauern Vali ganz abrupt stehengeblieben, und die Farbe ist ihm aus dem Gesicht geschossen. »Luusts amal«, keuchte er, und mäuserlstill ist es auf einen Schlag geworden. Im Jungholz hörte man ein Rascheln, und die birkenen Bäumchen bogen sich. »Da Niklo tut Gartn abschneidn«, wisperte das Heindl Reserl. Wie gestutzt rannten wir Kinder heimzu und erzählten ganz aufgeregt ... Die Stafflmoar-Knechte waren beim Besenreisigschneiden gewesen. –

Am Adventhimmel haben die Sterne der Heiligen geleuchtet, durch die Nächte des Advents aber sind einst grausige Gestalten geistert, denen man nach dem Gebetläuten nicht gerne begegnet ist und die ihren Ursprung in vorchristlicher Zeit haben: die Habergeiß, die Luzier mit der Sichel, der blutige Thomerl und der Begleiter des heiligen Nikolaus, der Klaubauf oder Krampus, auch Knecht Ruprecht.

In viele Stuben auf dem niederbayerischen Land kam einst am Vortag des Niklofestes, am 5. Dezember, nur ein wilder Geselle mit Pelzmantel, Pelzkappe und schweren Stiefeln, Kette, Gerte und Sack dabei, und den

Heiligen kannten die Kinder nur vom Hörensagen und von Bildern auf Lebkuchen, die er in den Nikloteller in der Flöz draußen einlegte. Ein tiefes Aufatmen war es, wenn das Niklo-Gericht überstanden war, und ein Jubeln über die gefüllten Teller: Äpfel, Kletzen, Speitel, Nüsse, Lebkuchen, Plätzchen, Schiefergriffel für die Schulkinder, bunte Sacktüchel; und man getraute sich die Sachen gar nicht recht anzulangen, da sie ja ein Heiliger vom Himmel gebracht hatte. »Der Niklo soll in einer viertel Stunde all das nachholen, was die Eltern das ganze Jahr über bei ihren Kindern versäumt haben«, hat der alte Falterbauer gebrummt.

Sankt Nikolaus, oft auch als »Weihnachtsmann« betitelt, er ist heute volkstümlicher denn je. Als Werbefachmann lacht er in allen Größen und Farben von Plakaten, er beschenkt die Kinder in Kaufhäusern. Schon gleich nach Allerheiligen steht und liegt er – aus Schokolade, Lebkuchen oder Marzipan – reihenweise in den Schaufenstern. –

Kaum ein Verein ohne Niklofeier mit Packerln und Versen. Niklostudenten bieten ihren Dienst an, kommen in würdigem Ornat, loben und tadeln in gereimter Form. Die ABC-Schützen in der Schule werden von ihm und dem Knecht Ruprecht aufgesucht. Im Kreidekreis stehend, vernehmen sie Lob und Tadel, versprechen Besserung und freuen sich über das Geschenkpackerl, mutmaßen danach, wer dahintergesteckt hatte hinter Mitra, Bart und Rauchmantel, Larve und Pelzwerk.

Ferdinand Neumaier

Nikolo bumbum

1. Nikolo bumbum, der Nikolo geht um!
Drauß'n is' so huscherlkalt, der Nikolo, der kummt scho bald
und kehrt bei uns g'wiß ei', drum müaß' ma recht brav sei'!

2. Nikolo bumbum ...
Macht's eahm auf, er klopft scho o, mir grüaß' ma di, du heil'ger Mo!
Geh eina glei ins Haus und laar dei Sackerl aus!

3. Nikolo bumbum ...
Sag'n ma dir a Sprücherl auf, a Liaderl sing ma aa no drauf.
Laß fei koa Ruat'n da, du liaber Nikolo!

4. Nikolo bumbum ...
Äpfel, Birn und Mandelkern und Zuckerzöpfö eß' ma gern.
Muaßt heut no so weit geh, mir dank' ma dir recht schö!

Sigfrid Färber

Der Nikolaus bei den Hartl-Kindern

Es dunkelte in der Stube des Hartl-Häusls. Die Kinder saßen auf der Ofenbank. Anni legte ihr Strickzeug zusammen, mit dem sie sich eine gute Weile abgemüht hatte, und Schorschl kaute an einem Stück Brot. Die Mutter war schon fast den ganzen Tag fort, sie war in die Stadt gefahren, und sie kam erst mit dem Abendzug zurück, weil man in der Stadt überall so lang warten mußte. Es war den Kindern nichts Ungewöhnliches, daß sie allein im Häusl waren, aber heute und jetzt, da es dämmerte, wurde ihnen doch etwas angst, denn es war der Abend, an dem der vorweihnachtliche Wundermann umging, der Nikolaus. Die Mutter hatte den Kindern gesagt, es käme kein Nikolaus zu ihnen, denn der Nikolaus habe nicht immer Zeit, alle Kinder aufzusuchen oder einen seiner Knechte zu schicken, aber sie dürften dafür in der Nacht ihre Schuhe vor die Tür stellen, dann lege der Nikolaus im Vorbeigehen etwas hinein oder er schicke einen Weihnachtsengel, der dies tue. So sei's auch in ihren eigenen Kindertagen immer gewesen, hatte die Mutter gesagt. Und morgen durfte ja der Schorschl in das Nachbardorf in die Schule mitgehen mit der Anni, und dort kam dann der Nikolaus, der ganz echte, der heilige, mit einem Mantel, der von oben bis unten sehr golden glänze – so hatte es jedenfalls Anni im vergangenen Jahr gesehen! –, mit einer Bischofsmütze und einem Stab von gleich wunderbarer Beschaffenheit und mit einem milden Gesicht hinter dem weißen, wallenden Bart. Was die Mutter gesagt und was sie selbst vom Nikolaus in der Schule wußte, das hatte die Anni dem Schorschl schon mehrmals erzählen müssen, und sie hatte sich's auch selber gern ein paarmal erzählt. Aber es wurde doch immer finsterer und finsterer. Den Kaffee, den ihnen die Mutter zum Aufwärmen dagelassen hatte, hatten die Kinder schon getrunken, und die kalten Maultaschen von gestern hatten sie auch schon aufgegessen. So gab es gar nichts Rechtes mehr zu tun oder zu reden. Und draußen fiel die frühe Nacht ein.

Da erschrak Schorschl auf einmal, weil er aus der Stille vor dem Haus das Geklirr einer Kette zu hören glaubte – oder war es ein Klingeln, ein Läuten – oder beides zusammen? – und alle wundersamen Schauer, die in der Abendstunde des 5. Dezember bei solchen Geräuschen in Kinderherzen sich regen, durchbebten den Buben. Er rief die Schwester zurück, die recht tapfer sein wollte, weil sie doch schon groß war, und die ans Fenster eilte, um zu spähen und zu lauschen, und die sagte, es sei wohl bloß ein Wagen gewesen auf der Straße drüben. Aber sie folgte den ängstlichen Rufen des Bruders doch recht gern, denn man konnte nicht wissen ... und auf der Ofenbank, nahe der Lampe, fühlte man sich doch weit sicherer. Zudem: Vernahm man jetzt nicht auch eine Stimme, eine tiefe Männerstimme? Und hörte sie sich nicht ganz anders an, als wenn sonst in der Dunkelheit jemand vorbeiging und redete? Es murmelte und raunte aus der Stimme, es rauschte fast aus der Nacht. Und nochmals hörte man das ferne Klirren. Der Wassertopf auf der Herdplatte sumste, und das geschäftige Pendel der Uhr tickte sehr laut hin und her. Wenn nur der Abendzug heute eher käme! Der große Zeiger der Uhr mußte noch einmal ganz rundum gehen, und dann war noch der weite Weg von der Station bis nach Hause.

Da wurden die ängstlichen Gedanken des Mädchens und die sehr verworrenen des Buben auf einmal unterbrochen. Es klopfte am Fenster. Ja, ganz deutlich hatten es die Kinder gehört, und ganz deutlich sahen sie auch jetzt vor den Scheiben eine Schattengestalt. Noch ehe sie der Schreck so recht packen konnte, hörten sie eine Männerstimme sagen: Kinder, machts auf, ich bin da! – und ebendiese Stimme ließ keine Furcht aufkommen, denn das war ja – wie Anni gleich erkannte – die Stimme von Onkel Franz. Sie lief auf den Flur hinaus und Schorschl hinter ihr drein, und sie schob den Riegel der Haustür zurück. Aber der Mann, der jetzt über die Schwelle trat, war zum jähen Erstaunen der Kinder keineswegs der Onkel Franz. Ein verwittertes Gesicht, das unter einer dicken Lammpelzmütze steckte und das von einem wirren und dichten Bart umwuchert war, blickte auf sie hernieder, der Mann hatte hohe Stiefel an, einen derben Stock in der einen Hand und in der anderen einen Sack. Der Nikolaus! rief der Schorschl und packte den Arm seiner Schwester, so fest er nur konnte; aber er fürchtete sich nicht, obwohl es ein recht wilder Nikolaus war, wohl ein Knecht Ruprecht, denn das blasse Gesicht hinter dem struppigen Bart schaute so gut, so mild drein, wie sich's Schorschl nach Annis Beschreibungen beim echten heiligen Nikolaus vorgestellt hatte. Und überhaupt gab es kaum mehr etwas zu fürchten, weil der Mann, wenn er auch geheimnisvoll war, eben doch so wirklich dastand. Der Anna ging es ebenso. Der Nikolaus harrte eine ganze Weile wortlos unter der Tür und lächelte sehr seltsam. Dann trat er ein, und seine Stiefel tappten, und sein Stock klappte über das Pflaster im Flur, und die Kinder folgten ihm wundererregt und herzklopfend in die Stube. Da fragte er sie zuallererst, wo denn die Mutter sei, und sie erzählten es. Dann fragte er sie, ob sie auch immer brav gewesen wären, und sie meinten, es hätte schon gerade gereicht, und sie bekräftigten ihre Worte durch hastig gestammelte, aber herzlich wohlgemeinte Gebete und schielten dabei auch schon begierig auf den Sack. Dahinein griff nun auch der Nikolaus, und es kamen zwei paradiesisch rotbackige Äpfel zum Vorschein und eine ganze Handvoll Backwerk, braune Ringel und helle Sterne. Der Nikolaus verlangte keinen Dank für die Gutsel, vielmehr fragte er die Kinder, indem er sie übers Haar strich, was sie sich denn vom Christkindl wünschten? – Daß der Vater wieder aus dem Krieg heimkommt und die Mutter dann nimmer weint! – Da drückte sie der Nikolaus fest an sich, und die Kinder sahen nicht, wie sein verwittertes Gesicht glänzte in Tränen der Freude. Dann ging er wieder, der Nikolaus, aber er schien es gar nicht eilig zu haben, ganz langsam ging er, immer wieder wandte er sich um, im Hausflur schaute er noch einmal nach allen Seiten, dann erst tappte er über die Schwelle in die Nacht hinaus, und als er verschwunden, schloß und verriegelte Anni die Tür.

So begab sich am 5. Dezember 1946 die Heimkehr des Georg Hartl aus der russischen Kriegsgefangenschaft, die Heimkehr aus dem so langen Fernsein, daß er seinen Kindern, die ihn nicht mehr kannten, als Wunderwesen erschienen war. Und wunderbar hatte ihn in seinen Kindern die Heimat begrüßt und hatte ihm aus ihren Blicken, Worten und Gebeten der trotz aller Verwüstung unverwüstete Glaube entgegengeleuchtet, so hell, daß die Finsternis, die hinter ihm lag, überstrahlt wurde.

Und jetzt mußte der Georg Hartl zur Bahnstation, um seine Frau zu erreichen. So müde, so elend und hungrig er war, schritt er schnell die Straße dahin. Eine Stunde später schritt er sie zurück an der Seite seines Weibes. Er erzählte, wie er von der Stadt aus mit einem Lastauto bis ganz in die Nähe des Dorfes hatte fahren können, erzählte alles, wie es sich begeben hatte mit den Kindern, berichtete auch von einer Frau, die ihm an der Grenzstation die Äpfel und das Backwerk geschenkt hatte als ersten Willkomm in der Heimat, und wie er gleich beschlossen hatte, diese Dinge als Mitbringsel für die Kinder aufzuheben. Er zeigte seiner Frau den Sack, der jahrelang all seine lumpige Habe gefaßt hatte, diesen armen, traurigen Gefangenensack, den die Liebesgabe und der Kinderglaube zum fröhlichen, reichen Nikolaussack verwandelt hatten. Dann besprach man, wie er heimlich ins Haus kommen könnte, wie er Mütze und Stiefel, Stock und Sack verstecken wolle, den Kindern ihr Wunder nicht zu rauben und es vollkommen zu machen, wenn er ihnen anderntags, befreit von seinem wirren Bart, am hellen Tag als Vater entgegentreten würde, den das Christkind heimgeleitet hatte, noch vor Weihnachten die Bitte erfüllend, die der Nikolaus überbracht.

Fritz Markmiller

Wenn kumbt der heilig sant Niclas

Wenn kumbt der heilig sant Niclas,
der heilig himelfürst,
so sticht man seulein klein und groß
und macht dann gute würst
und macht auch pretlein groß und klein,
die ißt ein teil der adel;
wenn dann die pawren vol sein,
so feisten sie recht wie die schwein
und laufen hindern stadel.

Sant Thomas ist ein frummer herr,
der bringt uns schne und eis,
so lauf wir zu dem wirtshaus ser
und zu der kirchen leis;
den wirt laß wir nit feiren,
er muß uns tragen auf
von wilpret, visch und eiren,
auch enten, gens und geiren,
secht mit der zalung drauf!

Die lieb heilige Weihenacht
die bringt uns große weck;
ein freund sich zu dem andern macht
und füllen ir wampenseck,
ins wirtshaus sie dann treten,
do keinerlei nit felt;
sie haben nit lust zu peten,
hörn weder meß noch metten
und spiln umbs opfergelt.

Die lieben heiligen künig drei
machen die dienstmaid gail,

daß sie tanzen und springen frei
und pieten sich selber fail,
wenn man ir fleisch mit salz nit sprengt,
so verdirbt es in der frist,
oder ein ander list erdenkt
und es an einen nagel henkt,
der selbs gewachsen ist.

Aloys Balsamer

Der Niklas

Wenn jetzat die weihnachtsträchtige Zeit da is, dann merkt ma als Erwachsner, daß ma irgendwia ärmer wordn is. Als Kind hat ma früher alle Tag, wenn ma von der Schul hoamkomma is, neugierig d'Luft durch d'Nasn zogn. Da hat d'Muatter Platzln backn, die erstn. Und ma hat glei riachn müassn und wissn wolln, obs' a paar Ofenkrüppel z'ammbracht hat. So habn die Platzln ghoaßn, die an Fehler ghabt habn, die z'krumm warn oder z'weiß oder gar z'braun. Damals hat ma nämli no net einstelln könna, wiaviel Grad der Ofen zum Backn braucht, und da is doch öfters was danebnganga. Der Backg'ruch wieder hat oan wissn lassn, daß der heilige Nikolaus bald kommt, der bei uns bloß »der Niklas« ghoaßn hat. Auf den z'wartn, des war so a bsonders Gfühl. Je näher der Niklastag kommen is, desto unsicherer war ma. In der heutigen Ausdrucksweis hat uns also der Niklas »verunsichert«.

Z'erst is er mit an Knecht Rupprecht im Kindergartn antanzt. Der Rupprecht hat allerweil an großn Besn mitghabt und a schwaare Keen – was hochdeutsch »Kette« hoaßt. Über der Schulter is a Sack ghängt, aus dem zwoa Kinderhaxln außergschlenkert san, ohne Schuah, aber mit weiß-blau gringelte Strümpf. Und die Ringelstrümpf siehg i heut no hi- und herbaumln.

Spater – wia mir aufklärt warn – samma, wenn's duster wordn is, durch d'Gassn zogn und habn alle Niklas mit Schneebäll beschmissn. Aber da is uns scho inwendig bewußt gwesn, daß ma a bißerl ärmer warn, weil des scho lang nimmer so schö gwesn is. Heut is ma no ärmer, weil's d' gar koan mehr siehgst auf der Gaß – die Niklas san jetzat motorisiert.

So is des halt an echte Erfahrung, die mir Menscherl machn. Je gscheiter und technisch besser daß mir werdn, desto ärmer werdn mir aa. Mir wartn nimmer zitternd da drauf, daß oaner kummt und uns sagt, ob mir brav oder bös gwesn san. Irgendoaner mit ara scheinbar jenseitign Autorität. Mir san ja soo gscheit und beurteiln uns selber, egoistisch, überheblich, so, wia mir uns sehng, als ob ma in aran Spiagel eineschaugn. Alls is guat, alls is recht, alls is brav, was mir gmacht habn! Und trotzdem bleibt inwendig a leiser Zweifel, den mir aber bekämpfn und möglichst kloa

haltn. Mir streifn des kindliche Gemüt ab, fortschrittlich und erwachsn, wia mir san! Bloß: Ärmer san mir aa! Mir bringa des um, was ma modern »Selbstkritik« hoaßt, und mir werdn so unser eigner Niklas, der uns bloß Nüß bringt und koane Schläg!

Derweil taat's uns so guat, wenn ma bloß a kloans bißerl zittern müaßatn, wenn ma die seltsam menschliche Gfühlsmischung von a wengerl Erwartung und sehr viel mehra Angst no amal spüratn. So wia damals, wia uns der Schurz von der Muatter no vorkomma is wiar a Schild gegn was, des ma halt doch hinnehma hat müaßn und des uns wenigstens a Zeitlang bescheidner und braver gmacht hat! Des taat uns guat, so a Niklas, so a bißerl a Zittern, a kloans wengerl Angst vor irgendoaner Autorität aus'm Jenseits mit Weisheit und Strafgewalt.

Niklas, wo bist du?

Erika Eichenseer

Nikolaus-Legende

Seine altn Eltern ham si scho lang damit abgfundn ghabt, daß' unfrucht-
bar san.
Und doch hams a Kind kriagt, no im hohn Alter.
Gib d Hoffnung net auf! – Gott woaß mehr als du!
Seiner Lebtag hätt si da Nikolaus – als Kind wia als Mo – scho am liabstn
in da Wildnis verkrocha, wo er alloa Gott dienen hätt könna. Aber er war
für was anders bestimmt: zum Leutführn wia sei Onkl, der Bischof Nikolaus, der n tauft und von dem er sein Namen kriagt hat. Gott hat n net
alloa und unerkannt bleibn lassn, den Mönch Nikolaus; net aufm Schiff
nach Ägypten, wo der Leibhaftige selber in de Wantn ghängt is.
»Paßts auf«, sagt der Heilige, »paßts auf, a Weda kummt!« Zerst hams as
net glaubt, weil am Himml koa oanzigs Wölkerl zum sehgn war.
Aber der Teifl braucht koane Wolkn für sei höllisches Werk! »Nikolaus,
hilf! Sonst san ma alle verlorn!«
Und der staade, heilige Mo bet den Teufl einfach weg von dem Schiff und
de Leut. Retter in Seenot!
Hoamlich wollt er drei Madl rettn, die der eigene Vater der Schand preis-
gebn hätt, wiar er auf d Gant kumma is. Dreimal hat der Nikolaus an
Batzn von seim eignen Vermögn ins Fenster glegt, daß' a Heiratsguat ham.
S dritte Mal hat n da Vater gsehgn. »Du warst des? – I dank dir von Herzn!«
Drum geht heut no da Nikolaus rum und schenkt de bravn Kinder was:
Äpfel, Nüß und Mandelkern ...
Mit der Zeit is er so bekannt worn, daß eahm de Leut nach san: Nikolaus, komm, hilf da, gib dort, heil mei Muatta, mei Bruada is unschuldig
eigsperrt, i hab mei ausgliehens Geld nimmer kriagt, weck mei Kind von
de Totn auf, – Nikolaus, – Nikolaus!
Aber dem bescheidenen Mönch is der Rumml scho z viel. In d Wüste
möcht er, a Oasiedl wern. Aber Gott pfeift n zruck: »Kehr um und geh
in dei Kloster nach Sion, da brauchens di mehr!« So geht er halt. Aus
dem Betn und Fastn holt er sei Kraft.
In aller Herrgottsfrüah geht er scho in d Kirch, kniat an der Pfortn, bis's
aufgeht.

»Wer bist du?« fragt da a Stimm. »I bin bloß a Knecht, und Nikolaus is mei Nam.«

»Du bist der auserkorene Bischof für uns! A Prophezeiung hats gsagt.«

»Naa! – Laßts mi alloa!«

»Bischof von Myra! Nimm dei Packl und trags, obs kloa is oder groß.«

Und er tragts. Hilft, heilt, tröst. Geht in Gfängnisse, wo de verfolgtn Christn schmachtn, möcht selber leidn. Aber er derf net.

In der allergrößtn Hungersnot geht er zu de Schiffsleut, de an Weizn bringa fürn Kaiser: »Gebts uns doch was in Gotts Nam! – Oa Sackl von jedm Schiff is scho gnua.«

Sie gebns eahm. Und des Korn langt zwoa Jahr für allsamt; der Rest is de Aussaat fürs kommende Jahr.

Oa kloans Sackl von am großn Schiff! – So billig waar d Barmherzigkeit!

So bescheiden er lebt, so stirbt er. Doch aus seim Sarg springen zwoa Quelln: am Fuaß oane mit Wasser, am Kopf de mit heiligem Öl, de jahrhundertlang tropft.

Georg Lohmeier

Vom Kripperl

Ohne Kripperl wäre Weihnachten lange nicht so schön. Das Kripperl ist die Hauptsache. Der Christbaum, die Sternwerfer, Lametta und Engelshaar, Lebkuchen, Eisenbahn und Puppenküch', all der liebe Flitter ist eine Nebensache im Verhältnis zum Kripperl. Und da drauf kann unser bayerischer Volksstamm besonders stolz sein, daß er es von alters her verstanden hat, prächtige Kripperl zu bauen. Im norddeutschen Raum, auch in der Kölner Diözese, sind bis vor knapp hundert Jahren die Weihnachtskrippen überhaupt nicht der Brauch gewesen. Dafür aber um so stärker in Bayern und Österreich, in Italien, Spanien, Südfrankreich und in Böhmen.

Als der Erfinder der Weihnachtskrippe gilt der heilige Franz von Assisi. Im Jahre 1223 hat er in der Höhle von Greccio einen Ochs und einen Esel an einen Krippentrog gestellt. Und über diesem Trog war der Altar errichtet, auf dem das mitternächtliche Meßopfer zelebriert wurde.

Der muß ein braver Mann gewesen sein, der das Kripperl erfunden hat, denn im Evangelium steht nichts drin von einem Esel und einem Ochs. Und wahrscheinlich ist's ein Altbayer gewesen. Denn schon hundert Jahre vor dem hl. Franz heißt es im Melker Marienlied, »da der esil unde daz rint, wole irchanten daz vrone chint«. »Wo der Esel und das Rind wohl erkannten das heilige Kind.«

Genaueres über die Weihnachtskrippe erfahren wir erst zu Beginn des 16. Jahrhunderts. Damals gab es bereits mechanisch sich bewegende Figuren. 1577 bestellt die in Graz lebende Erzherzogin Maria von Steiermark, eine geborene bayerische Prinzessin, bei ihrem Bruder Herzog Wilhelm etliche Krippenfiguren: einen Ochs, einen Esel und acht Englein, aber nicht geschnitzte, sondern solche, »wie man die Docken macht«, die seien viel holdseliger und auch nicht so teuer.

Im Barock wurden die Krippen dann immer größer und lustiger. Schafherden, Hirten am Feuer, Engel, Städte im Hintergrund, weltliches Treiben ringsum, Straßenszenen, die »Heiligen Drei König« mit ihren »buckligen, langkrageten, schiachen Rössern«, wie unsere Kripperlschnitzer die Kamele nannten, und noch andere Zutaten machten aus manchen Krippen ein gewaltiges Theatrum mundi. – Die Krippe ist ja auch ein Welt-theater, denn für die ganze Welt hat der Herrgott dieses »Theater« ange-richtet, diese Geburt seines Sohnes in Bethlehem.

Besonders lebendig waren die Krippen der Neapolitaner. Aber auch recht schöne altbayerische sind berühmt geworden, die Krippe der Stiftskirche von Laufen an der Salzach z. B., von der heute allerdings nur noch eine Figur vorhanden ist: der Krippenjackl, eine Gliederpuppe von einem Viertel Lebensgröße. Der Jackl trägt natürlich Salzburger Geißbubentracht und hat zwei auswechselbare Köpfe, einen ernsten und einen lustigen, wie man es grad gebraucht hat. Wenn z. B. der König Herodes dem neugeborenen Christkindlein nach dem Leben trachtet, setzt der Jackl den weinenden Kopf auf. Breiten die Heiligen Drei König ihre Gaben aus, lacht der Jackl wieder. Zwei Köpfe, ein ganzer Chor!

Die Krippe der Bauernpfarrei Volkmannsdorf bei Freising hatte auch eini-ge Berühmtheit erlangt. Die Könige und Hirten dieser bethlehemitischen Szenerie waren mit Papier ausgestopft. – In einer Tiroler Krippe treten gar Wirt, Hochzeitslader und Spaßmacher auf. Das Leben, die Welt, der Witz und der Ernst, alles ist durch die Erlösung der Kindgeburt so zutraulich geworden!

Das wichtigste von der Krippe bleibt gewiß immer die kleinste Figur, das Christkindl. Manchmal liegt es in einer überaus schön geschnitzten Wiege, mit gekraustem Haar und mit goldgestickten, kostbaren Windeln angetan.

> Was is denn iatz dös für a Glanz?
> Für a Gsang, für a heiliger Tanz?
> Für a Liachtn und Schein umadum?
> Für a Juchezetn? – Und der Stern, dös Mordstrumm!
> Lus, Seppi, Miche, schau, Stoff:
> Is ebba's Himmiloch off?
> Is es ebba wahr, was man liest?
> Daß der Heiland bald kimmt, der Herr Christ!

In einer uralten bayerischen Weihnachtspredigt – sie stammt aus dem Jahre 1690 – ruft der Pfarrer seinen Bauern zu: »Weihnachten ist das schönste Bauernfest, denn Gott der Herr hat nicht auf die Welt kommen wollen zu Rom. Nicht zu Wien in der Hofburg oder zu München in der Residenz und nit zu Augsburg zu Schwaben, was er hätte auch anstellen können. Euch Bauern, Euch Hirten zu einem sonderbaren Trost wollte er aber mit Fleiß am Land, mitten im Gey und bei dem unvernünftigen Vieh im Stall geboren werden. Aus dem Ihr ja mit Händen greifen könnt, wie Ihr dem neugeborenen Gott weit lieber sein müßt als Fürsten und Herren, Potentaten, Hohe Priester, Schriftgelehrte, Pharisäer, Juristen und Professoren, als Bürger, Handwerker, Kramer und steinreiche Kaufleut.« –

Wo liegt nach dera Predi' nachand dös Bethlehem, han? – Dös laßt se' leicht auffindn: In der Straubinger Gegend? Im Rottal? In der Holledau? Oder im Isengäu? Im Rupertiwinkl oder im Wald drin? In der Oberpfalz, am oder im Allgäu gar? – Im Boarischen, moan i, liegt's amal gwiß. No ja, is ja grad gleich: An iader hat's einwendig drin, sein Bethlehem. –

(Hier wäre wieder, wie so oft während der öffentlichen Vorlesung aus dem »Kletzenbrout«, eine innige bayerische Weihnachtsweise recht. Etwa ein Liedl wie »Was tout denn der Ochs im Kripperl drin« oder ein feiner Zitherklang, eine Weihnachtsmusik halt ...)

Der Ochs und der Esel? Ja derf denn dös sein? – Ausgrechnet die dümmern zween unter all Viecher? – O du gscheiter Ochs, o du braver Esl! Koan Rottaler Kutschpferd und koan prämierter Zuchtstier hat so ebbas derlebn derfn.

Dös is für die Gstudierten und Schlaucherl koan extrigs Kompliment, hast ghört! – Also, schimpfts mi no fest, ös Racker, ös gschicktn, und hoaßts mi an Esl und an saudummer Ochs! I leid's gern. Wer woaß, ob dös Dummsein und Bravsein net a bsundere Gnad möcht bedeitn?

Jetz san ma schon drauf und dron, wia's eigentlich gfeiert werdn soll, dös Weihnachtn und die Mettnacht: Aufs Einwendige kimmt's on, Leit, und net auf an Ramasuri!

Ochs und Esel gehören zur idyllischen Lieblichkeit des K200lleins. Und sie stehen nicht so zufällig im Stall zu Bethlehem, wie der Pontius Pilatus ins Credo gekommen ist. Unsere barocken Prediger, d. h. die bayerischen Skribenten und Theologen des 17. und 18. Jahrhunderts, sind solchen Fragen gern nachgegangen. Zum Beispiel auch haben sie sich gefragt, warum von dem Eselein und von dem Ochsen zu Bethlehem keine Reliquie aufbewahrt und verehrt wird. Wo doch sogar von dem Stroh aus der Krippe etliche Partikel im Kloster zu Neresheim zu sehen sind. – Darüber gibt es lange Traktate. – Eine ungemein abwegige und heute sehr sonderbar erscheinende Fragestellung lautet sogar: Warum ist das Christkindl ein Bub und kein Mädchen? – Wo es doch heißt, daß die Frauen schöner seien als die Männer? –

Christof Selhamer, ein gebürtiger Burghauser, weiland Pfarrer in Weilheim, nimmt bei den Krippendarstellungen zwar nicht an Ochs und Esel Anstoß, auch nicht an alldem bunten Treiben ringsum, aber es ärgert ihn, daß manche Maler die Geburt Jesu mit lauter Lügen vollgemalt hätten. Und er liest in einer Weihnachtspredigt diesen Malern gehörig die Leviten. Er ruft aus:

»Da Maria im Stall den Heiland der Welt geboren, bilden ihnen etliche Veichtlmaler ein, als sei es ebenso hergegangen, wie es bei ihren Weibern hergeht, wanns in die Kindheit kommen. – Ei, das ist aber weit gefehlt! Da muß man die höchstgebenedeite Mutter nicht mit anderen Weibern vergleichen. Alle anderen Weiber gebären mit Schmerzen, mit grausamen Wehetagen, mit allerhand Wust, Unflat, Blut und Wasservergießung, mit Abmerglung ihrer Kräften, mit Schreien und Winseln. Ihre Kinder kommen ordinari schmutzig und kotig auf die Welt, brauchen erst viel Waschens und Badens, bis sie recht gesäubert werden.

Nichts dergleichen ließ sich zu Bethlehem blicken. Maria hat ihren lieben Sohn ohn allen Schmerzen, ohn allen Wehtag, ohn alle Leibsblödigkeit, mit höchsten Freuden geboren. Concepit sine libidine, peperit sine dolore, wie sie empfangen hat, also hat sie geboren. Empfangen hat sie vom Heiligen Geist, also hat sie auch gebären sollen ohn alle Schmerzen, ohn alle Traurigkeit und Schwächung der Natur.

Ist diesem also, ei was flicken dann abermals die Maler mit ihren Lügenpemsel in diese heilige Geburt hinein? Was legen sie diese heilige Jungfrau gar ins Bett, wo sie von anderen Weibern erst soll gelabt und gestärkt werden? Was brauchts soviel Waschen und Tätscheln? Was tun bei diesem Handel die Hebammen, die Beseherin, welche alle der seligen Mutter an die Seiten gestellt und gemalt werden? Fort mit diesen Fetzen! Zu dieser heiligen Geburt gehört niemand als Maria, Josef und die lieben Engeln. Diese allein warten dem neugeborenen Gott auf wie dienstbare Geister. Andere sein nicht wert, diesen heiligen Leib unseres Heiland zu berühren.«

Grad die Hirta habn so zuawe derfa: Engl und Hirta. Süst neamd. Was nämli die groußn Herrn warn, so san die erst mit die Heilign Drei Kini vierzehn Täg spota kemma.

Daß eigens auf Weihnachten alle Jahre etliche Dutzend Hirtenspiele,

Geschichten, Legenden, Gedichte und Lieder und Kompositionen verfertigt werden, wie sonst das ganze Jahr über nicht – nicht einmal im Frühling –, das hat schon seinen Grund. Das Christkindl öffnet die Herzen und macht schier einen jeden zum Dichter. Ein paar ragen weitmächtig heraus. Und der allergrößte bleibt mit Abstand der heilige Evangelist Lukas.

Nachand kimmt in Bayern aber glei drauf der Ludwig Thoma mit seiner Heilign Nacht. Da schlagt die Muatter durch beim Thoma, die gebürtige Oberammergauerin.

Daß »Die Heilige Nacht« no nia vertont wordn is, hat neilings oaner gfragt, ja mei, die Gschicht is so guat, die vertragt net vuil Musi mehr, de is selber oane.

In einem Brief an Dr. Georg Heim, den berühmten Volksparteiler, schreibt Thoma am 20. Dezember 1916: »Als ich meine Heilige Nacht fertig hatte, da dachte ich oft, fast täglich daran, was daraus hätte werden können, wenn mein liebster Freund Taschner die Illustration und der prächtige Max Reger die Vertonung übernommen hätten. Das wäre einmal was Altbayerisches geworden.«

Es hat net sein wolln. Da Reger is sechzehne gstorbn und da Taschner no früahrer. Auf Weihnachtn habn ja die Leit vor Jahrhunderten schon allerweil fleißig dicht' und musiziert. Es is nur grad schad, daß die mehran Versl und Liadln verlornganga san. Hier und da taucht wieder oans auf, an altbayerisches Weihnachtsliad oder Krippenspuil. Die schönern hat da Kiem Pauli gsammelt. Der Herr geb ihm die ewige Ruah, dös is a Mon gwen! – »I gfrei mi all Jahr aufs Christkindl wiar a kloana Bua«, hat er allerweil gsagt. Es gibt a Kripperl – hint in Kreuth auf da Schanz – und die Frau Herzogin hat selber die Figuren gschnitzt –, wo die Hirta lauter hiasige Gsichter habn. Die Jaga san deitlich zum kenna, da Herzog selm steht aa dabei und da Kiem Pauli mittndrin. Und gnedda a so, wia er ausgschaugt hat. Soll er stehnbleibn unter die Hirta – oder soll er iatz net ehnder zu die Engl versetzt wern? – Da drobn auf da höchstn Schneid, wo sie stehngan, die Engerl, da waar schon a Platz für den boarischn Sänger! Und die Herzogin hat an Pauli als Engerl umgwandt. Wia aber sie aa gstorbn is, hat da Herzog an Pauli wieder zruckgwandt als Senn' und ganz nah zum Kripperl hingsellt. Beim Kripperl hibei, da is an Pauli woihl liaba.

Ohne die zwoa Nama, ohne Thoma und Kiem, um wiavuil iarma waar da die bayrische Weihnacht!

»Der Kaiser liabt sein Landl, der Bauer liabt sein Feld ...«
Im altehrwürdigen und weltberühmten Augustinerchorherrenstift zu Rottenbuch hat die Jahre nach dem Dreißigjährigen Krieg ein gewisser Peter Augustinus Grieninger, »gebürtig aus Margreid in Tirol«, gelebt. Dieser Grieninger war ein ausgezeichneter lyrischer Dichter, wenngleich ihn die Literaturwissenschaft bis vor kurzem nicht gekannt hat. Zeitweise war er Pfarrer in Oberammergau, in Oberigling und in Steindorf. Das Dichten fing er erst mit vierzig Jahren an, aber er ist trotzdem noch recht berühmt geworden. Sein Gedichtband »Das Salomonische Zepter« erlebte sogar mehrere Auflagen, und kein Geringerer als Kurfürst Max Emanuel ließ sich daraus gern vortragen. Ihm ist das Buch auch gewidmet. Die Verse Grieningers sind leicht, geschwind und tändelnd. Rhythmisch und im Allegro müssen sie vorgetragen werden, wie er selber angibt: »Wann man bei denen teutschen Poetereien will eine Ergötzlichkeit haben, die Vers müssen behend und schnell abgelesen werden.« Er hat viel tausend Verse gemacht. Unter anderem hat er auch die Jahreszeiten besungen. Im Winter sind ihm darin einige vortreffliche Strophen gelungen. Eine z. B. heißt:

»Wend ich die Augen über sich,
Mich Schneegestöber schrecket.
In d'Nieder geht ins Herz ein Stich,
Wo alles liegt verrecket.
Ein Grausen macht's dem, der's betracht,
Der nach dem Sommer denket.
Der kalte Wintr, der Bäumeschindr,
Bei Tag und Nacht viel kränket.«

Und jetzt dös Seltsame an dem Mon: Er hat net grad dicht, er hat a komponiert. Und net schlecht. I hab von eahm no etliche Melodien gfundn, die klingen recht munter, und an Baß hat er aa glei dazua gsetzt. Oane davon, dös is a Hirtnweis und im 6/8-Takt geschriebn. Da lust ma auf, wenn ma die hört: Ja klingen da net die erstn Takte a so wia dös Stille Nacht vom Franz Gruaber? Pfeigrad! Und dabei is die Melodie um hundertsechzg Jahr älter wia die Gruaberische! Na, is dös net an Entdeckung? –

Eine wichtige Sach' bei allen Krippenspielen, das ist die Herbergsuche. Maria und Josef, sie finden kein Quartier bei den felsenharten Bethlehemiten. – Vielleicht hängt der alte Adventsbrauch des Frauentragens – wie er besonders in der Salzburger Erzdiözese früher geübt worden ist, ja neuerdings in der Mühldorfer Gegend hier und da schon wieder lebendig wurde –, vielleicht hängt dieses Frauentragen mit der Herbergsuche zusammen. Eine schöne Madonna wandert während des Advents von Bürgerhaus zu Bürgerhaus. In einer kleinen Prozession holt eine Familie bei der anderen die Mutter Gottes ab, trägt sie in die schöne Stube ihres Hauses, wo ein kleiner Altar errichtet ist, und betet vor ihr den freudenreichen Rosenkranz. In jedem Haus bleibt unsere liebe Frau eine Nacht. Auch Gastwirte beteiligen sich beim Frauentragen, mitsamt der Frau Wirtin, der Köchin, der Kellnerin, dem Kuchlmensch und allen Stammgästen. Vielleicht ist's eine kleine Abbitt' für die bethlehemitschen Hoteliers?

Überhaupts, warum daß unser Herr net in am Wirtshaus hat auf d'Welt kemma wolln, dös hat andere Gründ aa no. Stellts euch amal vor, er waar in am Wirtshaus geborn wordn. Net zum ausdenka! Wia groußmächtig waar da die Ehr für die Wirt! Was taatn si da die Herrn Gastronomen und Hoteliers net als einbuildn! I glaab fast, die Zimmerpreise taatn all Jahr um Weihnachtn guatding ums Doppelte anziahgn. Und dös Essn und Trinka ums Dreifache. – Es is guat a so, unser Herr kennt die Wirt. Und dös macht gar nix, daß sie bei dera Gschicht amal schlecht wegkemman.

Das Licht-Aussetzen vor die Fenster in den Adventstagen ist heutzutage auch noch manchenorts üblich. Was möchte das bedeuten? Nichts anderes als ein Anrufen und Herbeiwünschen des heiligen Paares, das da in der kalten, stockfinsteren Nacht vergeblich eine Herberge sucht. »Hier brennt ein Licht, heiliger Josef, heilige Maria, hier. Schaut nur, vor unserm Haus, kommts rein, hier seid ihr herzlich willkommen!«
O mei, nach eintausendneunhundertundachtzig Jahren kann man leicht solche Wünsche haben! – Und dennoch, wenn heut so ein Paar anklopfte, ich glaub, die Leut', die ein Lichtl ausgsetzt habn, die würden sich bewähren, denn ein Mensch, der auf solche Bräuch achtet, der hat, möcht ich meinen, ein Herz.

Non erat locus in diversorio, es ist für ihn kein Platz gewesen in der Herberg. »Josef und Maria«, sagt Benignus Kybler, auch ein bedeutender bayerischer Barockprediger, »klopften an beim ›Weißen Rößl‹, wurden aber nit eingelassen. Es war da schon alles besetzt mit geilen Venusbuben. Sie gehen weiter und läuten beim ›Wilden Mann‹, hatten aber allda auch kein Unterkommen. Christus verlangte nit dazubleiben, denn alles war voll von wilden, zornigen und giftigen Leuten, so nur fluchten, sacramentierten und gotteslästerten. Sie kommen zum ›Hohen Glas‹, no erat ei locus in diversorio, dann das ganze Wirtshaus war besetzt mit vollen Zapfen. Sie verfügten sich hin zur ›Grünen Linden‹, da konnten sie gar nit unterkommen, dann das Wirtshaus ohnedies voller Leut war. Es ginge das Singen und Springen, das Tanzen und Toppen, das Geigen und Pfeifen, das Juchizen und Schreien dermaßen untereinander, daß einer sein eigenes Wort nit hören konnt. Sie gingen derowegen weiter und kamen zum ›Guldenen Mondschein‹. Christus hatte auch da kein Gefallen, weilen alle Tisch mit Karten, Würfeln und Brettspielen angefüllt, die besten Freund im Spielen sich entzweiet, in die Haar geraten, andere in die tiefe Nacht hinein gespielet, und nachdem sie all ihr Hab und Gut verspielt, letztlich gar ihre edle Seel in die Schanz gesetzt. – Also, sehet, gehet es zu in den Wirts- und Brauhäusern!«

Aber oan Guats hat's ghabt: Denn auf die Weis san die Hirta zu eahnam Gaudium magnum kemma.

Ecce evangelizo vobis gaudium magnum!

Lusts auf, ös Hirta, ich verkündige euch eine sehr große Freud. Eine Gaudium magnum!

Ja, wenn's net so verlumpt waar, unser Wort Gaudi, na müaßt ma die Stell fredi a so übersetzn: »Fürchts enk net, ös Hirta, i hab a Mordsgaudi für enk.« Natürli! Die Hirta habn woihl a Freid ghabt, und es san aa die selbigen Hirta – nach Anbetung des neugeborenen Christkindleins – gar große Heilige wordn. A so schreibn mehra alte hochgelehrte Theologn und gar Kirchenväter.

Hergschenkt habns ja nix bsunders, diese heiligen Sennen und Geißbuben: a weng an Butter, a Goaßmilli dazua und a paar Kreizer vielleicht. Sie habn selber nix ghabt.

Aber schaugts nein ins Kripperl: Sie hebn d'Händ auf, falln nieder in d'Knia, gnedda a so, als wann vorn am Hochalter dös Allerheiligste ausgsetzt waar. – Mariand-Josef! – Es is ja aa ausgsetzt! Freili, natürli! Der Heiland der Welt in seinem Kripperl! Dös is ja dieses Gaudium magnum.

Hanna Walther

's Kripperl

Des is doch a ganz a besonderne Sach mi'm Kripperlbaun. Vor mehra wia siebnhundert Jahr is's, wia d' Leit sagn, scho oganga, halt des mi'm lebadn Kripperl, da wia der heilig Franz vo Assisi des Wunder vo Bethlehem amoi ganz echt derlebn hot wolln und an Ochsn und an Esl vor an Barrn voill Hei hi'gstellt hot in ara Felsgrottn drin, weit draußt im Woild. Do is eahm sei fromms Herz grod aso g'schmolzn mit lauter Liab zu dem kloana Kindl, des wo er se im Hei drin oafach vorg'stellt hot.

Des koo überhaupts nia neamd net mit sei'm Vostand begreifa, daß se selbigsmoi vor boild zwoatausnd Johr z' Bethlehem drent der Himme aufdo hot. Des geht am ehern no demselbn a weng auf, der wo ganz tiaf drin oillwei no wia a Kind bliebn is, so oafältig und so fromm, daß er des göttlich Geheimnis mit sei'm Herzn a bisserl derspürn koo. Mi'm Vostand geht des gor nia net, aa boild oana moanat, er waa a ganz a Gscheiter.

Des hot scho ebbas für sich, daß grod bei uns in Bayern, aa drin im Tirolerischn, gar so liabe Kripperl baut werdn. Des werd weng dem sei, wei do de Leit no echter san und tiafer und inniger, als wia diam oa woanderst.

Brauchatst grod amoi an so an oildn Bergbauern z' frogn, ob er dahoam aa z' Weihnachtn a Kripperl baut hot. Do kimmt gach a Leuchtn in seine Augn und a seltner Glanz über sei faltigs Gsicht, und der oasilbig Moo ko schiaga nimmer aufhörn zum Vozähln.

I selber denk des aa no guat, wia uns dahoam jeds Johr unser kloans Kripperl vozaubert hat, grod als wann's in der Adventszeit überhaupts nix Scheeners net gebn hätt könna.

O'gfangt hot des scho im Herbst, wann am Staffa obn oder gar am Teisnberg der erste Schnee kemma is. Do ham ma grod z' doan g'hobt, daß ma no rechtzeitig 's Moos hoamg'holt ham.

Vo de Buam hot a jeder a Schnapperlmesser in sein'n Hosnsock ei'gschobn, und dahi is 's ganga mit a poor Körbe am Arm.

Im Woild draußt san ma na auf de rundn Moospolster grod aso uma-

nandg'hupft, oillwei no barfuaß. Unter de hohen Fichtn hot's de aller-
scheenstn Moosplattn gebn.

Dee ham ma schee in de Körbe eine-
g'schicht't, ham a poor Weißmoospolsterl dazua do, und oa Körbe ham
ma mit lauter Rindntofeln vo de Baamstöck voillg'macht. De aller-
kleanstn Christbaamerl, de wo ma in unserm Woild g'habt ham, san na
z'sammt de Wurzln ausg'rissn wor'n für a winzigs Holzl nebn am Kripperl.

Ganz z'letzt ham ma na no Buacheckern g'suacht. Grod g'strotzt ham
boild de Buam eahnerne Hosnsäck mit lauter Nussn.

Und wia ma unser Sach fürs Kripperl hoamzua trogn ham, do is 's uns
eiwendig scho ganz warm wordn mit lauter Freid.

A poor Wochan drauf, wann de Großn in der Stubn und in de Kammern
d' Winterfenster ei'ghängt ham, na is de Zeit fürs Kripperlbaun da-
g'ween. Auf jedm Fensterbrettl in der Stubn drin san a poor g'sessn und
ham des feine Moos in den Plotz zwischn de Fenster unt eineg'stopft.

Z'letzt hot no a jeder a poor g'schnecklate Schaafe und an etla schnee-
weiße Lambe einestelln derfa und halt aa no Hirtn und an Schofhund.

Ebban a vier Wocha lang ham s' do drin zwischn de Fenster g'woadt und
g'wacht, bis 's na auf amoi ganz liacht wordn is draußt auf'm Feld, z'
Weihnachtn.

Ja, und fürs Kripperl selber ham ma oillwei de Nischn herg'nomma, de
wo in unserm Hausgang draußt glei nebn der Stiagn in d' Wand g'mauert
wordn is früahra halt amoi, koo leicht sei bereits vor a poor hundert Johr.

Vui Plotz is do grod net g'ween. Aber für an Stoill vo Rindn, an etla
Felsn, de Baamerl, an Boch mit aram kloana Mühlrad, für an Spiaglsee
und de Moospolsterl, für des hot's es scho doo.

De Buam ham gor net aufhörn könna mit lauter Nogln und Klopfa,
Z'sammbaun und Z'sammrichtn. Und dabei sand s' alle mitanand so
friedlich g'ween, grod wia de Lamberl, de wo ma ins Moos einegstellt
ham.

Der Ochs und der Esl ham aa scho zum Barrn hint in 'n Stoill eine derfa.
An etla Engerl ham ma an Fadn hibundn und überm Doch obn
aufg'hängt.

Ja, und des winzigkloa Holzkripperl is akrat in d' Mittn einekemma. D'
Maria und an Joseph aber hot d' Nanni erst am Heiling Obnd in 'n Stoill
eineg'stellt.

Ganz z'letzt is na no Jesukindl drokemma. Des is so winzig kloa g'ween
und gor so liab mit de goldign Schneckerl und dem Heilignschei auf'm

Köpferl, daß i mi jeds Johr schiaga net gnuag schaugn hob könna. Es is aa ganz vo Wachs g'ween und net wia de andern Figurn, de wo grod 's Köpfe und de Händ und Füaß vo Wachs g'habt ham.

Aber so ebbas waa mir gor nia net in 'n Sinn kemma, daß unter dene oafachn Gwandl grod aso a Drahtg'stell g'ween is. Oills in dem Kripperl drin hot für uns g'lebt und hot uns verzaubert: de Leit, de Engerl, de Schoof und de Hunderl. Wia oft bin i do unter der Stiagn g'standn oder kniaglt und hob i in de Nischn einetraamt.

Ohne vui z'denka, hob i do, so moan i heut, grod an Funkn vom Geheimnis vo Bethlehem derspürt und in mei'm Kinderherzn mit ara so innigen Freud derlebn derfa, daß i des meiner Lebdog net vergessn koo. Vui spaater hob i na selber a Kripperl baut, halt mit meine Buam, a scheens Kripperl. Und weil i als kloans Dirndl oillwei g'moant hob, daß Bethlehem gor net weit weg vo uns dahoam liegt, grod ebban hinterhalbn Goaßberg hint, und daß d' Maria und der Joseph scho wegn de Nama waschechte Baiern g'ween san, drum ham ma a so a Almhüttn baut als Stoill. Und de Hirtn hob i lederne Bundhosn und selmgstrickte Wadlstrümpf oder Loifei und Janker oozogn und a Gamshüatl aufgsetzt. Ja, und a poor Rupertiwinkler in eahnerna Tracht hob i aa no auf'n Weg zu der Krippn g'schickt.

Mir ham heut no unser Freud an dem Kripperl, und wenn ma's jeds Johr in der Adventszeit in unser Wohnzimmer einastelln, na werd's wieder a weng hoamelig und vertraamt.

Franziska Hager, Hans Heyn

Die Klöpflnächte

Die Klöpflnächte treffen auf die Donnerstage zwischen Andreas und Thomas. Heute werden die Tage nicht immer genau eingehalten. Im Gegensatz zu früher gehen nur noch Kinder. Sie sind teilweise noch vermummt, ihre Gesichter rußverschmiert oder mit einem Seidenstrumpf unkenntlich gemacht. Die Klopferleut, die in den Gnotschaften des Berchtesgadener Landes »Klöckileit« heißen, gingen früher bis zur Unkenntlichkeit vermummt. Sie trugen Larven und kamen in Tierfelle gekleidet als Wölfe. Dirndl verkleideten sich gerne als Hexen. Am dritten Donnerstag wurde das Klopfagehn gefährlich. Der Tag war eine Losnacht, eine Perchtnacht, in der sich der Leibhaftige unter die Gruppe mischen konnte. In der Laufener Gegend trugen die Klopferleut eine schwere Kette mit Schellen und Kuhglocken um den Hals. Die Klopfer kamen aber nicht auf leisen Sohlen, sie kamen mit Lärm und Spektakel, von den aufgebrachten Hofhunden mit wütendem Gebell gemeldet und fast ausnahmslos in jedem Haus gerne erwartet. Wenn ihr Lärm über die Äcker hinhallte und in die bäuerlichen Stuben drang, dann holte die Bäuerin in der Kammer einen Schurz voll Kletzen und Äpfel. Der Bauer ging vor das Haus, pfiff dem für die Nachtwache freigelassenen Tyraß und legte ihn an die Kette, indes in der Stube die Kinder, eng aneinandergekuschelt, nach dem Schlag an die Haustür horchten. Gleich darauf pumperten die Klopfer mit Stöcken an. Der Bauer rief die sich im Dunkel verbergenden Gestalten an, worauf diese mit verstellter Stimme einen Klopferspruch, der immer mit guten Wünschen für das Haus schließt, aufsagten oder sangen:

> Wir ziehen daher, spat in der Nacht,
> Und wünsch ma dö Hausleut a gruahsame Nacht,
> Mir wünsch ma an Bauan an goldenen Wagn,
> Daß er mit der Bäurin in Himmi kon fahrn.
> Mir wünsch ma der Bäurin vuitausadmoi Glück,
> Daß eam koan Henndl, koa Haxerl obricht,
> Mir wünsch ma an Roßknecht vui tausadmoi Glück,

Daß eam koa Roß am Howan dastickt.
Mir wünschn an Untaknecht vui tausadmoi Glück,
Daß eam bein Nachtgeh koa Loata zambricht.
Mir wünschn da Dirn a goldane Wiagn,
Und an kloan Buam solls' a dazua kriagn.
Mir wünschn da Unterdirn vui tausadmoi Glück,
Daß ihr beim Abspüln koa Haferl net bricht,
Mir stengan scho lang auf'n eiskalten Stoa,
Hätt ma a Sackl zon Kletzn neitoa.
A Sackerl voll Kletzn und a Schüssl voll Birn,
Daß mir auf Weihnachtn a Kletznbrot kriang.
Mir hörn dö Schüssl scho aussaklinga,
Iatzt werd uns dö Bäuerin 's Kletznbrot bringa.
Iatzt pfüat dö Gott, Bäurin,
Mir müassn wieda geh,
Für dös, was ma kriagt ham,
Bedank ma uns schö.

Der Sack wird über die Schulter geschwungen. Gleich darauf erfolgt der Klopferruf beim nächsten Hof:

Holla, Klopfa san da!
Wir ziehen daher so spät in der Nacht,
Denn heut ist eine heilige Klopfernacht.
Wir ziehen daher über Wiesen und Klee
Und hüten dem Bauern sein Korn und sein Feld,
Seine Rinder und Ross, seine Schaf und Schwein
Und kehrn na amoi wieder a anders Jahr ein.
Mir wünschen am Bauern an Kastn voll Korn,
Daß er alle Woch ko in d'Schranna neifahrn.
Mir wünschen der Bäuerin an goldenen Ring,
In der Mitt a kloans Sterndl und 's Christkindl drin.
Mir wünschen an Roßknecht an Söchta voll Flöh,
In da Fruah, wenn er aufsteht, na hebt's n in d' Höh.
Mir wünschen der Dirn vui tausadmoi Glück,
Daß ihr im Milchsöchta d' Milli net grinnt.
Mir grüaß'n dö Bäuerin, mir grüaß'n dö Dirn,
Mir grüaß'n 's kloa Kindl in da Wiagn drinn.

Mir kennan net allerweil dableibn,
Mir müassn wieder geh,
Für dös, was ma kriagt ham,
Bedank ma uns schö.

Der Wechsel von hochdeutscher Sprache und Mundart ist in diesem Klöpfllied charakteristisch. Die Bedeutung des Geschehens hat die Sänger oft verleitet, ihren Vortrag hochdeutsch zu beginnen. Da sie jedoch meist die Sprache nicht gewohnt waren, fielen sie später entweder zurück in den Dialekt, oder sie wechselten, oft in einer Strophe, Mundart und Hochdeutsch. Nach wenigen Schritten taucht der benachbarte Hof aus der Finsternis auf.

Da genga ma geh zuawa,
Da klopf ma geh o,
Da kriagn mir na Kletzn,
Dös wissen mir scho.

Hart schlägt der Stock an die Haustür und an die Fensterläden: Holla, holla, Klopfa san da! Was 's uns gebts, des nehma mir o.

Gesegneten Abend, wir treten ein,
Wir hätten gern ein Gläslein Wein.
Ein Gläslein Wein ist nicht gnua,
Ein Trumm vom Zeltn ghört auch dazu.

Gelt's Gott, gelt's Gott für eure Gab,
Gott soll euch segnen Haus und Hab.
Wir treten zusammen in einen Ring,
Gott soll euch behüten mit Kind und Gesind:
Er soll euch behüten, Mann und Weib,
Auf daß euch Unglück ferne bleib.
Wir treten auf ein Rosenblatt,
Wir wünschen euch die himmlische Stadt.
Wir treten auf ein Lilienreis,
Wir wünschen euch das Paradeis.

»Keman dö Klopfa daher, weihnachtelt's allawei mehr.« Hieraus erklärt
sich, daß sich mancher Klopfergesang auf die nahende Geburt des göttlichen Kindes bezieht:

> Es kommt schon die Christnacht, die heilige Zeit,
> Da sich ein jeder aufs Christkindl freut.
> Drum, Christen, erwacht und kommt geschwind
> Und eilet zur Krippe und sehet das Kind.
> Und von Bethlehems Tor ging der Heiland hervor.
> Und wer ihn beleidigt, aufs neue ihn kreuzigt,
> Der liebt ihn nicht.
> Wir haben heut nacht auf dem Felde gewacht,
> Da hat uns ein Englein die Botschaft gebracht,
> Wir sollen aufstehn und nach Bethlehem gehn,
> Da werden wir Christus, den Weltheiland, sehn.
> Wir bedanken uns schön auf dreierlei Weis:
> Gott Vater, Gott Sohn und Gott Heiliger Geist.
> Wir klopfen an und grüßen enk all
> Mit flimmerndem Stern und singendem Gschall.
> Wir bitten das Christkind, es soll euch geben
> An guatn Gsund und a langes Leben.
>
> Iatzt kommt die heilig Weihnachtszeit,
> Iatzt seid's nur alle still,
> Was Gott, der Herr, uns verheißen hat,
> Ist ohne Maß und Ziel.
> Der Himmel, der verschlossen war
> Ja schon viel tausend Jahr,
> Und was die Propheten uns geweissagt ham,
> Das wird jetzt wirklich wahr.
> *(aus Reit im Winkl)*

Die Klopferversl sind bis auf die einfachen fast alle vergessen und nur
noch nachzulesen. Es gab kaum einen Bauern, der dem Ruf »Holla, holla,
Klopfa san da!« nicht gefolgt und die Haustür aufgesperrt hätte. Denn die
Klopfer, die genau wußten, was der Bauer hören wollte, hatten gute
Wünsche für die Wiesen und das Feld, für das Roß und die Rinder, für
den Kasten und das Korn und nicht zuletzt für die Leut auf dem Hof.

War das Klopfet gut ausgefallen, dann gab es noch eine extrige Dankstrophe, die von der Bäuerin mit Stolz entgegengenommen wurde. War die Spende nicht gut ausgefallen oder waren die Klopfer vielleicht gar »geschneidert« worden, dann verabschiedeten sie sich mit dem Spottruf »Schneiderhäusl! Schneiderhäusl!« oder mit der Drohung:

Kletzn raus, Kletzn raus,
Oder mir schlagn a Loch ins Haus.
Wollt's uns nix gebn,
Tean ma an Zaun umlegn,
D' Henna daschlagn
Und an Gockl no verjagn.

Vermummt sind die Klopfer bis auf den Tag. Damit verbindet sich die Vorstellung, daß mit den wilden Gestalten nicht Menschen, sondern gute Geister ins Haus kommen, die Glück bringen. In der Wasserburger Gegend, um Attel und Sendling, gingen die Klopfer stumm. Sie sprachen, wie der Heimatpfleger Theodor Heck und seine Frau erzählen, kein Wort. Mit dem Stock klopften sie an, mit Gebärden und brummend forderten sie die Gaben. Heck berichtet, daß vor vierzig Jahren die Klopfer in Staudham in die Wirtsstube kamen. Stumm, aber Radau schlagend ließen sie sich von allen Seiten bestaunen. Wenn ein Gast zudringlich wurde, um das Geheimnis eines Vermummten zu lüften, dann schlugen sie mit dem Stekken nach ihm. »Wer kannt jetzt des sei?« rätselten die einen. »Ah, du bist der Lenz«, sagte ein anderer. Keiner der Klopfer verriet sich, bis sie dann die Stube verließen. Da rief der Wirt dem letzten Klopfer nach:
»Du, Sepp, magst trinka?«
Und der Sepp fiel darauf herein und drehte sich um.

In der Wasserburger Gegend gingen früher (1900) die Klopfer auch als Braut und Bräutigam verkleidet mit Hochzeitslader und Ehrenmutter. Zum Fotzhobel sangen sie ihre Lieder. Am Schluß bekamen die Zuhörer oft ein Bussl. Das war nicht ohne Folgen, denn gleichzeitig streichelte das Klopferleut mit der rußgeschwärzten Hand das Gesicht seines Gegenübers.

In den einstmals salzburgischen Landschaften um Laufen und Tittmoning ging man früher statt zum »Klöpfeln« zum »Anrollen«. Bei den ersten

Adventssingen in Salzburg traten noch Roller auf. Die Anroller sind mit halbrunden Schellen bekränzt, in denen je eine Kugel klirrt. Schellenschüttelnd und mit langen Peitschen knallend, wie sie noch die Ainringer schnalzen, zogen sie in den Rollnächten von Haus zu Haus. Das Besondere ihres Auftretens war, daß die Roller den Leuten, die sie fragten »Was gibt's nacha Neues?«, einen Sack voll Rätsel ausschütteten:

A immers Getrümmer, a hochs Gezimmer, a stoanane Wies – wannst a Jungfrau bist, derratst es gwiß. (Kirche mit Friedhof)
Was is vorn wia a Zwirngloiwi, in der mitt wia a Waschbloiwi und hint wia a Rechastui? (Die Katz mit ausgestrecktem Schweif)
Was is in der Kircha umasunst drin? ('s Dachl übern Predistui, weil's an Herrn aso net orengt)
A wiagat's, wagat's Faßl, hat koan Roaf und hat koa Astl, und wanns üba Bank awifallt, ist koana, der 's macha kunt. (Das Ei)
Was geht mittn im Holz auf? (Der Nudelteig)
Was geht umadum ums Holz und kon net nei? (Die Rinde)
Bist so witzi und so gscheid und woaßt net, was für a Vogl Mili geit. (Die Fledermaus)

Während des Rätselratens versuchten die Hausleute die Anroller an ihren Stimmen zu erkennen. Manche Dirn konnte nicht widerstehen und versuchte eine Larve zu lupfen, um einen Blick dahinter zu tun. In solchen Augenblicken sprang aber schon der Aufpasser vor. Er hatte einen mit Wagenschmier bestrichenen Stecken dabei, mit dem er die Neugierige streichelte.

Klopfer und Anroller bekamen Äpfel und Nüsse, Guatl und Kletzenbrot. Es war von Hof zu Hof verschieden. Geld bekamen sie keines, denn das Klopfagehn war weder Gaudi noch eine Erwerbsform. Es ist eine Kulthandlung. Die Gaben, so lautet eine Auslegung, sind das versöhnende Opfer an böse Geister. Wenn in der Wasserburger Gegend beim Klopfagehn auch nicht gesprochen werden durfte, getuscht, getobt und spektakelt wurde und wird immer. Je ausgelassener die Klopfer waren, je furchterregender sie aussahen, desto lieber sah sie der Bauer. Klopferleut sollten so schiach sein und so randalierend auftreten, daß die Dämonen in ihnen ihr Ebenbild erkannten, vor dem sie selber Reißaus nahmen.

71

Andreas Schmeller

Klöcklerlied

1. Wir wünschen dem Bauer viel Glück ins Feld,
viel Glück is Feld und a Sackl voll Geld.
Wir wünschen dem Bauer ein Stall voll Rinder,
ein Stall voll Rind'r und ein Haufen von Kinder.
Wir wünschen dem Bauer ein goldenen Tisch,
ein goldenen Tisch und ein gebratenen Fisch.
Wir wünschen der Bäuerin a goldene Stiagn,
a goldene Stiagn und a Kind in der Wiagn.
Wir wünschen der Bäurin an goldenen Wagn,
an goldenen Wagn in Himmel zu fahrn.
Wenn ihr epps wollts gebn, so gebts es bald aus,
wir müssen marschieren in ein anderes Haus.
Wir kommen daher und nicht ummasuscht,
wir kommen daher um a Brot oder a Wurscht.
Mir Lustign, mir Ledign, mit tanzn auf ein Fuaß,
und die ganze Woch Frigl und am Samstag ein Muas.
2. Wohlan zu der ersten Klöckelsnacht
schickt Gott einen Gesandten vom Himmel herab,
derselbige G'sandt ist uns gar wohl bekannt,
Erzengel Gabriel wird er uns genannt;
er grüßt die heilige Jungfrau rein,
daß sie soll gebären ein Kindelein.
3. Wohlan zu der zweiten Klöckelsnacht
schickt Gott einen Gesandten vom Himmel herab,
derselbige g'sandt ist uns gar wohl bekannt,
Johannes der Täufer wir er uns genannt;
er taufet und taft beim Flusse Jordan,
Kleine und Große und die zu ihm kamen.
4. Wohlan zu der dritten Klöckelsnacht
stieg Gott der Herr selber vom Himmel herab,
er kniet auf reinem Marmorstein
und betet zu Gott seinem Vater allein.

5. O Vater, o heiligster Vater mein,
kannst du dieses Leiden nicht übrig lassen sein?
Das Leiden, das kannst du schon übrig lassen sein,
wenn du das Menschengeschlecht verloren läßt sein.
Und lieber als ich's Menschengeschlecht verloren laß sein,
lieber will ich leiden große Marter und Pein.

Alte Klöpflsprüche aus Oberbayern

Holla holla! klopf a!
D' Frau hat a schön Ma.
Geit ma d'Frau an Küachel z'Lo,
Da I an Herrn g'lobt ha,
an Küachel und an Zeltn;
Da Peda werds vageltn,
Da Pedar is a haliga Ma,
Der alle Ding vageltn ka.

»Heit is Klepflsnahht,
Wer hat s au brahht?
Unsa's Herrn Thama
Rumpelt ei de Kamma
Lafft s Stiagl auf und a,
Bricht eam a Füassl a.
Wer muas 's büassn?
D'Frau mit'n Küachlspitz,
D'Magd mit'n Stückl Brod.
's Feua hört ma kracha,
Küach'l werd ma bacha,
D'Schlüssl hört ma klinga,
Küach'l werd ma bringa.
Küach'l raus, Küach'l raus!
Oder I schlag a Lohh is Haus.«

Ernst Haueisen

Klöpflreim aus dem Chiemgau

»Und jetzt, meine Brüada, jetzt fang ma holt o!
Die christlichen Hausleut, dö sing ma jetzt o.

Jetzt hörn ma de Schlüssl scho außaklinga,
Wern s' holt a Schüssl voll Kletzn bringa!

Wir wünschn dem Bauern an goldenen Wagn,
Daß er kann mit der Bäuerin in Himmel neifahrn!

Wir wünschen der Bäuerin an goldenen Ring,
In der Mittn a Sterndl, a Christkindl drin.

Wir wünschn dem Bauer an Mordshaufen Korn,
Daß er oi Wochn in d' Schranna ko fohrn.

Wir wünschen der Bäuerin viel tausendmal Glück
Bei die Anten, die Henna und bei alldem Gviek!

Wir wünschen dem Roßknecht viel tausendmal Glück,
Daß ihm am Hafer kei Rößl erstickt.

Wir wünschn dem Feldknecht viel tausendmal Glück,
Daß ihm beim Nachtgehn koa Loata net bricht.

Wir wünschn der Stalldirn viel tausendmal Glück,
Daß ihr die Blaßl viel Milli hergibt.

Und jetzt, meine Brüada, jetzt müssn ma gehn,
Für dös, wo ma kriagt hab'n, bedank ma uns schön.

Wir bedankn uns halt auf dreierlei Weis' –
Gott Vater, Gott Sohn und Gott Heiliger Geist!«

Johann Pollinger

Klöpflsprüche aus Niederbayern

Heut is a Klopfersnacht.
»Was soll dös Ding bedeuten,
Meine liabn Leutl?«
Sagt die alte Federnschachtl.
Sie hat a Kind g'fundn,
Mit Gold war's bundn,
Es hat ein krauses Haarelein
Und sollt es Jesus selber sein.

*

Dea Baua und Bäurin am goldnen Tisch,
An jedem Eck an bachan Fisch,
En dea Mitt' a Glasl Wei',
Da soll dea Baua und Bäurin glei lusti sei'.
Scheitl hör ma kracha,
Küachl wean uns bacha,
Schlüssl hör ma klinga,
Kletzn weans uns bringa.
So, Bäurin, so,
Kletzn mögn ma scho.

*

Heut is a Klopfersnacht.
Wer hats aufbracht?
A alta Mo.
Der is üba d' Stiagn abikrocha.
Hat se a Boanl abrocha.
Wer muaß büaßn?
Dea Knet mit n Dremi,
D' Dian mit dea Semi,
D'Bäurin mitn weißn Stück Broud,
Der Baua mit a Schüssl voll Kletzn.
Kletzn raus, Kletzn raus,
Oder i schlog a Loch ens Haus!

*

Heilig, heilig
Klöpflsnacht;
Was soll denn dös bedeuten?
Wenn ma's Licht beim Tag nöt braucht,
Na' brennt ma 's bei der Nacht.
Kimmt dö alte Federschachtl,
Hat a Kind g'fund'n,
Is' mit Gold gebund'n,
Hat a krauses Haar allein,
Wird unser Herrgott selber sein.

*

I klopf o, i klopf o.
Da Baua is' a brava Mo.
D' Bäuerin war a scho' brav,
wenn s' ma a Schüssl voi Kletz'n gab.
I hör s' scho rausch'n;
i kriag an ganz'n Bausch'n.
I moa, i hör s' scho krob'n
auf der Ofaplottn.
Kletz'n raus, Kletz'n raus,
sunst kimmt enk a Maus ins Haus
und fieslt enk oizam aus.
Und wenn s' ausgfieselt san,
was teats denn damit?
Gebt's ma a Händ voi,
dann gib i an Fried!

*

Geh, Bäuerin, mach uns auf!
Kletzenklopfer warn draußt.
A Sackal hätt' ma, nöt gar groß,
Um a Schüssl voi tat ma bitt'n bloß.
Kletz'n, Kletz'n hätt i gern.
Geh, Bäuerin, laß di hör'n!
Baua, steh auf und weck s',
hand uns grad a fünf a sechs!

*

Heut is' a Klopfersnacht,
gern tat i Kletz'n trag'n;
d' Äpfel war'n a nöt schlecht;
wenn i oa kriagat,
war's ma scho recht.

Max Peinkofer

Christbaumfeier in Hinterzwicklbach

Im Advent, am drittn Sunnda,
gibts bei uns a Wirtschaftswunda.
Unsan Hinterzwicklbach
macht koa Dorf ebbs söchas nach.

Auf den Tag trifft wieda heua
unsa achte Christbaumfeia.
Dösmal halts da Schütznbund,
dauern tuats guat siebn, acht Stund.

D'Stimmung, do is allmal prima.
So ebbs Zünftigs gibts sunst nimma.
Ja, mir Hinterzwicklbecka
brauch ma uns da nöt verstecka!

Aba was dös Arbat macht,
so a feierliche Nacht!
Hoffentlich wird's Baamzerstückln
sich recht schä und schnell entwickln!

Daut voll is da Saal beim Wirt
und so reich mit Grassat ziert.
Und a Christbaam – wunderbar
mit an echtn Engelshaar!
Nedda wia im Paradies!

Neamd gibts, der nöt data is.
Grad d' Lehraschaft und d' Geistlichkeit,
dö is 's, dö hent wieda feiht.
Habnd koa Ahnung und koa Spur
von weihnächtlicher Festkultur!

Aa die hohe Polizei
is bei so ebbs nöt dabei.
Denn wanns da zum Raufa wua,
hättns wieda Gscherats gnua.

Im Tanzsaal üban Podium
hängt a Leuchtschrift, so a Trumm.
Draf steht: »Holder Weihnachtsfrieden
sei dem Schützenbund beschieden!«

D' Musikbox im Eck dahintn,
dö muaß sö heut überwindn,
denn dös Toifös-Instrument
taugt halt nöt für den Advent.
Dafür wird unsa Blaskapelln
wieda schä und kröfti spieln,
daß 's grad plödert und grad kracht
in der stillen, heiligen Nacht.

Um punkt Achti, da is 's Zeit,
daß da Schütznmoasta schreit:
»Auf gehts, werte Schützenbrüder,
seht, die Weihnacht kehrt jetzt wieder!
Leut, seids zünft, denn mir habn
heut a erstklassigs Programm!
Und bei der Versteigerung
gibts fei heut koa Weigerung!
›Kameradschaft, sichrer Schuß!‹
unsre Losung bleiben muß!«

Draf kimmt glei dö Musi dran,
und sie blast und werkt, was s' kann.
Zittern tuat dös ganze Haus.
Vierzehn Mann, dö gebnand aus!

Nachand meld' sö d' Schütznliesl
(früahras Schönheitskönigin von Zwiesl),
ganz neumodisch is s' frisiert
und da Kropf schä g'operiert.

Wird jetzt aa scha langsam alt.
Sechzgö, moan i, is s' scha bald.
Aber resch und pumperlgsund,
Lebadsgwicht zwoahundert Pfund.

Mit der Schönheit is s' vorbei,
aber singa kanns dös Wei!
Und scha singts ebbs ganz ebbs Neu's:
's schäne Liad vom Edlweiß.

Fleißi teilts für den Applaus
Kußhänd' massenweise aus
an dös ganze Publikum. –
Unsa Lisl bringt nix um!

Endli aba wirds zum Lacha,
denn jetzt kimmt der Holzschuahmacher,
's größte Urviech von der Gmoa –
a Programm für sich alloa.

Was er bringt, dös woaß ma eh:
seine uraltn Couple(ts).
Mei, da kunnst di kropfad lacha,
sehgst 'n seine Gfrißa macha.
als der »Lucki von der Au«
mit sein' Mörtltragergschau.

Staad! – Da Bisamratznfanga,
a dürra Kund', a ganz a langa,
heut im Saal der erste Mann,
der fangt jetzt 's Versteigern an.

Dischkasiv und koraschiert,
's Mäu geht eahm grad als wia gschmiert:
»Herrschaftn, a jeder Lackl
steigert heut a Christbaam-Packl,
a feins Astl und an Gipfi
nimmt auf d' Letzt der Bräu, der Zipfi!«

Zerst kriagt oana um elf Markl,
da jung' Schmied, a mordstrumm Packl,
und voll Gier packts er glei aus.
Was is drin? – A toute Maus!

So was is a schlechta Gspoaß,
und da Schmied wird glei ganz hoaß,
springt sofort aufs Podium
und stößt glei an Christbaam um.

Ois wird schreiat, ois wird rennat,
denn da Christbaam wird scha brennat,
's Bier ausgschütt, und d' Tisch' fallnt um,
ois druckt außi von da Stubn.
Und da Wirt schreit: »Is ja aus,
löschts do zerst an Christbaam aus!«
Glei kimmt d' Kindsdirn mit an Züba,
schütt'n üban Christbaam drüba.
Und er hört glei 's Brenna af.
Bravo, Nanni, Kindsdirn, brav!

Schnell hand alle Leut vaschwundn,
jeds hat glei sein' Ausgang gfundn.
D' Kellnerin rennt eah nach und schreit:
»Zahlts do zerst, hats do so gscheit!«

Schauts im Tanzsaal umadum:
Ois so tout und laar und stumm,
dö ganz' Einricht' durchanand –
Schütznbund, is dös a Schand!
Zerst dö wunderbare Pracht
und jetzt grad wia nach ana Schlacht!
Bloß dös schäne Transparent
na ganz friedli weitabrennt,
zamt der Schrift vom Weihnachtsfrieden,
der dem Schütznbund beschieden.

Also habn ma mir halt heua
a blamierte Christbaamfeia.
Wann ma dös aso betracht':
Pfüat di Good, du stille Nacht!

Mei, wernd uns dö Leut derblecka,
uns, dö Hinterzwicklbecka!
Und da arme Schütznbund
muaß sö schama bis in 'n Grund!

Wanns in d' Zeitung kimmt, is 's aus!
Was is schuld? – Dö toute Maus!

Georg Lohmeier

Nur ein Wunsch

Die heutign Vagabundn und Bettlleut hoaßn anderst! Und es san net grad die Gammler und die Obdachlosen. – Die armen Leut, dös san die krankn Leut. – Im Advent tuat a jede Armut stürker weh wia unterm Jahr. – Und muaß oaner ausgrechnet die Tag vorm Heilign Abend sterbn, nachand geht oan so a Toud no nahender. – Hat 'hn 's Christkindl ghoilt? – Ja, freili, eahm hats Christkindl ghoilt. – A weng a Trost is' dengascht? Geh, Christkindl, kimm und bring an jeden dös, was er se wünscht: Warme Füaß und weniger Kreuzweh! – Mach mein Bauchspeicheldrüsn wieder roglig und frisch. – Und dein Leberl dazua! – Laß mein Magnkrebserl kleaner und kleaner werdn! – A Gsunder hat tausend Wünsch, a Kranker nur oan: daß er gsund werd!

Is man krank und voller Wehdam, ghört man allerweil zu die arma Leut. Aar a mehrfacher Millionär ghört dazua. Er is arm und wünscht se a Besserung vom Christkindl.

»Na, na! Süst brauchst ma nix bringa als an etli Gramm Gsundheit. Halt a bisserl a Kraft und an Muat!«

Ja Bruaderherz, mit deine Leidn bist du wiar an arma Vagabund im Advent, der se nimmer auskennt vor lauter Wehdam und Gicht. Christkindl, vergiß ihn nicht!

Warum is der Mensch grad im Advent so empfindsam? So wehleidig? – Tuat denn im Advent alls weher? – A jede Wundn, a jeder Schmerz? – Oft aa die altn Wunden? – Sogar der Liebesschmerz! – Jawoihl, grad der Liebeskummer ist im Advent gräußlich zum aushaltn. Wie die Geschichte von der Kramertochter von Wehling beweist. Die hat se net umbracht, is aa net in Wehlinger See ganga, aber sie hat in ihrem Liebeskummer in ihrer Kammer, an der Adventkranz-Kerzn, die schönen Liabsbrief von ihrem ungetreuen Bräutigam verbrannt; was ein Student der Philosophie gewesen ist und der sehr schöne Liebesbriefe hat schreiben können. – Einen jeden hat sie einzeln verbrannt. In ihrem übergroßen Schmerz hat sie jeden Brief noch einmal gelesen, ehvor sie ihn weinend über die zweite oder dritte Adventkerze gehalten hat. Da haben ihre langen Haare auf einmal Feuer gefangen. Gelassen und trotzig hat sie dieselben einen

Augenblick lang schmoren und brennen lassn. – »Seine seidenen Haare«, hat sie dabei gedacht. Sollen sie zugrunde gehn! – Sie ließ es weiterschmoren!

Gottseidank ist in diesem Augenblick die Kramerin, ihre Mutter, in das Zimmer gekommen, weil sie im Laden noch eine Hilf gebraucht hat, obwohl es schon halb elf Uhr gewesen ist. Geistesgegenwärtig ergreift sie die Wolldecke, tunkt dieselbe ins Waschlabor und wirft die feuchte Decke dem Töchterl über den Kopf. Trotzdem hat die unglückliche Kramertochter von Wehling die Weihnachtsfeiertage im Krankenhaus verbringen müssen, wo ihr der Liebeskummer Gottseidank schön langsam vergangen ist. Wenngleich sie den Assistenzarzt niemals wird so gern haben können wie ihren leider ungetreuen Bräutigam. – Denn der Liebeskummer im Advent, der brennt ...

Und der Rheuma-Wehdam schmerzt im hl. Advent mehr als im Mai. – Nicht nur wegen der Kälte und dem Schnee. Auch nicht, weil jetzt die Nächte jeden Tag länger werdn.

Der hl. Kirchenvater Basilius hat zwar schon von den »bangen, langen Nächten, in denen die Völker auf die Ankunft des Herrn warten« gesprochen.

Das Wartn ist allerweil langweilig. Net grad für d'Kinder. Ja, bald kanns a gsunds Herz nimmer derwartn. – Und schreit auf: Tauet, Himmel, Wolken, regnet ihn herab!

Finster werds und allweil kälter. A der Wehdam wachst, warum grad i, iatz im Advent? – Wo se a jeder Mensch freut aufs Christkindl? – Und ist die Freud und die Hoffnung das größte Glück. Und grad für mi gaabs koan Hoffnung?

Schnell seufzt mar a so in dene Dezembertag. A Vagabund im Advent, den neamd kennt, den neamd mag, der hat koan guatn Tag, der hat koan Hoffnung, der hat nur die Erinnerung an seine glückliche Kindheit. Der träumt vom Christkindl. Und vom Christkindl träumen können ist auch schon ein Trost.

85

Max Huber

Weiße Welt, koide Welt

Weiße Welt, koide Welt,
dös paßt recht guad
einö in d'Landschaft
von Christi Geburt!

Daß' a weng wärmer wird
in dera Welt,
is Gott a Kindl wordn,
dös hod uns gfehlt!

Hirtn und armö Leut,
dö ham sö gfürcht!
Wer bloß im Dunkln sitzt,
den schreckt hoid 's Liacht.

Aber daß' liachta wird
in dera Welt,
wird Gott a Menschnkind,
dös hod uns gfehlt!

Weise und gscheidö Leut
hama grad gnua.
Und roasatn s' alle
da Christkrippn zua,

gaangs bei uns um
in da loadign Welt!
Gott is da unsa wordn,
dös hod uns gfehlt!

Georg Lohmeier

Der Rauschgoldengel

Ein leises Rauschen lüftelt durch die Wohnstuben, heimlich und lieb. Sind das nicht die Englein der diesjährigen Weihnacht? Oder ist es doch nur der goldene Flitter der verzauberten Tanne? Sind es die Sternwerfer und Kerzen, die roten, blauen, silbernen und goldenen Kugeln? Blinkt im verborgenen das Lametta, oder knistert gar das Engelshaar? Als ob die Engel Gottes Haare hätten! Und wächserne Gesichter? Und einen plissierten, langen und weit auslaufenden Faltenrock aus Goldpapier, samt Mieder oben daran und mit reizvollem Goller? Engel mit weiten Ärmeln und zwei Kerzen in den englischen Handerln der weit ausgestreckten verkündenden Arme! – Nein, so sah er nicht aus, jener erste Weihnachtsengel, der den Hirten auf den bethlehemitischen Feldern erschien und mit tiefer Stimme das Evangelium sang: Ecce evangelizo vobis gaudium magnum! Fürchtet euch nicht, ich verkünde euch eine große Freude! – Das war kein Rauschgoldengel, das war schon eher ein Erzengel!

Kein anderer Engel unter den himmlischen Heerscharen erscheint uns seit Jahrhunderten so anziehend und fröhlich wie dieser bethlehemitische Weihnachtsengel. Er muß als das Urbild des Rauschgoldengels gelten. Auf seinem wächsernen Haupt, dessen Wangen von einem zärtlichen Rouge ein beinah engelreines Damengesichtlein verraten, glänzt das Krönlein der angelischen Heerscharen; und weißes, leuchtendes Haar, aus überaus feiner Kunstglasfaser entwickelt – früher war es nur aus Watte –, wallt in reicher Lockenpracht unter dem Diadem den Rücken hinab, auf dem die zierlichen Flügel aus bester Goldfolie verhältnismäßig massiv befestigt sind. Es rauschen seine güldenen Gewänder, und er ist ein Engel, ein herrlicher Rauschgoldengel.

Etymologisch schwer erklärbar ist sein Name. In alten Bergwerksbüchern wird das giftige rote Arsenik als »Rauschgelb« bezeichnet. Oder steckt doch das gewöhnliche Rauschen in dem geheimnisvollen Namen? Eine lautmalende germanische Bildung ohne indogermanische Beziehung, belegt als »rüscan« und »rüschen«, was krachen, sausen und schwirren heißt. Auch das ordinäre »Rausch« hängt damit eng zusammen.

Mit Verlaub gsagt, am heitigen Tag: I hab an Rausch, die mein is an Engerl, und a Geld hats aa. Also is sie a Rauschgoldengerl. Tschuildigung! – Dös hat nix z bedeutn!

Im Lexikon für Theologie und Kirche wird der Rauschgoldengel nicht geführt. Weder in dem evangelischen noch in dem katholischen Nachschlagewerk. Und dennoch ist er heutigentags noch der einzige Engel, der uns erscheint. Eine nicht mehr überbietbare kommerzielle Holdseligkeit göttlicher Botschaft! Welch anscheinende Diskrepanz zwischen Rauschgoldenglein und Christkindl und dem Sohn Gottes, den Erzengeln Gabriel, Raphael, Michael, Uriel, den Herrschaften, Thronen und Mächten und den Cherubim und Seraphim!

In den Rundfunknachrichten, in den Zeitungen und in der Tagesschau des Fernsehens ist nicht mehr die Rede von Engelserscheinungen. Gott schickt uns keine echten Engel mehr – scheinbar –, nur noch Rauschgoldengel. Gefertigt von Hunderten von fleißigen Heimarbeiterinnen alle Tage des Jahres, vertrieben von großen Spezialversandhäusern mit Direktion, Verkaufsleitung, automatischer Buchhaltung, seriösem Empfang und großem Kundenparkplatz. Ein irdischer Betrieb mit orbitalen Geschäftsverbindungen. Christbaumschmuck und Rauschgoldengel! Jahraus, jahrein weihnachtliche Stimmung! Sind es Zigtausende Engel in allen Größen, oder sind es Hunderttausende, die von dieser Zentrale aus, in Kartons verpackt, der Welt das Weihnachtsevangelium verkünden? Die Produktionszahl wird geheimgehalten. Ein großer Teil des reichhaltigen Rauschgoldengel-Sortiments – es gibt sie in gut einem Dutzend verschiedener Größen – erweist sich als verkaufspsychologische Wunderkinder in dem profanen Weihnachtsgeschäft, sie fallen also den Schaufensterdekorateuren in die Hände. Zusammen mit einem Heer von heiligen Nikoläusen intensivieren sie die Werbung der Saison, zieren sie die Auslagen, mahnen sie die Vorübergehenden zum Einkauf frohmachender Geschenke.

Die Welt ist voller Engel, kein Mensch soll einsam sein. Mit beschneiten Flügeln schweben sie hernieder, tröstend und Freude verheißend, denn es ist ein Kommen und Gehen im Himmel. Und stirbt ein guter Mensch, ein unschuldiges Kind, so geleiten Englein seine Seele in die Herrlichkeit des Himmels. Die Boten Gottes sind immer um uns. Besonders jetzt, in der Saison, in den Tagen des Rauschgoldengels! – Auch er ist ein Archetyp des Boten. Fürchtet euch nicht!

Es gibt gute und schlechte Botschaft, gute und böse Geister. Auch die Dämonen sind engelähnliche Wesen, und Luzifer selbst war vordem der mächtigste Engel. – Die Angelologie, die Lehre von den Engeln, eine früher stark strapazierte theologische Disziplin, wird heutigentags, im nüchternen Zeitalter der nachkonziliaren Epoche, kaum mehr betrieben. In den theologischen Fakultäten all unserer bayerischen Universitäten und Hochschulen gibt es keinen Angelologen mehr. Und in den Sachregistern der Konzilskompendien kommt das Schlagwort Engel nicht vor. – Schämen sich die Wissenschaftler der Engel? Einer der größten Angelologen aller Zeiten war der Doktor angelicus, der heilige Thomas von Aquin. Er hat in seiner »Summe der Theologie« einen umfangreichen und scharfsinnigen Traktat über die Engel geschrieben, worin er lehrt, daß die Natur der Engel durch und durch geistig sei. Augustinus hat für die Engel noch einen ätherischen Leib angenommen. Auch der heilige Bernhard von Clairvaux hielt an der ätherischen Leiblichkeit der Engel fest. Indes, von einem Rauschgoldengel liest man nirgendwo auch nur eine Zeile, auch nicht beim Pseudo-Dionysios, dem Areopagiten, der die Engel in neun Chöre gliedert.

Der hochwürdige Sebastian Zietzelsberger, Pfarrer von Prüglham, ist derzeit wahrscheinlich der einzige lebende Angelologe. Und das hat seinen analytischen Grund. Er ist eine Seele von Mensch. Seine Pfarrkinder schätzen vor allem seine leutselige Art. Er spielt mit den Bauern im Wirtshaus Karten, ist geschwind im Meßlesen und bündig in der Predigt. Ganz besonders wohltuend wirkt seine Gerechtigkeit. Er vollzieht bei den einfachen Leuten die Zeremonien bei Taufe, Trauung und Beerdigung mit der nämlichen Sorgfalt, Andacht und Feierlichkeit wie bei den angesehenen und wohlhabenden Gläubigen. Dazu ist er ein humoriger Mensch, der auch gelegentlich sich selbst zum Objekt eines Gelächters hergibt. Auf der Hochzeitsfeier des Straßenbediensteten z. B. hat er auf den Brautvater, der als ein geübter und bissiger Gstanzlsänger drei Pfarreien weit bekannt war, ein herausforderndes Trutzgsangl angestimmt. Der Brautvater ist dem Herrn Hochwürden die Antwort nicht schuldig geblieben. Sogar Pfarrersköchin und Zölibat mußten herhalten, und der ganze Saal brüllte vor Lachen. Und Sebastian Zitzelsberger lachte mit. So etwas vergessen die Leut nicht. Brav, sagen sie noch nach Wochen, unser Pfarrer ist ein Mann, der kann einen Spaß vertragen.

Aber eine schlimme Eigenschaft hatte auch dieser Vollkommene. Er war rechthaberisch und angriffslustig in der Disputation mit Akademikern aller Fakultäten. Auf den Sitzungen des Ruralkapitels kam es zu regelrechten Zerwürfnissen. Und waren auch alle gegenteiliger Meinung in einem gelehrten Streit, der Pfarrer von Prüglham wußte es anders. »Nein, niemals hätte Papst Johannes XXIII. ein Konzil einberufen dürfen, denn die Konzilsväter der sechziger Jahre seien alle miteinander, ob Professoren oder Bischöfe und selbst Kardinäle, viel zu altmodisch gebildet gewesen, und sie haben z. B. von der Psychoanalyse und von der vergleichenden Tierpsychologie noch keine Ahnung gehabt. Sie haben sich freilich für modern gehalten, diese gelehrten Väter, aber sind in Wirklichkeit altmodisch modern gewesen, d. h. besonders gefährlich modern, denn sie haben nicht erkannt, daß die Internationalität des Lateinischen das Fundament der Weltkirche ist und daß überhaupt die Liturgie gerade in unserer änderungswütigen Zeit niemals hätte geändert werden dürfen ...« Der Zitzelsberger redete und schimpfte alle in den Untergang hinein. Und da man ihm schließlich auch widersprach, wurde seine Rede immer heftiger und ketzerischer. Er tobte mit kräftigen Worten gegen die »windfähnchenhafte Unsicherheit«, wie er sich ausdrückte, seines allerhöchsten Oberhirten. Der Dekan schlug ein Kreuzzeichen. Die Mitbrüder verstummten alle. Ja selbst die jungen Kapläne, denen der Bischof nicht wandlungsfähig genug sein konnte, zogen die Köpfe ein. Das feuerte den Prüglhamer Pfarrherrn nur noch mehr an. Er verstieg sich schließlich zu dem krassen Versprechen, daß er diese Wahrheit Seiner Eminenz beim nächsten Firmungsbesuch ins Gesicht schleudern werde. Und da die Mitbrüder Zweifel äußerten, verstieg sich Pfarrer Sebastian zu einem heiligen Schwur.

Der Tag der Firmung kam heran. Schon lag die Einladung zu einem gemeinsamen Mittagessen mit dem Bischof im Dekanatspfarrhof für alle Priester des Kapitels vor. Die Herren Mitbrüder rieten zur Besonnenheit. Es sei besser, der Prüglhamer Pfarrer werde seinen Schwur vergessen oder Gott um eine kleine Unpäßlichkeit bitten. Aber Zitzelsberger winkte ab. »Meine Herren, ich fürcht' keinen Bischof und Kardinal, ja ich fürchte nicht einmal den Papst. Es ist Zeit, daß die Herren die Wahrheit erfahren, ehe sie unsere Kirche samt den Gemütern der Gläubigen gänzlich ruinieren. Sollen sie doch endlich alte fromme Bauernpfarrer zu Bischöfen weihen! Männer mit einem festen Heimatboden unter den Füßen, Männer, die an Engel glauben und an die Macht der Zeremonien in dieser mobilen und dynamischen Gesellschaft! Keine römischen Jesuiten immer nur! Sollen sie doch endlich wirkliche Reformen anordnen und nicht die Liturgie verderben. Sollen sie den Zölibat abschaffen und die Pille erlauben, aber nicht das Latein verbieten! Denn alle Abschaffungen der Neue-

rer sind typische Ersatzabschaffungen und eine wahre Freude für Freud.«
Sogar die Haushälterin im Prüglhamer Pfarrhof, die Jungfer Ursula, bekam
es mit der Angst zu tun. »Mein Gott, mein' Hochwürden feit's halt an
den Nerven.«

Das konnte ja gut werden. Der Firmungstag kam heran. Der Dekan redete noch mal eindringlich auf den jähen Mitbruder ein. Aber da war nichts
mehr zu wollen. Das Verhängnis nahm seinen Lauf. Schon bei der Suppe
feuerte der Prüglhamer Seelsorger einige kräftige Schüsse auf die Eminenz. Beim Hauptgericht, einem gespickten Hasenrücken mit Preiselbee-
ren, entfaltete Zitzelsberger die ganze angestaute Gewalt seiner Anklage-
rede. Der Bischof biß jetzt obendrein gerade auf eine Schrotkugel. Zum
Nachtisch ist es daher nicht mehr gekommen. Die Eminenz verließen
schwer beleidigt die Tafel und fuhren ungnädig, ja zornig ab. Und da der
Zorn eines Oberhirten für einen kleinen Bauernpfarrer nicht ohne Folgen
bleibt, trafen im Pfarrhof zu Prüglham bald sehr unangenehme Briefe
vom H.H. Generalvikar ein. Zitzelsberger solle sich demütigst entschul-
digen und zur Buße um eine Krankenhaus- oder Gefängnisseelsorgestelle
in der Großstadt sich schleunigst bewerben.

Zitzelsberger, dem es in Prüglham sehr gut gefiel, dachte aber an keine
Veränderung. Er schrieb an den Generalvikar, daß man durchaus auch als
Geistlicher mit einem Bischof sich zanken und streiten dürfe, denn auch
die Engel im Himmel würden sich gelegentlich prügeln und abraufen.
Und das sogar vor Gottes Angesicht.

Das Ordinariat, in der alten Exegese und ganz besonders in der Angelologie nicht mehr recht flüssig und parat, bezichtigte den Sebastian Zitzelsberger einer neuen Irrlehre und verlangte dessen sofortiges Bittgesuch um
Versetzung als Gefängnisgeistlicher. Pfarrer Zitzelsberger wälzte nun die
Heilige Schrift und führte die Raufszene des Erzengels Gabriel mit dem
Engelfürsten des persischen Weltreiches genau vor. Da erscheine nämlich
im Buche jener Gabriel, derselbe, der Maria die Botschaft gebracht, derselbe, der den Menschen den Frieden verkündet, die guten Willens sind,
dem auf himmlische Botschaft wartenden Daniel und sagt: Mein lieber
Daniel, dein Gebet ist schon vor drei Wochen erhört worden. Verzeih,
wenn ich dir die frohe Nachricht mit solchem Verzuge erst jetzt melde!
Aber ich war nicht eher abkömmlich im Himmel, denn ich mußte mit
dem Engelfürsten des persischen Weltreiches 21 Tage lang vor Gottes
Angesichte kämpfen. Und auch jetzt kann ich nicht lange bei dir verwei-
len, weil ich den Erzengel Michael, der augenblicklich an meiner Stelle

ficht, nicht länger warten lassen darf und weil ich, sobald ich den persischen Erzengel besiegt haben werde, mit dem griechischen Schutzengelfürsten rankeln muß.

Diese Schriftstelle, die Zitzelsberger in einem weihnachtlichen Aufsatz über Rauschgoldengel in einer berühmten Heimatzeitung veröffentlichte, tat im Ordinariat die nötige Wirkung. Mit seiner Erklärung dieser Stelle im Buch Daniel traf Zitzelsberger nämlich den Nagel auf den Kopf. Das 10. Kapitel im Buch Daniel, in dem also berichtet wird, daß auch Engel, ja sogar Erzengel mit anderen Engelfürsten streiten und raufen, stelle eine echte Geheimlehre dar und schon deshalb lerne man von diesem Kapitel in den Schulen nichts. Diese Geheimlehre von den balgenden Englein ströme eine besondere Tröstlichkeit aus. Wenn nämlich geistliche Herren, Professoren der Theologie, Domherren, ja gar Bischöfe und Konzilsväter sich einmal in die Haare geraten sollten, wer könnte diese starken Köpfe jemals wieder versöhnen? Und stimmt es nicht auch erschreckend schwermütig und hoffnungslos, wenn einmal gar etwa Bischöfe, Nachfolger der Apostel, dann gegeneinander zanken und raufen? – Wer dann aber jetzt das Buch Daniel kennt und weiß, was der liebe Advents- und Weihnachts-Erzengel Gabriel schon alles angestellt hat – noch dazu vor Gottes Angesicht –, der kann seine Seele trösten. Wenn sogar die Engel raufen dürfen, warum dann nicht auch ein Pfarrer mit seinem Bischof? Oder gar zwei Bischöfe untereinander? – Zwei Rauschgoldenglein, die sich die Flügel verrenken!

Engel sind gute Geister; auch unsere Schutzengel sind es. Und wo immer Engel ringen, fallen bedeutende Entscheidungen. Gute Entscheidungen für die Wege des dahineilenden Rennschlittens des Lebens!

Sebastian Zitzelsberger blieb seinen Pfarrkindern erhalten. Zwei Tage vor Weihnachten brachte ihm der Postbote ein Paket. Der Absender schrieb sich Erzbischöfliches Ordinariat. Und als die Pfarrhaushälterin das Päckchen öffnete, kam ein kleines Rauschgoldengelchen zum Vorschein. Es hatte einen goldenen Faltenrock, zwei verbogene Flügelchen und ein blasses wächsernes Antlitz. Auf einem beigelegten Zettelchen stand zu lesen: »Friedliche Weihnachtsgrüße übersendet Ihrem kräftigen Bauernpfarrer-Schutzengel das schwer abgekämpfte und zerzauste Schutzengelchen Ihres Bischofs.«

II.

Weihnachten
und Mettennacht

Georg Lohmeier

Der Weihnachter

Zwischen Nikolo und Heilingdreikini
Kimmts Christkindl oba vom Himmi,
Werdn d'Leckerl und 's Kletznbrout bocha,
Und am Heil'Abnd werd a Sau abgstocha.
A kerndlgfuatterte und drei Zentn schwaar,
Dös is a Fleisch ganz wunderbar!
Ob gsottn, bratn, gselcht, 's Herz lacht da,
So guat schmeckt nix wia der Weihnachter!
Und er halt her bis auf Liachtmessn.
Diam Platz werd no am Faschingstag hingessn.
Vergelts God, Christkindl, laß im Stall nix verrecka!
Gseng üns an Weihnachter und laß'hn üns schmecka!
Weil: mir habn ja nix Bessers, nix Feiners
Wiar a frische Maß Bier und a Schweiners.

Karl Bauer

Regensburger Weihnacht

Weihnachtsspiele

Neben der Leidensgeschichte spielte auch das Geschehen der Heiligen Nacht in der Volksdramaturgie eine wichtige Rolle. Bei den alljährlichen Krippen- und Dreikönigsspielen, die von kostümierten Personen aufgeführt wurden, fehlte selbst der Kindermord von Bethlehem nicht. Ein Bruchstück eines Krippenspieles, das zwischen einem Hirten und einem Engel handelt, teilt Mettenleitner mit. (s. S. 99) Auch durch oberhirtliche Verordnungen sind die Krippen- und Dreikönigsspiele verbürgt.»... Auch sollen die Pfarrer gegen die zu kurzen oder sonst frechen Kleider der Weibsbilder, dann gegen die Dreikönigsspiele und andere Unanständigkeiten besonders eifern«, heißt es in einer oberhirtlichen Verordnung vom 26. April 1764.

1785 brachte der Bischof beim Rat zur Anzeige, »daß vermummte Personen herumgingen, die die Hl. Drei Könige und Adam und Eva spielten« (Gumpelzhaimer). Daraufhin beauftragte der Rat die Polizeidiener mit deren Verhaftung.

Einen unmittelbaren Erfolg scheinen die Erlasse gegen die Weihnachtsspiele jedoch nicht gehabt zu haben, denn am 5. Januar 1789 sieht sich der Regensburger Bischof wiederum veranlaßt, ein Verbot gegen die Krippenspiele ergehen zu lassen: »Es wird aufgetragen, daß mit Anfang dieses Jahres ... auf den zu errichtenden Krippen nur allein das Geheimnis der Geburt Christi nach dessen einfallenden Festtagen vorgestellt und alle anderen Nebenvorstellungen hinweggelassen werden sollen ...« Die in Bayern noch vielfach aufgeführten Krippenspiele bäuerlichen Ursprungs sind eine traditionelle Fortführung mittelalterlicher Weihnachtsspiele.

Weihnachtsmusik

Nicht nur Sänger zogen von Haus zu Haus, auch Musikanten reisten zur weihnachtlichen Festzeit und auch schon den ganzen Advent hindurch im Lande herum und ließen gegen ein Heischegeld ihre Weisen ertönen. Bereits im 14. Jahrhundert sind sie unter dem Namen »joculatores« verbürgt. Wir haben es hier wahrscheinlich mit Berufsmusikern zu tun, mit Stadtpfeifern und Spielleuten von Landesfürsten, die sich das brauchmäßige Privileg sicherten, zu bestimmten Zeiten an bestimmten Orten zu spielen. 1393, 1396 und 1398 erscheinen in Regensburg die Pfeifer der bairischen Herzöge; 1415 sind es die Stadtpfeifer von Straubing. Umgekehrt bliesen zu Weihnachten des Jahres 1538 die Regensburger Türmer in Wunsiedel. Eine Rechnung des Klosters St. Emmeram von 1325/26 weist einen Betrag von 50 Pfennigen aus, die den »Telkornern« gegeben wurden. Der Erklärung Roman Zirngibls zufolge, des 1816 verstorbenen Archivars von St. Emmeram, sind unter Telkornern Hornbläser und Pfeifer zu verstehen, die zu Weihnachten dem Abt mit einer Musik aufwarteten.

Das Umsingen. Weihnachts- und Dreikönigslieder

Der Brauch des Singens von Knaben vor den Häusern zur Weihnachtszeit ist in Regensburg für das 16. Jahrhundert verbürgt. 1553 baten die Domschüler, es möchte ihnen das nächtliche Singen auf den Gassen (wieder) erlaubt werden. Neben den Bürgerhäusern waren namentlich die Klöster in der Stadt und deren Umgebung beliebte Ziele dieser Heischegänger. Die Schüler des reichstädtischen Gymnasiums, des sogenannten Gymnasium poeticum an der Gesandtenstraße, traten 1568 mit der Bitte an den Rat heran, ein öffentliches Singen von Weihnachtsliedern in den Straßen und vor den Häusern veranstalten zu dürfen. Die Buben zogen von Haus zu Haus und durften für ihre Darbietungen mit einer Büchse Geld einsammeln. In den mitgeführten Korb legten ihnen die Leute Brote und Lebensmittel. Die Schulordnung des Gymnasiums vom Jahre 1654 bestimmte für die Umsinger: »Wann sie auf der Gassen, vor den Häusern Sonn- und Werktage singen, sollen sie sich züchtig und still erweisen, ihre Gesangbüchl bey sich haben, die Gesäng fein langsamb singen, und nicht davon eylen ...«
Nicht nur Brotneid, sondern auch konfessioneller Haß mag die Schlägerei verursacht haben, die sich am 25. Januar 1629 zwischen den evangelischen Sängerknaben und den Jesuitenschülern in der Schlossergasse abspielte. Dabei wurden die Sammelbüchsen zertreten, das Geld verstreut und »die Bueben (die evangelischen Schüler) hart geschlagen«.

Mehrere der Advents-, Weihnachts- und Dreikönigslieder wurden in Regensburg gedruckt. 1566 erschien in der Reichsstadt ein Dreikönigslied:»Drey Geistliche Lobgesang von den Heyligen drey König, das recht new Jar damit anzusingen«. Die Gegenreformation im 17. Jahrhundert verlieh dem weihnachtlichen Brauch des Ansingens neuen Auftrieb. Der Regensburger Domkapellmeister Georg Reichwein komponierte ein »Jesum und Maria lobendes Lerchenstimmlein, oder etliche Advents- und Weihnachts-Arien mit einer Singstimme, dann zweyen Violinen ...«, das 1667 in Regensburg im Druck erschien.

Die Weihnachtskrippe

Der Brauch, während der Adventszeit eine Krippe aufzustellen, wird heute wieder sehr gepflegt. Über die Anfänge der Krippenkunst in Regensburg mit Schnitzfiguren oder bekleideten Gliederfiguren ist fast nichts überliefert. Die erste Krippe in unserer Stadt mag um das Jahr 1650 aufgestellt worden sein, nachdem die Jesuiten, eifrige Förderer des Krippengedankens, 1621 in Amberg eine große Krippe mit über 1 m hohen, bekleideten Gliederfiguren errichteten. Im Zeitalter der Aufklärung kam der Brauch des Aufstellens einer Krippe durch stets wiederholte Verbote fast zum Erliegen. Nach Mitteilung Hosangs war in Regensburg 1826 erstmals wieder eine Krippe zu sehen, und zwar in St. Emmeram. Hosang, selbst ganz dem Geist der Aufklärung ergeben, schreibt dazu: »Allein leider sah man auch zum erstenmal wieder unschickliche Nebenvorstellungen, welche das Gemüt ganz von der Erbauung und Andacht abziehen mußten. Denn neben dem Stall, in dem das Kind des Friedens schlief, waren Schweins- und Bärenhatzen von Hafnerarbeit aufgestellt ...«

Die Weihnachtssemmel

Weihnachten ist das Fest des Schenkens, nur waren die Geschenke einst einfacher, bescheidener. Der Weihnachtsbaum als Geschenk und Geschenkträger findet erst im späteren 19. Jahrhundert Eingang in Regensburg.
Das offizielle Weihnachtsgeschenk im alten Regensburg waren Gebäck, Brote und Kuchen, ein Brauch, der bereits 1442 bezeugt ist. In diesem Jahr und auch weiterhin erhielten die Geistlichen vom Rat zu Weihnachten Krapfen, von 1442 an Semmeln. Die Weihnachtssemmel galt als offi-

zielles Geschenk – Gratifikation würde man es heute nennen – des Dienstherrn an die Bediensteten. So erhielten die städtischen Beamten 1502 vom Rat zu Weihnachten je eine Semmel, aber nicht in der Art unseres heutigen Kleingebäcks, sondern 25 Pfund schwer, von denen jede 42 Pfennige kostete. Die Weihnachtssemmel war auch das herkömmlichste Geschenk der Klöster an ihre Dienstboten.

Georg Lohmeier

Der Muserlkoch

Der Rupertiwinkel ist eine besonders christkindlnahe Gegend, nicht nur daß im österreichischen Laufen, in Oberndorf das »Stille Nacht, heilige Nacht« entstanden ist, man hat hier immer schon gern musiziert und Christkindlkumedien aufgeführt. Und das haben wieder die Schiffsleut' getan, die ja im Winter arbeitslos gewesen sind. Der Laufener Chronist Gentner schreibt:

»Solange die Schiffahrt dauert, ist wohl der Unterhalt mehr als gesichert, allein wer sich während dieser Zeit nichts für den Winter zurücklegen will oder kann, wird in derselben Not leiden müssen. Als Erwerbsquellen im Winter wurden von jeher das Singen, Hirtenspiel, Sternsingen sowie das Theaterspielen betrieben. Gegenwärtig spielen zwei Schauspielergesellschaften, ihre Vorstellungen sind natürlich und sittlich. Da es ihnen an Talenten nicht mangelt, sind ihre Leistungen sehr achtenswert.«

Und über den Spielplan, über das Repertoire ihrer Stücke, schreibt Johann Pezzl in seiner »Reise durch den bayerischen Kreis«: »Besondere Spektakel geben den Winter über die Schiffleut von Laufen. Diese Schnurren sind die vollkommensten Kopien von Shakespeares Pyramus und Thisbe. Man sieht die Hans Schnosk, Klaus Zettel etc. leibhaftig vor sich. Sie produzieren Stücke aus der heiligen und profanen Geschichte, Intrigenstücke, Charakterstücke, Lust- und Trauerspiele, in Prosa und Versen. Man sagt, ihr Theaterdichter sei ein Geistlicher, welches mir wahrscheinlich ist, denn es herrscht in ihren Stücken sehr viel Brevier-, Lebenden-, Schule- und Klosterwitz. Was mich besonders frappierte, war, daß viele dieser Matrosen ihre jämmerlichen Rollen nicht bloß mittelmäßig, sondern wirklich gut spielen.«

Und weil die Spielzeiten in den Advent und Winter fielen, ist es geradezu natürlich, daß man Krippenspiele, Weihnachtslieder und dergleichen ganz besonders pflegte. Darum ist denn auch Laufen eine Hochburg des weihnachtlichen Brauchtums geworden.

Salzburg hatte ja schon im 14. Jahrhundert etliche berühmte Weihnachtslieder gehabt. Der dichtende Mönch von Salzburg, ein Pseudonym, unter dem sich, wie erst die jüngste Forschung beweisen konnte, zwei Persön-

lichkeiten verbergen, nämlich der Abt von St. Peter, Johannes von Rossessing, bei Mühldorf gebürtig, und der Kaplan Martin Kuchlmeister, ebenfalls ein gebürtiger Mühldorfer: sie haben uns mit hoher und inniger mittelhochdeutscher Lyrik beschenkt. Von Abt Johannes stammen vier liebe Marienlieder, und Kuchlmeister schrieb eines der zartesten süddeutschen Weihnachtslieder, das heute noch gern gesungen wird: das »Ach Josef, lieber Josef mein, hilf mir wiegen mein Kindelein ...«.

Wie mag so a Christkindlkumedie ausgschaugt habn? Zuerst amal die Herbergsuche mit die bösen Wirt und Hausknecht von Bethlehem, nachand die Engel bei die Hirta und die Hirta am Kripperl, wos' ebbas herschenka. Danach no a ganz lustige Szene mitm heilign Josef beim Muserlkocha. Da hat se der guate Zimmermon oft recht dappig angstellt, hat d'Milli ins Mehl neingschütt, hat rumpatzt und sich andreckelt, hat gar die Schnapsflaschen mit der Milliflaschen verwechselt! Man muß sich wundern, daß diese Exzesse des heiligen Zimmermanns fürsterzbischöflich so stillschweigend geduldet wurden. Im Salzburgischen ist halt der Sepp kein trauriger Heiliger. In einer Strophe eines Hirtenliedes heißt es:

Iatz sama schon dada, gelobt sei Jes' Christ!
Seids aa auf, mein Heiland, weilst no amal da bist!
O wunderschöns Kindl, was müaß ma dir gebn?
A Milli zum Ko', daß d'hast ebbas z'lebn.
Dir, o schöne Jungfrau, gab i gern ebbas Liabs:
Da Most waar für die recht, er is zuckersüaß.
Du Sepp, kriagst an Brandwein, geh trink di no voll!
Und tua mir net gschami' – is a Kerscha, woaßt woihl!

Franziska Hager, Hans Heyn

Hirtenlied aus der Traunsteiner Gegend

Auf! Auf! Gschwind zum Löschn,
Der Himmel da brinnt,
Nehmt's mit etli Schaffi
Und eilt's nacha gschwind.
Aft falln ja dö Engerln
Scho haufaweis her,
Verbrinnen's, so ham ma
Koan Himmi aft mehr.

Dort z'Bethlehem untn,
Vobrinnt ja der Stall,
Glängt s'Fuia gar aufa
Zum himmlischen Saal.
Gott müaß ma wohl helfn,
Er denkt aft dran.
Wann mir san in Nöthn,
Helft er ins zum Lohn.

Bua, da lacht a Engl,
Den frag i gen gschwind,
Hast ghört du, geh her da!
Gel floichst scho, weil's brinnt?
Ha, sag mir's, mei Engl,
Wer hat's denn gfoiascht an?
Verbrinnt uns der Himmi,
Was fang ma denn an?

Oh, mei liaba Jakl,
Da irrst di weit,
I laf nur anz'kündn
Euch Hirten a Freud.
Es is iatzt ankommen

Der ewige Gott,
Liegt in einer Krippen
In Armut und Not.
Dös Ding is derlogn,
Du sprichst mir glei wahr,

Mei Bua, schau, iatzt geht ma
Mei Tram richtig aus,
Kimt Gott gacha von Himmi
Und hat no koa Haus,
Muaß freili wohl eiln
Zu sehgn mein Gott,
I bring eam a Opfa,
Sunst war's mir a Spott.

Gott grüaß enk beinanda,
I kim da daher,
Trag a Lampi, an Kübi
Und sunst a no mehr.
Teatsn enk selwa aussa,
I geh gen gon Kind,
Da Sterz war no warm,
Geh, eßt's n do gschwind.

Willkommen, du kloans Schatzl,
I geh dir scho zua,
Geh, Mutta, i fehl nit,
Es is wohl a Bua?
Husch, jeggas mei Büawei,
Bist, glab i, mei Gott,
Bist da in der Kältn,
Is ja recht a Spott.

I han mi scho bsunnen,
s' Kind trag i mit mir,
Da, ja, wia schad war's,
Was hätt's aft dahier?
I koch eam a Müasl

Und hoaz eam brav ei,
Geht's tausch ma's ums Lampi,
Mein Rock gib i drei.

Ja, ja, du liabs Herzl,
I nahm di mit mir,
Weil's aftn nit sein kann,
So bitt i dahier:
Wann i komm zum Sterbn,
So kim no zu mir,
Und nacha, wenn'st hoamgehst,
Mei Seel nimm mit dir.

Inge Köck

Engelverkündigung

aus einem alten oberpfälzischen Krippenspiel

Hirt:
Was machst du do, du scheina Boua
Und thuast so spot hoamtreibn?
Siahst nöt, es is ja 's Toar scho zua,
Du muaßt herastn bleibn.
Wer wird denn um die zwölfti Stund
No aufm Feld rumstreichen,
Da machen jo die Geister d' Rund
Und thouan um d' Leut rumschleichen.

Engel:
Steh auf, steh auf, mein lieber Hirt!
Geschwind mit mir sollst gehen.
Was sich dir jetzo zeigen wird,
Hat noch kein Mensch gesehen.
Steh auf geschwind und folge mir,
Es wird dich nicht gereuen,
Ein Glück ist heut beschieden dir,
Du wirst dich hoch erfreuen.

Hirt:
O mei, möcht wissen, was dös wa,
Daß i soll gar aufsteh,
I lieg jo do scho auf da Strah.
Geh furt und laß mi geh.
An ganzen Tag i hürten mouß,
Mou laffa früh und spot,
Moin oft i ho kua Händ, kuan Fouß,
Gfreu mi allemal auf d'Not (Nacht).

108

(Der Engel geht kopfschüttelnd noch einige Male auf und ab; dann tritt
er ab, um das Hirtenkostüm abzulegen; inzwischen nachfolgendes Selbst-
gespräch des noch immer auf der Streu liegenden Hirten:)

Hirt:
Wollt dea mi no um Mitternacht
Aus meina Ruah aufschrecka.
Hob schier bis halbi zwölfi gwacht
Beim Viah, iatz that er wecka.
Na, na, i laß mi nöt narrirn
Von so an junga Mandl.
Wer woaß, wo dea mi hin that führn,
Zletzt gabs nu böisi Handl.

Engel:
Steh auf! Denn sieh, ein Engel bin
Von Gott ich hergesendet,
Sei furchtlos, nimm mit frommen Sinn
Die Gnad, die Gott dir spendet.
Dort, wo du siehst den hellen Stern,
Dorthin will ich dich führen;
Bald wirst du auch mit Freuden hörn
Die Engel musiciren.

Hirt:
Durt seg i wohl an großn Stern,
Der macht viel feuri Strahln,
Leucht heller wos zwoa groß Latern,
Er funkelt raus vor alln.
Und obn, wo i seg an Glanz,
Da hör i d'Spielleut a.
Hah'n Engel, wennst mi führst zum Tanz,
So tanz i halt mit a.

Engel:
Mein lieber Hirt, folg ungesäumt
Mir nach zu jener Stelle,
Sonst ist dein größtes Glück versäumt

Zum Schaden deiner Seele.
Dem Himmel sei viel Lob und.Ehr,
Den Menschen Fried auf Erden,
Weil heut der große Gott und Herr
Selbst Mensch hat wollen werden.

Hirt:
Dein Schmatzn that mi schier bewegn
Und gfallt ma a dein Gstoilt,
So wart no, laß mi d'Strümpf onlegn,
Es is jo grimmi koit.
Hah'n Engel, sei hoit du so guat
Und geh ma hoit voron,
I werd dir treuli nachigehn,
Mach ma im Schnee a Bohn.

Engel:
Der Stern, so glänzt am Himmelszelt,
Messiam will anzeign,
Wie er hat wollen auf die Welt
Herab vom Himmel steign.
Die Engel musiciren all,
Das Kindlein zu ergötzen,
Dort liegt es arm in einem Stall,
Will Adams Schuld ersetzen.

Hirt:
Wenn das do kloa Messias wa,
Den wir volanga oi,
So hätt er ja a Hirba a (Herberg auch),
Was thät er denn im Stoi?
Woi i nu gwen a kloana Boua,
Hab i scho schmatzn ghört,
Das Zebta Israels ghört eahm zua,
Sein Vota hats begehrt.

Engel:
Er hat die Armut frei gewählt,

Die Menschen zu belehrn,
Daß nichtig seien Gut und Geld
Und alle irdschen Ehrn.
Drum geh nur in den Stall hinein,
Das Kindlein zu betrachten,
Und lern vom armen Jesulein
Der Menschen Pracht verachten.

Hirt:
Schau, schau liegts Tröpfl aufm Heu,
Hot frei koa Bettl kriagt,
A olta Mo steht a dabei,
A Jungfrau 's Kindl wiagt.
Für wos is denn der Esl da?
Geh, Engl, thuan wegtreibn.
Hot denn der Ochs koan andern Platz,
Daß er beim Kind mua bleibn?

Engel:
Drum selber sieh die Armut an,
Vor Kält das Kindlein weint.
In Bethlehem hat jedermann
Die Herberg ihm verneint.
Sogar das unvernünftig Vieh
Will's liebe Kind erwarmen;
Doch sieh, die harten Menschen die,
Sie haben kein Erbarmen.

Hirt:
O du mein herzigs Jesukind,
Dabarma toust mi recht,
Oi deini Schmerzen i empfind,
Daß schier i woana möcht.
Geh, Engel, sei hoit du so guat
Und thua, wos i di bitt,
Du siagst ja, daß 's Kind friesn thuat,
So trags hoit in mei Hütt.

Mei Lisbeth muaß glei Feua schiern,
Daß 's warme Windln kriagt,
Müaßt ja dös nacket Kind dafriern,
Wenns nämd mit was vasiagt.
Und d' Goaß werd gmolka auf da Stell,
Daß 's a a Mili geit,
Gern gib i's letzte Maßl Mehl
Her für dö arma Leut.

Do hast, mein herzliabs Jesulein,
A Lamperl no dazua.
A Loa Brod thuat mi net reun,
Nimms o, du kloana Bua.
I bitt di halt, denk amal dro,
Was i dir itz verehr,
Und schau mi allzeit gnädi o,
Wennst wirst a graoßa Herr!

Engel:
Mein Hirt! Das arme Jesulein
Will nicht um deines bitten,
Es will in deinem Herzen sein
Und nicht in deiner Hütten.
Es ist nur kommen auf die Welt,
Die Menschen zu umfangen,
Es braucht kein Ort, kein Gut noch Geld,
Das Herz nur thuts verlangen.

Der vorstehende Wechselgesang bildete den Abschluß eines Krippen-
spiels, das um 1866 noch irgendwo bei Regensburg gespielt wurde. In
diesem Jahr veröffentlichte ihn Dominikus Mettenleitner, Chorvikar an
der Alten Kapelle, in seiner Musikgeschichte der Stadt Regensburg.
Leider hat er sonst nichts von dem Spiel aufgezeichnet und auch nichts
darüber berichtet; nicht einmal die Melodie, die wir besonders gern
besäßen, hat er notiert, er schildert sie nur als »melodiös, aber auch ganz
unrhythmisch«.

Schon vor achtzig Jahren war also ein solcher Rest eine Seltenheit. Etwa gegen Ende des 18. Jahrhunderts begannen die geistlichen Volksspiele, die als Sitte alt, heilig und fast unausrottbar waren, die aber in den Augen der Behörden und der Gebildeten vieles arg Unehrwürdige an sich hatten, den Angriffen von oben her zu erliegen.

Länger als die Passionsspiele haben sich die Krippen- und Dreikönigsspiele gehalten.

Auch Mettenleitner stellt diese Reihenfolge fest. Er selber nimmt eine interessante Mittelstellung ein: einerseits versteht und begrüßt er die Abschaffung der alten Mißbräuche (durch die Aufklärung), andererseits aber ist ihm die alte urwüchsige, fromme Derbheit lieber als »das mit exquisitem Bewußtsein von unserer gott- und religionslosen Zeit en gros betriebene Geschäft der Bemäkelung und Begeiferung all dessen, was einem an Glaube und Sitte noch nicht bankerott gewordenen Menschenkinde heilig ist« – eine Erscheinung derselben Aufklärung.

Daß er in seiner ernsthaften, liturgisch gerichteten Musikgeschichte diese volkstümlichen Spiele überhaupt berührt, ist schon die Äußerung einer neuen, aber jetzt schon bewußt sammelnden und pflegenden wissenschaftlichen Liebe zur Volkspoesie.

Das Reizvolle an diesem Zwiegesang ist der Wechsel zwischen der derben oberpfälzischen Mundart des Hirten und dem biedermeierlichen, manchmal noch vom Barock durchklungenen Feiertagshochdeutsch des Engels.

Wohl sicher stammt das Spiel nicht von Regensburg selbst, sondern vom Land; Mettenleitner sagt geheimnisvoll »hier herum«. Regensburg ist, wie schon erwähnt, heute eine mittelbairische Sprachinsel. Es sind aber auch in den Regensburger Urkunden des 14. Jahrhunderts oder im Runtingerbuch (15. Jh.) keine nordbairischen Spuren zu finden, wie man sie im entsprechenden Straubinger Urkundenbuch des 14. Jahrhunderts auf den ersten Seiten trifft. –

Dieses Lied ist aber nicht nur in den Lauten, sondern auch in der ganzen Ausdrucksweise echte Mundart, wie man sie selten so rein findet. Die Laute, die Wortfügung und der treuherzige Inhalt des Liedes, den es mit den vielen anderen bairischen Hirtenliedern teilt, stimmen hier wunderschön zusammen. Darum ist es etwas Kostbares und weil es so wenig oberpfälzische Zeugnisse alter Mundart gibt.

114

Carl Orff

Der Traum eines Hirten

Eingschlafn bin i,
da gspür i a Liecht
und siech,
wiar an Engl dahockt,
grad nebn meiner,
an Kopf in d' Händ gstützt,
so hat er sinniert
und gwart't.
Na schaugt er mi an:
»Zeit is's,
steh auf!
Der Stern steht am Himmel,
's Zeichen ist da.«
I denk ma:
»Wo siecht der an Stern,
wanns wettert und schneibt?«
»Mach di grad auf,
zum Schlafn is itzt net der Zeit.
Drent, wo's auf Bethlehem
zugeht,
drent bei der Leitn
stenga drei Stadl,
a kloaner is aa dabei,
mit'n Stall;
der kloaner,
der is's.
A Liecht
a hells Liecht
is anzundn wordn
uf d' heintige Nacht –
es findst in dem Stall.
Und des Liecht,

des sell Liecht
brennt und verbrennt
die Finstern.
Und Herr werds werdn
über all's,
was da unguat und bös is.«
»Aa übern Wolf?«
hab i gfragt.
»Des Liecht werd ausgehn
und leuchtn
über die ganze Welt.«
»Des Liecht,
des armselig Liecht,
des Liecht ausm Stall?«
»Geh«, sagt er.
»Geh hin«, und steht auf,
»des ander werst na scho sehng.«
Na find i mi wieder,
grad wiar i den Steig
bei der Leitn 'rakimm.
Da stenga drei Hüttn
– tief im Schnee –
zwoa san ganz nachti,
do aus der kloanern
mitm Stall
kummt a Liecht,
des zwengt si durch alle Spaltn
und Ritzn.
I frag mi:
»Wia kummt so viel Liecht,
wia kummt da des Liecht
in die Hüttn,
zum Heu?«
Da steh i scho drin.
Da siech i,
grad zwischn Heu,
Raufn und Gstäng,
Gabeln und Rechn

und Zeugs,
an Esel, an Ochs,
a Frau und a Kind
und z'hinterst
an altn Mann.
Des Kindl
is gwindelt dringlegn
in am Kripperl voll Heu,
a Wuzl,
a wunderwinzigs
kloans Wuzl,
a goldigs Speranzl.
D' Augn gehn ma über,
wiar i des siech,
und a Freud is über mi kemma,
garnet zum sagn,
wia wannst 's allererst
Schneegleckerl findst,
wanns Jahr auswärts geht,
's erst Gleckerl,
des rauskrochn is
aus'm Bodn,
dem gstarrign, kaltn.
A solcherne Freud
hat mi packt,
a solcherne Freud
bloß viel mehra,
a Freud,
wo dir dei Herz
's Läutn anfangt.
–

Da bleibt mir 's Herz steh', –
i schaug auf die Frau;
die sell Frau
hockt itzt da
mutterseelenalleini,
a nackerter,
ausbluter Mann

liegt ihr zwerch übern Schoß, –
g'lebt hat der nimmer.
–
I find mi net z'recht
und fahr mit de Händ über d' Augn,
da is des Bild wie wegblasn.
's is alls
so wie z'erst:
D' Frau is daghockt
und schaugt voller Gutheit
aufs Kind.
Der alt Mann raamt hint umanand,
holt Milli im Weidling,
schlagt Eier ins Pfanndl,
holt a kleins Kanndl,
was weiß i,
was der da alls werkelt.
Na hats a so hergschaut,
als wanns alle mitnand
auf was wartatn, –
auf was wartn
taatn,
der Ochs, der Esel
und in der Krippn
des Kind.
Da hebt die Frau d' Augn,
die warn ganz glanzert,
weil s' gnaßäugelt hat,
schaugt ringsum
aufs Heu,
aufs truckene, gstarrige.
Und wia s' so hinschaugt,
werds Heu
blühig,
kriegt Blattl und Blumen
vom Bodn bis nauf in die Sparrn,
und die Sparrn werdn Asten
und ziahng si auf

und weit ausanander.
I moan grad,
i staand in'ra Laubn,
i moan grad,
i staand in an Wald,
der weiter und weiter
aufgeht;
und d' Vögl habn z'tun
wiar im Mai.
Da bricht der Wald
obn
ausanander,
ma siecht bis in Himmi,
der hängt voller Stern,
und Engl
fliagn umanand,
tummliern si
und singn,
– mehra und allweil mehra –
kreiznotwendi
habn sie 's ghabt
und machn a Musi,
g'hupft san s',
g'juchzt habn s'
und gschrien:
»Gloria,
gloria,
gloria,
gloira in excelsis«,
mit Zithern, Harfn,
Zimbeln und Schelln,
an Orgl
habn s' aa dazu gschlagn:
»Gloria,
gloria in excelsis!«
A Rumplmettn
für d'Mettnnacht.
Und allweil habn s'

gsunga und gsunga
vom pax,
vom pax,
der itza na kemma werd
auf der Erdn.
Vom pax,
vom pax
für die hominibus,
allweil vom pax
und von de hominibus!! ...

Xaver Siebzehnriebl

Grenzlandweihnacht

Wenn Weihnachten vor der Tür steht, schlachtet der Wäldler fürs eigene Haus. »Dö heili'n Zeit'n mou(ß) ma' eahr'n«, denkt er sich, und es müssen echtschweinere Mettenwürste sein, saftige Leberwürst' und speckige Plunzen und eine fette »Brütsubbn«. Der Störmetzger kommt und sticht die feiste »Sugel« ab. Manches »Wuserl« muß jetzt daran glauben, daß es ein schmackhaftes, leckeres Weihnachtsbraterl werden wird. Der Bäuerin gehts noch dick ein, denn die Kuchel ist voll Arbeit. So ist's alle Jahr, af d'letzt wird's no' nejdö. Eine großmächtige Rein voll nußerlbrauner weizener Germnudeln und a seiß's Kletz'nbroud wird bacha (gebacken), daß d' Ehhalt'n ebbes z'fieseln, z'knangen und z'knuschen haben.

Und die G'schenga (Geschenke), »d' Christkindln«, für die Ehhalten müssen beim Kramer noch kauft wer'n. Die Knecht' kriegen zum Heiligabend »Pfojda« (Hemden), Hosenträger und »routblöimlde Schneiztejchel« (rotgeblümte Taschen- oder Sacktüchel), die Dirnen einen »Kidlzui« (Kittelzeug) oder einen »Vüardazui« (Fürtuchstoff). Die Ehhalt'n geben dafür einen »Vergelt's God«, und der gilt viel, denn der Christsegen liegt darauf. Wenn die Leut' morgens am 24. Dezember aus dem letzten Rorate heimkommen, wird im Haus noch »zusammen«-gearbeitet. Die Weibets putzen auf den Knien, daß »koa Dreck in die Feiertag hineinkimmt«. Mittags hat man Knödl und »Schwammerbreij« oder einen »Birnkoch« oder »Germnudln und Zwäschbnmous«. »Wer fast(et), bis d'Stern am Himml san(d), sehgt in d'Zukunft.«

Schon mittags wird Feierabend gemacht, so ist's altes Herkommets; und wie's schon allweil gewest ist, dabei bleibt's. Wenn das Stallvieh gewässert und abgefüttert ist, rennen d' Knächt' af's Bödel affö in eahra Kammerl, handdeln d' Feierta'muntur aus'm Kost'n außa und gwanddn si' um.

Die Schuster, die Schmiede und die sonstigen Hampersmanner lassen schon mittags oder längstens um die Dreiuhrbrotzeit den Werkzeug aufräumen und die Werkstatt auskehren. Wer ein liebes Totes draußt im Freithof hat, tut ihm aufs Grab ein Christbäumel hin und hängt papierene Rösel und Flittergold dran.

Wenn die Wälder sich annachten und die Höfe einfinstern, guckt manche Bäuerin zum Himmel hinauf; sie weiß: Wenn viel Stern' am Himmel sind, legen die Hennen viel Eier im neuen Jahr. Uralt ist schon die Red', die am Heiligabend unter den Weibern geht: Viel Stern', viel Ojer.

Mancher Waldeinöder und mancher Dörfler streut Brotbrösel in den Hausbrunn', daß er »nöd ausbleibt«, »drosselt« auch im Garten die Bäum', umwickelt sie mit Strohbändern, weil es der Urähndl und der Ähndl auch getan haben; so kann den Obstbäumen die »Gefrier« nit an, und sie tragen dann im kommenden Jahr »recht«.

Mancher Waldler und »Haislmo« knotzt die Heiligabendspäne und steckt sie »inters Dach«, »daß der Himmezer nit ei'schlogt, wenn im nächst'n Summa die schoarfn Wöda kömmen«.

Am Heiligabend gi(b)t's als Nachtsubb'n Semml und seijße Möl(ch) oder gar Kaffee mit Kletzenbrot oder Germnudln. Das Kletznbrot ist einem seltsam und schmeckt einem, sind ja »Ziwebn«, Feign, »Nuß«, Zweschbn und Hutzln drinnen.

Wenn die Sonn' abgestiegen ist und es überall einfinstert, wird und bleibt es heutzutage stad am Heiligabend. Früher ist es anders gewest; man hat die Weihnachtsfreude überlaut werden lassen. Am Heiligabend, wenn »die Nachtsuppe gegessen« gewesen ist, ist's Burschets rebellisch worden. Tür aus und ein ist's im Haus und im Bauernhof gegangen. Die Knechtel und die Hütbuben haben in jeden Winkel und in jedes Eck hineingegrobbt, drinnen sie a alte Musketn gewittert haben, und haben sich gedacht: die mou(ß) her, haben die alten Terzerole und die verrosteten Kugelstutzn hinterm Kommodkasten und unter der Bodenstiege hervürgezogen, haben die verstaubten Knallstutzen, Bürschbüchs'n und Jagaflint'n g'striegelt, g'fummelt und 'putzt, die verrosteten Hahna mit einem Batzen Schmalz eingeschmiert, daß sie wieder geschnappt sind, haben Schrotkügerl und Papierl und Pulver in die Röhrln dreingestrempfelt, wenn 's Oschuißat angegangen ist, daß 's recht kracht und knallt hat. Draußen hinter den Stadeln und Schüpferln hat bald ein Schuß um den andern gekracht, zührot sind die Funken aus den Pulverröhrln sternwärts gesprungen. Von allen Einöden und Dörfern her, hinter allen Büheln und in allen Tobeln hat es geplärrt. Die schlafenden Hölzer sind aufgeschreckt und haben hellauf gelacht, die Hofhunde haben angeschlagen und die Dorfköter geknauzt. Die Gassenbuben haben es den Hütbuben und Knechten nachgemacht und a Hosnsackl voll Speiteifl abgelassen, haben bengalisch funkelnde Zündhölzer angekentet und kleine Kapselbüchsl krachen lassen. Die Burschen und Buben, die am Heiligen Abend und in der Christnacht das Christkindl o'gschoss'n haben, haben es damals gar nit gewußt, daß diese Schießerei einstens uralt herkömmlicher »Heidenlärm« gewesen ist, der die »Dachereien« vor bösen Leuten und feindlichen Geistern und Dämonen geschützt hat.

In der wacherlwarmen Stube werden lauter uralte G'schichten erzählt: von den Freischützen und Mettenjagern, von den offenen Bergen und Burgkellern und ihren gemünzten Schätzen, von den guten alten Zeiten, wie roter Mettenwein statt Wasser christnächtens in allen Bächen geronnen ist; dem alten Ähndl sein Urähndl schon hat allmal davon erzählt, wenn die Christnacht gwest ist. Die ganze Stube lust. Die Ahndl sitzt am warmen Kachelofen auf dem Bankerl und sinniert ein Weilel; dann fällt ihr ein, wie in den Rauhnächten früherszeiten die Hexen durch die Rauchfänge gefahren und auf Besenstielen und Kehrwischen und Ofenkrucken ausgeritten sind, wie die feurigen Manndel hinter den Marterln und Flachsbrechhäuseln gelurrt und die wilden Jager über den finsteren Wäldern gehetzt haben.

Alle Augenblick' fragen die kloan Kinder d' Muadda und 'en Vaddern, ob's Christkindl g'wiß kimmt und ebbes ei'legt? Und gleich steigt der Vater aufs Gsodbödel hinauf und tut einen Schübel Heu hinaus vors Schüpferl; und nachher stellt er davor noch eine »Standdn« voll warmes gutes Tranket. Wenn's Christkindel hinterm Haus durch das Gassel daherkommt, hält das Schlittenfuhrwerk an. Den Esel hungert ja von der weiten Reis', und weil noch ein weiter Weg ist, schmeckt ihm das Heu und das Tranket.

Draußen blenkerzt der Schnee, und die Sterne funkerzen droben. Alle Gassel und Steige sind einsam und leer, es ist kein Mensch mehr draußen. Alles ist daheim und wartet. Nur der Wind ist draußen, der pfeift und faucht und kanns recht, pfurrt und surmt über die Dächer und fergelt in den Bäumen, weht den Schnee an die Stadel und Hoftürl, an die Zäune, Stiegl und Gatterl und an die Hütten und Häuser und kichert in allen Winkeln, wie wenn er selber ein übermütiges Freuderl hätt'.

»Wenn nur's Christkindl einen Christbaam und ein' Spielsach' nit vergessen dad!« denken sich die Kinder in der Stube. Der Xaverl hat sich a Trumpetn, a Trummel und a Geign g'wunschn und a Kumedigspiel obendrein und noch »allerhandderlei«; er hätt's auch dem Christkindl längst geschriebn; das »Brejferl« hat er vors Fenster hinaus'tan, und das

Christkindl hat es fortgeholt, einmal in einer staden Adventnacht, wie niemand mehr um die Wege gewest ist. Mäuserlstad lust der Xaverl hinaus ins Flötz und hinüber ins schöine Stüberl, und auch's Nannerl gibt Fried', »daß 'Christkindl ned versprengt wird«. Es ist so anheimelnd lauschig in der Stube und so still, daß man die Uhr tickeltackeln hört. Die Kinder warten hart und fangen zu beten an. Auch die bösen »Bamsen« kriechen zum »Kreuz« und sind schön brav, »daß 's Christkindl koan Stoa und koa Gart' ei'legt«. Und so kommt es endlich über'n Kaitersberg oder über'n Arber her in den Lamerwinkel, über'n Osser her oder von der Rotkreuzhöhe herunter auf den Rittsteig, über'n Spandlberg oder über'n Buchberg her und über'n Hochbogen herüber nach Neukirchen Hl. Blut, vom Burgstall oder vom Schwarzkopfberg herunter in die Further Senke. Die brave Mutter ist mit aller Arbeit fertig und lächelt selig still in sich hinein, kentet den Kerzenleuchter an und geht mit ihren Kindern nachschauen. Die Kinder hupfen vor lauter Freud. Der Xaverl kennt's gleich, wo 's Christkindl schon ei'glegt hat, und schnadert: »Aus dem Schlüsselöchel in der Tür der schönen Stubn leuchtet's zühlicht heraus ins Flötz.« »Da drin brinnen meiner Seel' scho' d'Kirzln am Christbaam«, sagt der Vater, ganz froherschrocken, und klinkt die Tür auf. Die Kinder hupfen in die Christkindlstube hinein; und die Mutter, der Vater und die großen Kinder drängen sich heran und freuen sich mit. Der Xaver schaut und staunt und traut seinen Augen kaum und denkt sich in seinem Köpfel: »Ist's gwiß und wahr? Oder traamt mir sched?« Und ihm ist, als hätt' er das Christkindl mit seinen schönen Blondhärlein noch gesehen, wie es im schneeweißen Hemderl vor etlichen Augenblicken beim Fenster hinausgehuscht ist.

Da wird nun »g'schmatzt« und derzählt, gewerkelt und gespielt, gehämmert und gesagelt, geblasen und getrommelt, gehutscht und gefahren bis in die tiefe Christnacht hinein, bis eins ums andere einnafzt vor lauter Müdsein.

Draußen rumpelt der Schneewind ums Haus und johlt wie der gespenstische Hangerstelzl am Rittsteig, die Hoftürl knarzen und die Fensterläden knackeln, wie wenn er hereinspähen und hereinpfurren möchte. Und wenn er in den Rauchfang einen tiefen Brummer tut, meint man gar, der Niklo ist am Weg heimzu und kutschiert vorbei: »Hüh! Hott! Wista! Hott!« Längst schnarchen die kleinen Spielratzen in ihren Bettchen. Die großen Leute bleiben auf und warten, bis zu der Metten Zeit wird. Die ersten Mettengeher stapfen die Steige und Gassen dahin, an den

Häusern vorbei. Wenn kein Mond ist und die schneeigen Wege finster sind, leuchten bald viele Laternen durch die Christnacht, als wären's lauter Sterndel, die vom Winternachthimmel herniedergepurzelt sind.

In einer finster'n Christnacht »gammert« der Bauer: »Finst're Metten, helle Stadel.« Wenn aber der Mo(nd)schei(n) scheint, frohlockt er: »Helle Mett'n, finst're Stadel!«

Wer daheim bleibt und das Haus hütet, schiebt den Riegel vor die Tür und schürt das Feuer im Ofen, daß die Mettenwürste gar braten und die Brütsuppe wird. Der Further steckt vor der Mette einen schon längst bereit gelagerten großen buchenen oder birkenen pinkenden »Weihnachtsknüttel« ins Ofenfeuer; der »gibt aus«, macht eine Hitz' und hält die Stube warm, bis die Christnacht vorüber ist. Um zwölfe fangen alle Weihnachtsglocken an und läuten über Berg und Tal; der Wind hält seinen Kreißter an und lust ihnen zu.

Die Kirche ist voll Leut'. Droben an der Orgel sitzt zuhöchst der Organist, er haucht sich in die kalten Hände und reibt sich die Finger gangig, greift ins Tastenwerk darein und spielt zum Mettenamt ein und werkelt, daß die Orgel nur so schallt und schnurrt und drunten in der Kirch' die Nacht aus allen Winkeln huscht. Am hohen Altar vorn glitzen die Kerzen. Die Weiber knien im Gestühl und lassen die geweihten Wachslichtel schön brav funzeln und vertropfen. Droben singt der Chor das »Stille Nacht«. Den Alten geh'n die Augen über. Es ist allemal zu schön, dies fromme Weihnachtslied! Wenn der Segen ausgeteilt ist und der letzte Orgelklang in den hintersten Kirchwinkel sich verschlieft, wird die Kirche wieder leer. Der Mesner löscht alle Lichter ab und sperrt die Kirchtür zu.

In der wacherwarmen Stube dampft schon auf dem Tisch die Mettensuppe; sie glänzt von den vielen Fettringlein, die drauf schwimmen, und die Leberwürst' und die dicken Plunzen pregeln in der Schmalzrein und duften vor lauter Gutsein. Alt's und jung's sitzt am Tisch und ißt und schleckt, weil's schmeckt, und wärmt sich das Inkreisch auf. Aber bald kriecht man ins Bett, daß man zeitig wieder beim Zeug ist und den hellen Christtag nicht verschnarcht.

Licht stehen die Sterne über den traumseligen Hütten und Häusern. Ein Sternschneuzer nach dem andern sprüht und flitzt durch die Weite des Himmels. Oder sind's etwa gar verirrte, himmelheimsuchende Engerl? Und zuhöchst am Himmel droben ist es so wunderhell, wie wenn das Christkindl heimgekommen wär'.

Michael Waltinger

Frohlockets im Himmel

Frohlockets im Himmel, frohlockts auf der Erd',
daß Gott bei uns Sünder und Sündrinnen eikehrt!
's Kind liegt in da Krippn auf Stroh und auf Heu
beim Ochs und beim Esl im Winkl hibei.
Danebn ka ma sehgn a schönö Jungfrau,
so schö wia r a Engl, ma mag's nöt gnua schau!
Zwoa Wangerl wia r a Apfi, zwoa Augn wia r a Kristall;
i hab d' Kaiserin scho gsehng, hat ma nöt a so gfalln.
In Winkal hiebei is a kreuzbrava Ma,
hat d'Augn voi Wassa, schaut's Kinderl sinnla a.
Wart, wart, du kloans Manderl, i woaß, was i tua.
I kauf dir a Gwanderl, a Pfoaderl dazua,
a damastas Häuberl, dei Nam' muaß drauf steh,
dei Muatta muaß selm sagn: Dös Häuberl is schö!
A Stern tuat uns leuchtn, a Schrift steht dabei:
Gloria in excelsis, der Fried mit Euch sei!

Meinrad Spinner (Übersetzung)

Dasöimst (Lukas 2, 1-20)

Dasöimst hot da Kaiser Augustus befoin, daß olle Leit im ganzn Reich in Steierlistn eitrogn wern. Dees is dees erstemoi gwen, daß dees gschegn is, und da Quirinius is dasöimst Statthoiter vo Syrien gwen. Do is a jeder in sei Hoamatstod ganga, daß a se eitrogn loußt.

Do is aa da Josef vo Nazaret in Galiläa affezogn noch Judäa, in David sei Stod, de Bethlehem ghoaßn hot; er hot nemli vom David ogstammt. Er woit se eitrogn loußn mit da Maria, der a vosprocha war und de schwanger gwen is. Wias' durt gwen han, is d'Maria niedakemma, und sie hot an Buam aaf d'Wöit brocht, an Stammhoiter. Sie hot'n in Windl eigwicklt und in a Krippn glegt, wei's koa andane Hiawa für se net gebn hot.

In dera Gengad han Hiata am Föid draußt gwen und ham bei earana Schofherd gwacht. Do is a Engl vom Himmi zu eahna kemma, und ganz liacht is's gwen um se umma. Do is eahna ganz angst worn, oba da Engl hot zu eah gsogt: »Braucht's enk net füachtn. I sog enk a grouße Freid o, de fürs ganze Voik ghern soi. Heit is in David seiner Stod der aaf d'Wöit kemma, der enk dalöisn werd; es is da Heiland, da Herrgott söiwa. Und öitz sog enk, wiads'n kennts. Es werds a Kind findn, des in Windl eigwicklt is und in ara Krippn liegt. Und aaf amoi war bei dem Engl a riesige Englschar, de ham an Herrgott globt und gsogt: Gloria am Herrgott in da Höih und an Fried de Menschn aaf da Erd, de's guat moanan.

Wia de Engl wieda furt gwen han im Himmi, ham de Hiata zuanand gsogt: Gemma noch Bethlehem und schaugn ma uns o, wos uns da Herrgott vokündn hot loußn. Und dann hans' higloffa und hams' gfundn – d'Maria und an Josef und dees Kind in da Krippn.

Wia se's gsegn ham, hams' vozöit, wos eah iwa dees Kind gsogt worn is. Und olle, de's ghert ham, ham se gwundert driwa. Owa d'Maria hot se ois guat gmiakt, wos gschegn is, und hot driwa nochdenkt. D'Hiata han wieda hoamganga und ham an Herrgott globt und priesn für dees, wos ghert und gsegn ham; es is nemli ois a so gwen, wia's eah gsogt worn is.

Josef Lettl

's Christkindl im kraustn Haar

Jetzt kimmt dös größa Fest im Jahr,
jetzt kimmt dö schäna Zeit,
denn d' Mettnnacht steht vor der Tür.
U mei, is dös a Freud!
(Max Peinkofer)

Weihnachten – Christfest – Heiliger Abend! Die Tage der Vorbereitung
und Erwartung, die Wochen des oft so geschäftlichen Rummels sind
vorbei, Käufer und Verkäufer atmen auf. –
Die bleiche Wintersonne kam über den Horizont gekraxelt, machte der
langen Mettennacht Platz. Vielleicht bringt diese für manchen Menschen
einige Stunden des Verhaltens und der Rückbesinnung in die Tage der
Kindheit. Auch in diesen Zeilen soll dies getan werden.
Rechtzeitig ist Feierabend gemacht worden. Mit Leib und Seele richtete
sich der Christenmensch, er fastete zu Mittag bei einer Erdäpfelsuppe,
und auf d'Nacht wurde in der Stube der freudenreiche Rosenkranz gebetet. Nach hartem Warten läutete endlich das Glöckerl, und die Kinder
durften in die Christkindlstube, zu der man schon tags zuvor den Schlüs-
sel verlegt hatte. In den weit aufgerissenen Augen spiegelten sich die
Christbaumlichteln. Nach dem ersten Wundern und Staunen rannten sie
zu den Christkindlsachen: für die Buben ein Paar Holzschimmel an ein
Wagel gespannt, für die Dirndl eine Wiege mit einer »Dogga« (Puppe)
drin. Keines im Haus ist vom Christkindl vergessen worden: wollene
Socken oder Strümpfe, ein Seidentüchel, Kittelzeug, ein Fürtüchel (Schür-
ze), Sacktücheln und etwas zum Knabbern gab es da. Anders kannte man
es nicht, und so war man's zufrieden.
Die Hausbewohner freuten sich auf die folgenden Stunden um den
großen Tisch, der zur Ofenbank gerückt wurde, hin zum Kachelofen mit
der Durchsicht, in der Bratäpfel prutzelten und aus dem »Wurzelqwöier«
(Stockholz) – auch Mettenstöcke genannt – bachelnde Wärme ausstrahl-
ten. Nach der Abendsuppe brachte die Hausfrau »Leckerl« (Plätzchen)
und Kletzenbrot, der Hausherr stellte einen Krug mit heißem Most mit

Zucker und Gewürzen drin auf den Tisch zum Aufwärmen für den Mettengang. Mancher von den Alten wußte eine Mettengeschichte zu erzählen, daß in dieser Nacht Brunnenflüsse und Waldbäche Wein spendeten, daß man auf einer Kreuzstraße den Sparifankerl beschwören könne und die Leichenzüge des kommenden Jahres zum Freithof (Friedhof) ziehen sehe, daß die Rösser im Stall in die Zukunft sehen und sprechen könnten. Zum Gruseln war dies schon, man dachte an den bevorstehenden Mettengang, fühlte sich aber jetzt recht geborgen in der warmen Stube.

Die Hausfrau werkelte noch in der Kuchel, bereitete das Boanafleisch (Knochenfleisch), die Leberwürste und das Sauerkraut vor, weil ja die Mettengeher hungrig heimkommen in früher Morgenstund. Eine säumige Bäuerin, welche öfters das Hinterste vor dem Vordern tat, hat sich einmal das Weihnachtskrapfenbacken auf die Mettennacht aufgehoben. Gerade wie sie mit dem Spieß die goldbraunen Nudeln in der Pfanne umdrehen wollte, klopfte es ans Küchenfenster, zwei feurige Augen glotzten herein, und sie vernahm eine knarzende Stimme: »Alte Frettn, geh in d'Mettn, back deine Krapfen nach der Mettn!«

Bevor die Mettenleut sich zum Kirchgang rüsteten, holte der Bauer das Hausgewehr aus dem Kasten in seiner Schlafstube, der Ahndl sein Terzerol. Wie ein Prinz sollte ja das Christkindl empfangen und »angeschossen« werden. Die größeren Buben böllerten mit den Stopslbüchsen. Hat schon eine Mette gegeben in der Mettennacht!

Die Hausschußwaffen wurden wieder geladen, die Kinder gingen zu Bett und träumten von den Christkindlsachen, und die nicht mehr ganz mobilen erwachsenen Familienangehörigen blieben daheim zum Haushüten. Auch in der Heiligen Nacht ist das Böse im Menschen nicht gebannt!

Ös Hirter, ja gfreut enk, ös seids auserkorn,
den Heiland zu sehgn, der im Stall is geborn!

Und so, wie die Hirten nach der Botschaft des Engels auf Bethlehem zu sind, um ihre »Weisat«-Gaben darzubringen, so kommen die Kirchengänger zur Christmette, die heutzutage manchmal von der Mitternachtsstunde vorverlegt ist. Die Stadtbewohner gehen über Plätze und Straßen, von Weihnachtsbeleuchtung erhellt, die Landleute fahren bequem im Auto zur Christmette. Die Kirchen sind bis auf den letzten Platz gefüllt, und der Pfarrer freut sich über den guten Besuch. Ein Aufgebot an Stimmen und Instrumenten umrahmt den nächtlichen Gottesdienst. Das Wetter der Mettennacht kann kaum mehr beeinträchtigen. Ganz anders früher.

Man hatte sich im Kalender orientiert: »Lichte Mette – finstere Stadel, finstere Mette – lichte Stadel!« Die Mondleuchte ersparte die Laterne und verhieß ein fruchtbares Jahr. Auch bei klirrender Kälte, bei Schneesturm oder Regengüssen wurde der Mettengang angetreten. Es ging auf dem Kirchen- und Schulweg über »ecks« der Pfarrkirche zu, nicht auf der längeren Fahrstraße. Von Haus zu Haus wurde der Mettenleutzug länger. »Bist brav gewesen, hat dir das Christkindl ebbs bracht?« hörte man fragen und als Antwort drauf: »Dös alte Spielzeug neu angstrichen« oder »d'Dogga mit am neuchn Gwandl!« Froh gestimmt waren die Kirchgänger, besonders wenn das Wetter einigermaßen manierlich war. Dann kam das Pfarrdorf in Sicht, die Kirche mit den hohen erhellten Fenstern, und die Glocken huben zu läuten an. Obwohl die Kirche ungeheizt damals, auf die Nachtkälte draußen kam es einem schier warm vor drinnen. Die Matutin oder Mitternachtsvesper, auch »Bumperlmette« geheißen, ging dem Ende zu; sie war hauptsächlich eine Sache von Pfarrer und Chor. Es folgte die Krippenlegungsfeier. Der Pfarrer in glänzendem Ornat – begleitet von Ministrierbuben und den Kindern – trug das Christkindl, dabei dreimal das »Ehre sei Gott in der Höhe« singend, durch die Kirche und legte es in die Krippe.

Über feierliche Krippenlegungen, besonders in Klosterkirchen, kann man nachlesen, unsere nüchterne Zeit wußte damit nichts mehr anzufangen. Ich selber denk zurück, daß wir Kinder mit einem brennenden Fünferlkerzl um das Kripperl am Altar standen, beteten und sangen.

> »Im Kirchal drin, da is 's so liacht,
> es funkelt da Altar.
> Im Krippal drin liegt's Kind und spielt
> mit seine kraustn Haar!«
>
> (Max Peinkofer)

132

Max Peinkofer

Mettennacht

Jetzt kimmt dös größa Fest im Jahr,
jetzt kimmt dö schäna Zeit,
denn d' Mettnnacht steht vor der Tür.
U mei, is dös a Freud!

Dös is a Fest, dös Wunda tuat.
Is 's Herz aa krank und müad,
so ist 's ganz gwiß, daß 's um dö Zeit
vom Elend nix mehr gspüat.

A Stuck vom Himmi wird uns gschenkt
mit tausnd liachte Stern.
Doch, wer a rechte Freud habn will,
muaß wiara Kindal wern!

Hell leucht da Schnee im Sternenglanz;
es betn Wald und Feld.
Denn 's Christkindl floigt staad und leis
jetzt durch die ganze Welt.

Und tausnd Engal, dö floingt mit
und singand wunderschä.
Und überm Kirchal, houh am Berg,
da bleibns auf oamal stäh.

Da kracht a Schuß durch d' Mettnnacht,
es zittert jeda Baam.
Da Himmi glanzt; da Schuß, der rollt,
wia wann a Wöda kaam.

Und nachand hebts ös 's Läutn an.
Wia seltsam daß 's heut klingt!
Wia wann a Gsang vom Himmi drobn
auf d' Erdn abadringt.

Und 's Reh lust unterm Tannabaam.
Da Vogl afn Ast,
der schüttlt sö und schaut und specht,
denkt nimma an sei Rast.

Lus nur, du Vogel drobn am Zweig,
dös Läutn ist 's scha wert!
Aso a Musi hast na nia
im Holz heraußtn ghärt.

Lebendi wirds jetzt umadum,
von rundum kemmand d' Leut.
Denn neamad will bei da Mettn feihn,
koa Weg is z' schlecht und z' weit.

Dort hatscht a alta Mann daher,
da stieföd durchn Schnee
a Muattal mit da Stallatern
und schaut voll Freud in d' Höh.

Im Kirchal drin, da is 's so liacht,
es funkelt da Altar.
Im Krippal drin liegt 's Kind und spielt
mit seine kraustn Haar.

Auf oamal wird alls mäuserlstaad,
koan Atm härst mehr gäh;
denn jetzad singan 's Hirtnliad
so hoamli und so schä.

Dazwischn jubelt laut a Geign,
es trillat 's Klarinett.
Dö liabe Frau am Krippal woant,
da Joseph aber bet'.

Und 's Kindal richt' sö auf im Strouh
und schaut uns an und lacht
und gfreut sö selba, wias ma scheint,
jetzt üba d' Mettnnacht.

Franz Ringseis

Wenns Weihnachten werd

Wenns Weihnachten werd,
na nehm mar uns vor,
sam ma nimma so gschert
wia die meist Zeit zuvor.

Laß ma neamd mehr im Stich,
wia der Bethlehem-Wirt,
san fürn Mensch und fürs Viech
a guata Hirt.

Tean ma koam mehr wos zleid,
net Kind, Frau und Mo,
zündt mar a himmlische Freid
in de Herzn o –

net bloß d Kerzn o,
und net bloß heit.
Weil wenn die heilige Zeit
nix ausrichtn ko

wia die Sachan am Tisch,
und a Gans odar an Fisch,
und natürli an Baam –
und a Krippal no kaam –

und vielleicht no d Mettn,
und dann eini ind Bettn
und guat drüba gschlafa –
Und dann wieda raffa,

und d Leit wieda ghunzt,
wia oiwei so gschert:
Dann iss ganz umsunst,
wenns Weihnachten werd,

bloß a Weihrauchdunst –
Dann is s Christkindl geborn
und gschundn worn
und elendig gstorm,

ganz umasunst.

Bruder David von Augsburg

Das ist ob allen Dingen zu wundern

Das ist ob allen Dingen zu wundern, daß ein Kindelein, nicht eine Hand lang, Himmel und Erde beschließet; und daß ein bewindeltes Kind, das Hebens und Legens bedarf, und ein tödlicher Mensch, dem die Seele von Schwachheit ausging, daß der alle Ding aufhebet und berichtet mit seiner Kraft; und daß ein armer Bettler, der nicht hatte, da er sein Haupt neigte, daß er aller Reiche walte im Himmel und in Erde; und daß ein unsprechendes Kind die Engel lehrte und aller Weisheit walte, hoher und niederer. Hiermit hast du uns mehr deiner Kraft gezeiget, daß du schwach stark bist und arm reich und klein groß und kindisch weise, als wenn du große Ding mit deiner großen Macht hättest allein vollbracht. Wir finden an deiner Menschheit die Größe klein, die Länge gekürzet, die Weite geenget, die Stärke geschwächet, die Höhe ermindert, die Reichheit verarmet, die Weisheit vertoret; und was mehr zu wundern ist: diese Torheit ist die höchste Weisheit, diese Armut gibt die übermäßige Reichheit, diese Schwäche füget die ewigen Kräfte, diese Kürze die Ewigkeit, diese Kleine die göttliche Größe.

Aus den Schriften des Bruders David von Augsburg † 1272.

Max Huber

Göttliche Geduld

Weil mia di net suachan,
host du uns hoamgsuacht
in unsana Finstern,
in unsana Furcht.

Doch dankt wird's da wenig,
aber du laßt net aus
und bleibst wiara Liacht
in am finsteren Haus.

Mia suachan uns sejba
und findn uns net,
doch du hast uns gfundn,
und drum is' nia z'spät.

Wer ko dei Geduid, Herr,
dei Liab ganz begreifa?
I daad woi scho längst
auf dö Menschheit da – pfeiffa!

Wolfgang Johannes Bekh

Paradeis

Das älteste Weihnachtslied in deutscher Zunge

Der Baier ist kein Rüpel (obwohl das ein schöner Name ist, nämlich die Koseform für Rupert, aber von Unwissenden übel gebraucht); seine Herkunft, sein Wesen, seine Sprache sind, wie Josef Hofmiller sagt: fein. Das älteste deutsche Weihnachtslied ist ein baierisches Weihnachtslied. Es wird vor dem sogenannten Paradeis, einem von rotbackigen Äpfeln und brennenden Wachskerzen geschmückten Holzgestänge, gesungen – also vor einem sinnbildlich aufgebauten Paradies oder, wie man baierisch sagt, Paradeis. Dieses Lied stammt aus dem zehnten Jahrhundert. Es wird in den baierischen Sprachinseln der sogenannten dreizehn und sieben Gemeinden in Venetien heute noch genauso gesungen wir vor tausend Jahren. In das heutige Baierisch übertragen, das heißt nur geringfügig geändert, lautet das Lied so:

Darnach viatausad Jahr
wia da Adam hat gfehlt,
is kemma aaf de Welt
dar ünsa liabe Gott.

Er is aaf d' Welt kemma
und steht für allweil da,
geboren von Maria,
zon Reichmacha für de Menschen.

Kündt vo de Engeln 'n Schaafern –
was da in Bethlehem is gmacht –
sie gehnt in der Mitternacht
zon Noagn vorn heilign Kind.

Sie findn's in an Kripperl
aaf an Schiebe Hei,
in an grobn Haaderl
und is vo Gott da Suh'!

Geborn in da Winterzeit,
in Armigkeit und Friasn;
's Ochserl alloa mit Blasn
und 's Eserl haltens' warm.

Da sehgt ma-r-an Stern an Himmi:
Drei Manner vo de Morgenlaander
in königliche Gwaander
macha si aaf'n Weg.

Und nach den Zoacha
haan s' vor Sion kemma,
ham den Gott geboren gfunda
z' Bethlehem in an Stall.

Sie noagnt eah alle drei
vor eahm und der liabn Frau
und schenknt, onikniaglt,
Weihrauch, Myrrn und Gold.

O Gott, der alles ko(n):
Zwegn Deiner is da Himmi,
d'Erdn, der Blitz, der Donner!
Und Du – geborn so arm!

Mit derer hochen Schul
Du lernst üns, Vater ünser,
üns andern armen Sünder
an Weg, den ma solln geh'.

Friedrich Deml

Weihnacht im Dom zu Regensburg

Mitten im kalten Dom
Blühte dein warmes Nest,
Heiliges Kind; wir suchten
Deine Nähe und beugten uns.

Wir kamen aus klirrender Nacht,
Aus lauen Stuben und blinden Häusern;
Im gläsernen Sarge lag die Stadt
Und starrte in den Mond.

Wir waren ein rohes Geschlecht,
Unsere Nacken heidnisch.
Mehr als deine Demut priesen wir
Ruhm und Gold und Gier.

Doch das Wunder geschah;
Als der Chor der Knaben
Deine Krippe umhauchte,
Silberne Stimme scholl

Aus dem Gewölbe droben:
Die Verkündigung
Sieh, da schritten die Pfeiler
Durch den steinernen Raum,

Wie geharnischte Knechte
Deinem Winke zu dienen,
Und wir horchten in uns,
wehrten uns wider dein Lächeln,

Bis die Vereisung sich löste,
Unser Blut aufbrach,
Wie ein dunkler Brunnen,
Deinen göttlichen Leib zu umrauschen.

Anton Mayer-Pfannholz

Ein alt-oberbayrisches Weihnachtslied

1. Los', Hiasel, mei Nachber! i muaß da was sagen;
Geh! sitz di zu mir her in d' Stra!
Und was sie hat nachst für a Wunder zuatragen:
Es war mir, mein Oachan! vil z' ra.
Als i bei der Nacht zu mein Schafin wollt schau,
Da is der ganz Himmi voll Feuer und Fackel, ganz roud und ganz brau!

2. D' Sunn hat wahrhaftig um Mitternacht gschina,
I kunt dir all Wunder nit sagn!
All Orten und Enden tuat's glanzen und brinna,
Ha gmoat, es häd's Weder eigschlagn.
Ungfar tat a Liachten von Aufgang entste –
Die Kirzen und Liachter, Laterna und Fackeln sand halb nit so schö.

3. Nachst hat mi a ganzö Schar Engai umrunga;
Sie sand so weiß gwen wia der Schnee;
Das Gloria in excelsis ham s' wunderschö gsunga,
Sie hupfant und springant auf d' Höh.
Mit Pfeifen und Geigna, da kamen s' ma z'gegn;
Recht lusti ham s' pfiffa, mei Dudelsak war grad a Hadern dagegn.

4. Aft sagt glei an Engel, i sült nit derschrecka
Und sült gschwind auf Bethlehem ge;
Aft nam i meine Handschuach, mein Huat und mein Stecka
Und find halt a Kind wunderschö.
Das Kind tat glei lacha, das hat mi recht gfreut;
I glab, es is gscheider als i und mei Vader – sand schon alte Leut!

Fritz Morgenschweis

Oberpfälzer Krippenspruch

Dou liegt des Kind und schaut de a
von seinm kloin Schöppl Strouh.
Du mirkst, öitz laaft da d'Angst dava,
ma würd so fest und frouh.

Wouhär des kummt, ka koina sogn,
des mouma selm dalebn
und wöi an Schotz durchs Joua trogn
und annern davo gebn.

Max Huber

Geburtsdagsliad

Zwoatausnd Jahr sands iazad fast,
seit's dö mit uns ei'lassn hast,
Jesus, du Nazarener!
Da Anfang, der war wirklö kloa,
a Stoi, a Krippn, Kindergschroa,
du warst net zum Dakenna.

Bloß a paar Leut, a Händvoi guad,
hams gspannt, daß dös net a Geburt
wia tausnd andre gwesn:
oafachö Hirtn aufm Fejd
und Weise von ra fernen Wejd
ham in dei'm Wesn glesn.

Erst später dann sands mehra wordn:
dö Jünger, Frauen, Arme, Noarrn
und Krankö, Zöllner, Kinder.
Hoit allö, dö nix z'Hoffa ghabt,
in eanam Lebn san einötappt
ois Schujdigö und Sünder.

Drum ham vui gmoant, dös Sündergfrett
dös waar koa gscheida Umgang net
für'n Rabbi und Prophetn.
Du hast da's gwußt, wia 's Elend duad,
drum warst zu allö Menschn guad,
bsunders zu dö in Nötn.

145

Dö Blindn, dö hast sejhgat gmacht,
zum Hörn dö Taubn wieder bracht,
damits a jeds bedenkad,
daß du für allö 's Liacht da Erd
und 's Wort, dös jedem, wenn a's hört,
a neue Freiheit schenkad.

Dö wenigstn, aa gscheidö Leut,
ham dös kapiert – genau wia heut –
und gmoant, dös müaßat'sd büaßn.
Für dö warst du bloß a Rebell,
Gesetzesbrecher, Teifösgsell,
den s' boid varamma müaßn.

Ham 's Voik aufgwieglt, greizt und ghetzt
und glaubt, wia s' di am Kreiz ghabt zletzt,
du waarst bloß mehr Geschichte.
A Sach, so gründlö wiara Grab
grabad aa dene 's Wasser ab,
für dös' du wahr und wichtö.

Doch 's Kreiz war net dös letzte Wort
und 's Grab aa net da letzte Ort:
du warst net zum dahoitn!
Am drittn Dag warst wieder da,
vui stärker und lewendiga no,
und nix is bliebm beim oidn.

An Pfingstn dann bist brenzlö wordn:
ins laare Stroh der Menschheit gfoahrn,
hast zündlt und hast zundt'n.
Und heut, nach zwoa Jahrtausnd no
brennst in vui Herzn liachterloh,
kö löschn koans dö Luntn!

Ludwig Thoma

Heilige Nacht

So ward der Herr Jesus geboren
Im Stall bei der kalten Nacht.
Die Armen, die haben gefroren,
Den Reichen war's warm gemacht.

Sein Vater ist Schreiner gewesen,
Die Mutter war eine Magd.
Sie haben kein Geld besessen,
Sie haben sich wohl geplagt.

Kein Wirt hat ins Haus sie genommen;
Sie waren von Herzen froh,
Daß sie noch in Stall sind gekommen.
Sie legten das Kind auf Stroh.

Die Engel, die haben gesungen,
Daß wohl ein Wunder geschehn.
Da kamen die Hirten gesprungen
Und haben es angesehn.

Die Hirten, die will es erbarmen,
Wie elend das Kindlein sei.
Es ist eine G'schicht für die Armen,
Kein Reicher war nicht dabei.

Haym von Themar

Aus dem Kindleswiegengesang

Jesus war geboren zu Mitternacht
von einer reinen Jungfrauen,
ein starker Gott in seiner Macht,
der war geboren zu Mitternacht,
ein Kindelein also kleine.

Vom Himmel kam eine engelische Schar,
die lobten Gott den Herren,
des waren die frommen Hirtlein gewahr,
die waren erschrocken und furchtsam gar,
zu denen sagt ein Engel von ferne:

»Ihr Hirtlein, ihr sollt haben kein Scheuch,
sondern euch freuen von Herzen,
denn ich eine Botschaft bringe euch,
die allen Menschen zusteht zugleich,
die soll auch wenden Trauer und Schmerzen.

Denn heut ist geboren ein Kindelein,
Christus von einer Jungfrauen,
den werdet ihr finden in Windelein
zu Bethlehem liegen im Krippelein,
da sollt ihr ihn suchen und schauen.«

Die Hirtlein machten sich auf die Fahrt
wohl nach des Engels Mähre
und fanden zu Bethlehem vor der Stadt
in einem offenen Haus und Stall
Jesum, den gütigen Herren.

Sie fielen für das Krippelein
auf ihre Knie zugleiche
und ehrten das selig Kindelein
mit Maria, der lieben Mutter sein,
von Herzen demütigliche.

Franz Ringseis

A Katastrophn

S Krippal ham ma owaghoit.
Vom Speicha ham mas owaghoit.
Untam Baam ham mas aufgstöit.
Aba d Maria hot gföit.

D Maria hot gföit.
Mir hams einfach net gfundn,
net um olles in da Wöit.
D Maria war vaschwundn.

Jetz kniat da Josef alloa
und rundum die ganz Gmoa,
samt de Heilign Drei.
Nur d Maria is net dabei.

Wos soi ma do macha?
Soi ma woana oda soi ma lacha?
Ob s Christkindl uns dees vazeiht?
Mir san vielleicht Leit.

Franz Ringseis

S Weihnachtspapierl

Wo is denn des Weihnachtspapierl
vom vorign Jahr?
Und dazua des goidana Schnürl,
wo no übri war?

I hobs, wia ma aufgraamt ham,
in de Schuaschachtl to,
wo deine Pömps drin gwen san,
woaßt as scho!

Jetz sog bloß, Annamirl,
du woaßt net, wo s is!
Jeds Johr iss mit dem Papierl
dessöibe Gschiß!

Jeds Johr leg is sauba zamm
und hebs extra auf,
bloß daß mas z Weihnachtn drauf
do nimma ham!

Dees Papierzeigl fuchst mi scho so,
bloß weil is net findt –
Mei Liaba, do frei di na no
auf des himmlische Kind!

Georg Lohmeier

Der Weihnachter

Der Weihnachter, der is früher schon no glei wichtiger gwen als wia 's
Kletznbrout und der Christbaum. Der Weihnachter, der is direkt glei'
nachm Christkindl selm kemma. – A so materiell is der Mensch.
Aber, was taat man denn ohne Weihnachter? Es san z'vuil Leut im Haus,
die können was vertragn dia Tag zwischen der Mettnnacht und Hei-
lingdreikini. Was a gscheiter Weihnachter is, der halt a so lang her.
Gselcht glangt er bis Liachtmessn und weit no in die Faschingstag eini. –
Durchdös schaugt man natürli, daß der Weihnachter ins Gwicht kimmt.
Bei die größern Bauern derf er schon guate drei, vier Zentn schwaar sein.
Und an Schädl muaß er aufhabn, von lautern guatn Fuattern dös ganze
Jahr her, an Schädl, rout und aussergfressn, daß man die Äugerl nimmer
siahgt! – Drum sagt mar aa in dem Sprichwort, wenn oana a rechter
Dicker is und a Vollgfressner: »Der hat an Schä'l auf wiar a Weihnachter.«
Der Weihnachter derf erst an Heil'Abnd abgstocha werdn; oder den Tag
davor. – Dös is a Mordsaufregung! Bis 's Wossa hoaß is, bis der Sautrog
und die Kettn hergricht han, bis 's Saupech z'riebn is, bis 's Beil scharf
gmacht und 's Messer gwetzt is! Da werd der Bauer schier nervös. –
Endli' is gschehgn! Und man kennt's: A Bauer, der wo so a Sau a Jahr
lang hergfuattert hat, der kriagat glei' a schlechts Gwissn beim Abstecha.
– Aber, was taat man ohne Weihnachter?
Iatz kimmt aber erst dös Ürger: Hängt der Weihnachter mit seine zwoa
Hälftn in der hintern Kammer drin, na hoaßt's aufpassn, daß er net
gstoihln werd in der Heiligen Nacht. Weil dös Weihnachterstehln nach
der Mettn, dös is früher im Niederboarischen diam a rechter Sport gwen,
an alter Brauch. A trauriger Sport für die arma Leit, die wo koan Weih-
nachter net ghabt habn. – Aber gstoihln werdn hat grad derfa oan
Hälfte.
Also hat no oans aufbleibn müassn bis zum Hirtnamt in der Früah um
sechse. Meistens wieder der Voda oder aber aa der Bauer selm.
Iatz z'Reamading habens' all Jahr Hochwürden Herrn Pfarrer den halbetn
Weihnachter gstoihln. A so is' der Brauch gwen. – Und die frommer
Diab habn überalln eahnane Platz gwißt. – Da is nia was gredt wordn.

Und aa die Reamadinger Herrn habn si' dia Sittn und Bräuch gfalln lassn. Der neu Pfarrer aber, der in der Ökonomie selm no koan groußn Viehstand ghabt hat – dafür aber a rasse Köchin namens Urschula –, hat in der Mettennacht a ganz a scharfe Weihnachtspredigt ghaltn. Da is vom Christkindl net vuil die Red gwen.

»Meine lieben Pfarrkinder, wenn ihr schon in der Heiligen Nacht eine Sauhälfte stehlen müßt, ihr Diabsgsindl, ihr«, hat er ausgerufen, »nachand bittschön nicht im Pfarrhof! – Meine Köchin nämlich duldet so etwas nicht. Und wenn es heuer wieder passieren sollte, Andächtige, merket wohl auf, dann werde ich denjenigen oder diejenigen zu Ostern nicht absolvieren, wo mir den Weihnachter gestohlen haben. Amen.«

Und der Herr Pfarrer hat sich ins Bett glegt und hat net Weihnachter passt nach der Mettnsuppn wie die meisten seiner Großbauern.

»Die Predigt tuat's amal gwiß.«

Aber die Fräulein Ursula, eine tüchtige Pfarrersköchin noch, eine alte, vorkonziliare, die sich auch wie eine Bäuerin um die Ökonomie gekümmert hat, hatte zu der merkwürdigen Mettenpredigt kein Zutrauen gefaßt. Sie hatte einen listigen, ja sogar hinterlistigen Einfall. Sie ist hergegangen und hat den Weihnachter mit einer Spagatschnur an der Schweinshaxn angehängt. Und das andere Ende der langen Schnur hat sie sich selber im Bett an die große Zeh gebunden.

Und fleißig, um halbe viere in der Früh hat es auf amal in der Pfarrersköchin ihrer Bettstatt die Duckert houchghebt.

»Mariand Josef, der Weihnachter! Die Teifisburschn, die gottlosen!« – Mit oanm Satz is sie in der hintern Kammer gwen. Und da sans gstandn, die überraschten Diab: Der reiche Wirt is aa dabei gwen! –

»Mei«, sagt der Wirt friedfertig – weil dös hat geltn müassn: Wenn man beim Weihnachterstehln derwischt is wordn, nachand hat der Diab stehnbleibn müassn, und es is eahm nix passiert, wenn er se z'kenna gebn hat. – »Mei«, sagt er, der reiche Wirt zu der kuraschierten Fräulein Urschula, »dein Pfarrer taat si' leicht! Der taat oanfach predign, und mir müaßtn Weihnachterpassn! – Und außerdem derfan die altn Bräuch net aussterbn.«

Ja, der Weihnachter! Oan Teifi hat er halt: Je mehrer Weihnachter daß dir schmeckan, desto ehnder kriagst an Schä'l auf wiar a Weihnachter.

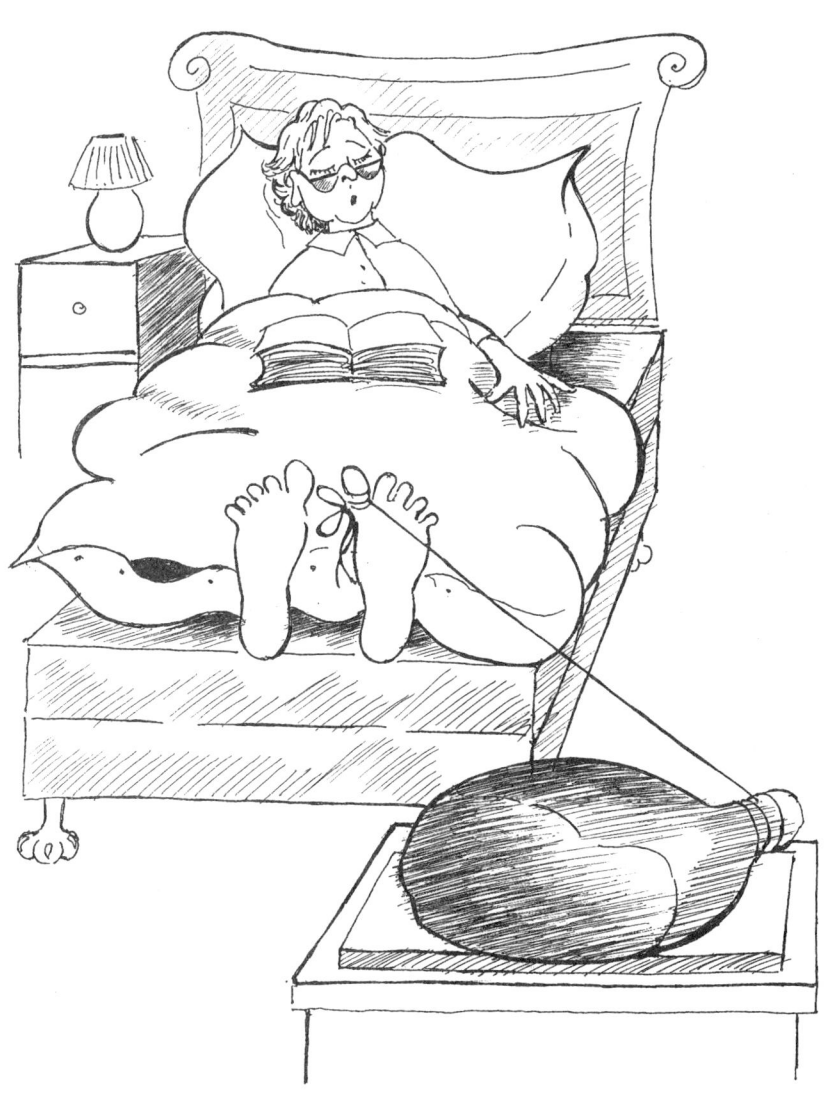

Hanna Walther

D' Mettnsau

»Heit is der bluatige Thamerl!« lachte am Thomastag in der Früh mein Bruder Englbert. Daß da in jedem Dorf, auf jedem Hof im Rupertiwinkel und auch anderswo die Mettensau geschlachtet wurde, das wußte freilich jeder. Und um dieses liebevoll gemästete Schwein, den Weihnachter, drehte sich nun alles Trachten und Werkeln.

»Zwoarahalb Zentner Lebadg'wicht!« rief der Vater stolz zur Haustür herein.

»Daß fei jo de Kloan in der Stubn drin bleibn!« mahnte er.

Mit Schlachtmesser und Schlegelhack bog er sogleich um die Ecke. Hinter ihm hasteten alle Großen mit Strick und Kette, Hafer und Eimer, Kochlöffel und Schöpfer und ließen uns Butzlwar in atemloser, prickelnder Spannung zurück.

Ein lautes Grölen von drüben! Wir zuckten zusammen. Dann war alles wieder still.

Und schon trugen zwei Weiberleut unter geschäftigem Rühren einen Hafen voll Blut in die Waschküche im Zuhaus, gefolgt von einem Knäuel eifriger Helfer.

Dort war schon beim Morgengrauen der große Kupferkessel mit riesigen Buchenscheiten geheizt worden.

Ein Poltern und Stoßen, ein Klappern von Eimern und Rasseln von Ketten war alles, was unsere fein gespitzten Ohren erlauschen konnten. Ab und zu wälzten sich Wolken von Dampf und Rauch durch Türspalt und Fenster und erstarrten sogleich in der frostigen Frühe.

Eine geraume Zeit knieten wir spähend und lauschend auf der Bank hinter den Winterfenstern.

Da! Die Tür zur Waschküche wurde aufgestoßen, und wir waren frei! Ein Schreien und Jagen nach Holzpantoffeln vorm Haus, und schon konnten wir den Weihnachter bestaunen. Da hing er nun schneeweiß und glattrasiert von der Decke herunter. Blankgescheuert und naß war alles: der ausladende Waschtisch zum Hantieren, der riesengroße Backtrog, worin das Bad der Mettensau stattgefunden hatte und in dem mit einer Kuhkette mittels Baumharz und heißen Wassers die starren Schweinsborsten abgerieben wurden. Naß war auch der Steinboden.

Es roch erfrischend würzig nach Fichtenpech.

Mit scheuem Finger betastete ich heimlich den Weihnachter.

Inzwischen hatte sich das emsige Tun auf Küche und Stube, Speisekammer und Keller verlagert. Es klirrten die Herdringe, es lärmte der Schürhaken, es klapperten Kessel und Pfannen, Töpfe und Schüsseln.

»Vergeßts fei beim Sudfleisch 's Greazeig net und an Knofia und de Zwiefe!« erinnerte der Vater. Er war, wie gewohnt, der Chefkoch am Schlachttag.

Da begann ein Reiben und Wiegen, Schneiden und Pressen, Dämpfen und Sieden. Unter dem großen Wiegmesser knirschten Zwiebeln und Knoblauch, schwabbelten Leber und Speck.

»D' Nanni koo 's Lüngerl obschmecka! 's Wurstbraat kost ii!« kam es aus der Küche.

Bald ging's ans Einfüllen von Preßsack, Abbinden von Würsten und Aufgießen von Sulzbrüh auf Knöcherl und Sudfleisch.

»De Bluatwürscht und de Leberwürscht fei jo net kocha! De derfts grod obbrüahn!«

Wenn aber doch ein paar Leberwürste im Kessel platzten, dann lachten wir heimlich, und wir freuten uns um so mehr auf die würzige Britsuppe.

Waren Gesottenes und Gebrühtes, Gesulztes und Gesurtes in Keller und Speisekammer, dann hängte die Mutter eine schwarze Eisenpfanne zwischen die Herdringe und legte bedächtig Knödel um Knödel in das prutzelnde Schmalz.

Da drang ein Duft ganz besonderer Art in unsere witternden Näschen, ein Duft nach Schmalzbacken, Knoblauch und Majoran, sobald sich die Leberknödel kupferbraun umkrusteten.

Wenn abends die Dämmerung in Stube und Küche hereinschaute, dann war das emsige Arbeiten um die Mettensau getan.

Zum Nachtmahl füllte sich wieder die Stube. Die Älteren reihten sich um den Ahorntisch, wir Kleinen löffelten am Hängtisch die ersten Kostproben von unserem Weihnachter.

Ab und zu schaute ich zur Ofenstange hinüber, wo die frische Schweinsblase, zum Platzen mit Luft aus den Lungen der Brüder gefüllt, an einem Leinenzwirn baumelte. Getrocknet würde sie dann der Vater als Tabakbeutel verwenden oder seine Goldmünzen und Silberstücke darin verwahren.

Auf der Ofenbank lag schon der neue Ribia aus Schweinsborsten, der als

157

Bürste bei der großen Wäsche mit dem vielen Leinenzeug recht brauchbar war.

Der Weihnachter aber hing einsam in der finstern Waschküche. Erst am nächsten Tag würde man die zerstückelten Teile in Zuber und Schafferl in die Sur legen.

Die Mettensau galt in manchen Dörfern als Freibeute und wurde, gleich einem Maibaum, ohne moralische Bedenken heimlich entwendet.

Aber ebenso listenreich wachte der Bauer über seinen Besitz. Zuweilen legte er sich höchstpersönlich daneben zum Schlafen, band sich die beiden Hälften an seine großen Zehen oder befestigte zur Warnung Kuhglocken am gefährdeten Weihnachtsbraten.

Georg Lohmeier

Der kleine Weihnachter

Eine jede heilige Zeit hat eigene Festspeisen: Ostern das Osterlamm, der Karfreitag den Karpfen; auf Pfingsten schickt sich gar ein Ochsenbraten. Und an Weihnachten redet man in der Stadt von der Weihnachtsgans. Früher, als die Stadtleut auch noch Schweine gefüttert haben und es noch Rennsäue gegeben hat, haben sie auf Weihnachten auch das Schweinerne gegessen. Denn die Gänse hat man in der strenggläubigen alten Zeit nur auf Martini gebraten.

Die Winkeladvokaten, Stadtschreiber und Magistratsknechte, die Stadtpfeifer und Poeten, die Torwärtl und Flickschneider, die alten Weißnäherinnen und kleinen Logisleut haben sich freilich auch früherszeiten schon mehr an den kleinen Weihnachter, an die Weihnachtsgans, halten müssen.

Die kuraschierten Bäuerinnen sind selber in die Stadt gefahren und haben auf den Märkten, in der klirrenden Kälte, ihre Gänse feilgeboten. Die vornehmen Stadtmamsellen spielten vor den kurz angebundenen Bäuerinnen die schwierige Kundschaft, kritisierten bei der einen Gans die überschüssige Fetten und bei der anderen die grobe, herabhängende Haut. Es kam zu grotesken Szenen und merkwürdigen Dialogen. »Aber meine liebe Bäuerin, diese Gans hat ja eine ganz blaue Brust!« beanstandete die kgl. Frau Unteraufseherin die wohlfeile Ware der Luxbäuerin von Reamading. Aber die Luxin war nicht auf den Mund gefallen.

»Ja sie schaugts o! Ihrer passert die zarte Haut von meinm Ganserl net! Ja leng Eahna Sie bei dera Kältn amal zwoa Tag lang da nackert hera, nachand kriagn S' aar a blaue Haut!«

Was ist denn das beste an der Weihnachtsgans? fragt Archangelus a Sancto Georgio, ein bayerischer Barockprediger. »Nit der Kragen und nit der Flügel, nit das Haxl und nit die Brust. O nein! Das beste an der ganzen Gans ist das Rupfen. Sie lasset sich rupfen bis auf die Haut und ist so ein Symbolum der sonderbaren Lieb des Christkindleins, das sich später hat auch rupfen lassen für uns sündhafte Menschen bis ans Kreuz.«

Georg Lohmeier

Kaiberlheu und Mettensuppn

In Oberbayern wird der Weihnachter auch »Mettensau« genannt. Christlich-menschlicher läßt sich die Volksfrömmigkeit nicht mehr formulieren. Und darf sich nur der Mensch gute Tage antun auf Weihnachtn? Darf nur er sich vollessen mit Gans- und Schweinebraten, mit Stollen und Platzerl? Soll net aa dös liabe Vieh im Stall a bisserl ebbs gspürn vom Heiligen Christ? – I moan ebban schon.

Und net aa die Obstbaam und 's Holz, die Wiesn und Acker? – Die ganze Welt?

Also muß auch zu den Kühen und Kälbern, zu den Rössern und Schweinen das hl. Christkindl kommen.

Was an alte Bäuerin is, a Stalldirn oder a Schweizerin, die woaß'no, daß man am Hei'Obn aar a weng ans liabe Vieh denkt hat frürer.

Unter der Arbet, derweil man zeitlt und fuattert und mist, summts und klingts in oanm oft schon recht christkindlhafti', und man hat allweil a Liadl im Kopf. Bald summt man, bald brummt man wieder: »Geh weiter, Ochs, steh umi und tua no net gar so stinkfei, als waars schon Mitternacht und du standst bereits im Kripperl drin!«

Und wieder singt mar a Weis. – Und nachm letztn Abfuattern steigt man nachand no mal aufi auf d' Obern an Heustock und wirft a weng a Kaibeheu oba beim Loch. A weng mehrer, wia die Kaiben fressen, weil mas heut die altn Küah zuastecka wuil – als a Christkindl!

No freili, sollns aa was gspürn von der heiligen Zeit, die bravn Kuli. A Bäuscherl Kälberheu kriagt a jeds. Aa der alt Ochs, der drauf bereits gwart hat, i kenns eahm on. Da beißt er mit seinm gschleckigsten Mäui. Und wahrscheinli gfreut 'hn 's Wiederkäin no? So vuil guat is für eahm dös Kaibehäui.

> Finster werds, bald allweil naha
> Kimmt die Zeit iatz na' zum Raacha.
> Schon glüahn d'Kohln im Bügleisen,
> Und die Tant singt Hirtenweisen.
> D'Mam' hat mir no in Weihbrunn ton
> A Zweigerl, daß i spritzn konn.

Nach Weihrauch schmeckts gent überall,
Im ganzn Haus und aa im Stall.
Bei die Ross' und bei die Küah
Schmeckt ma' hn no morgn in der Früah.
Mir raachan, spritzn bei die Säu,
Heut kriagt der Ochs a Kaiberlheu.

Aa bei die Hehner habn ma gschwind
As Loch neinblost den hl. Wind.
Die Leggäns ruckan, schnaufar auf,
Die Schaafei bsunders lusn auf!
An Bello in sein alte Hüttn
Muaß i an Weihbrunn einischüttn.

Im Stadl die Heustöck raach ma on,
Im Troadbodn obn as Saamtroad no,
Grad die schwarz Katz, die leckt se d'Pfoten,
Als wisserts nix vom Himmelsboten.
Und kemma zruck – is d' Rauhnacht um,
's Christkindl is drin schon in der Stubn.

Georg J. Glick

Herbergssuche

San no allawaal untawegs,
Maria und Josef,
und soucha a Herberch
fias Kindl:

A Dooch iwan Koopf,
an Schaab Strouh zum Niedalegn,
an Tölla voller Suppn,
a Wärmnis gechas Friern
und gechas Alloasaa
an Ansprach.

Jeda hots.
Und a jeda kannts geem.
Owa es gitt no allawaal
zvüll Wirt vo Bethlehem
aaf unsara Wölt.

Heiner Wittmann

Der Herbergswirt

I bi a Herbergswirt aas Bethlehem. Es gi(b)t an ganzn Haffa vo unserer Zunft durt. I probier amal, ob i mi zruckerinnern ka an döi grouße Volkszählung damals, döi da Kaiser Augustus aasgschriebn hout, weil er s wissn hout welln, wöivül Leit in seim Reich umanandarenna. Und gmacht hout er s ja wahrscheins deszweng, daß er uns nu gröißerne Steuern aaffebrumma ka. –
Kröign ja niat gnou, döi Groußn!
Wöi gsagt: Zouganga is's damals wöi in an Ameisnhaffa. Va üwerall her homs einadruckt. Döi oin aaf de Gaal und de Kamela, döi andern z Fouß. Koi Bettstott houts mäja gebn. Aafn Heu und am Strouh homas unterbrocht. Und wenn ner a Dachl wou gwen und viagstandn is, nou hams dou aa nu biwakiert und gschlouffa.
I woiß, glaab i, den Tog nu, wous kumma san; s is schou duster woan draßn. Da Knecht houts glei gsehng und hout mirs gsagt:
»Dou san nu zwoa kumma.«
»Wer nou?« ho i gsagt.
»A Manna- und a Weiberleit.«
»Homs a Geld?«
»I glaab niat, hom blouß an Esl.«
»Schicks halt hinte zum Viadooch vom Stodl, dou kannt grod nu a Platzl sa!«
Ober da Knecht hout gsagt:
»Döi mächtn a Kamma!«
»Ja bist ganz nasch? – Fir so oarme Fretta?«
Ja, und draaf da Knecht:
»I glaab, des Weiberleit is krank!«
I bi nou selba asseganga und ho a bisserl freindli gschaut und gsagt: »Mei, des tout ma leid! Ober alls is vull. Ho halt koin Plotz mäja! Wou sads n her? Wou stammts no o?«
»Aus Nazareth und vom David sein Stamm«, hout da Fremde gsagt.
»Ja, wos niat goua! Vom Davidl stammts es? Ja sua wos!«
Und denkt howe ma: »Mei, han de owa oarm woan! Und is amal a Kine

gwen!« Und nou ho e de Frau a bisserl agschaut, mei, a jungs, zarts Weiberl! Ganz zammghutscht is's am Esl ghockt.

A ganz blaß, ober a schöins Gsichtal houts ghat. Und mir is ganz sonderbar ums Herz worn, wöi is si sua betracht ho.

»Mei, es tout ma ja leid«, ho e nu mal gsagt, »hechstns am Huf dou hint! An exteras Zimmer, des gäiht niat!«

Draaf hout da Ma gsagt: »Mei Frau is krank! Gäihts wirkle niat? Gäihas, homs a Herz!«

I hobs nou a bissl gnoua visiert, nou howe scha gsehgn, wos gschlogn hout.

»Häjarts, Leit, wennds alloins bleibn wellts und a Dooch üwerm Kopf brauchts heint nocht, nou taat i enk rou(t)n:

Glei hintam Toua va da Stodtmauern dou gäiht a Steich ore, und wennds drunt saads, wenn da Steich aas is, nou sehgts an da Owandn a poar Grottn. Döi nehma d Höita fir d Vöicha her.

Dou kannt Plotz sa! Sads wenigstens fir enk allois und s kost nix!«

Ka Wort hams gsagt. Er hout mitm Kopf gnampt, hout sein Esl am Zügl gnumma, und nou sans im Finstern vaschwundn.

I ho nou nu ganz vadaddert nou gschaut, und i woiß niat –

I woiß heint nu niat, wöi a ma des Ganze daklärn soll.

I hos glei gspannt und gspürt: Dou houst an Fehler gmacht!

Häist niat dou solln! Ober, i sogs enk ehrli: I ho gwieß ka Zimmer mäja frei ghat. Vielleicht häitt e s mei hergebn solln!

N ganzn Abnd bin e ganz däiad gwen, so is ma de Gschicht nouganga und hout me wöi a Staa am Herz druckt.

Karl Heinrich Waggerl

Das Christkind und der Floh

Als Josef mit Maria von Nazareth nach Bethlehem unterwegs war, kam der Engel Gabriel heimlich noch einmal vom Himmel herab, um im Stalle nach dem Rechten zu sehen. Der Erzengel stöberte alles kleine Getier aus dem Stall, die Ameisen und Spinnen und die Mäuse; es war nicht auszudenken, was geschehen konnte, wenn sich die Mutter Maria vielleicht vorzeitig über eine Maus entsetzte! Nur Esel und Ochs durften bleiben. Gut so. Aber nicht ganz gut, denn es saß noch ein Floh auf dem Boden der Krippe in der Streu und schlief. Dieses winzige Scheusal war dem Engel Gabriel entgangen, versteht sich, wann hatte auch ein Erzengel je mit Flöhen zu tun!

Als nun das Wunder geschehen war und das Kind lag leibhaftig auf dem Stroh, so voller Liebreiz und so rührend arm, da hielten es die Engel unter dem Dach nicht mehr aus vor Entzücken, sie umschwirrten die Krippe wie ein Flug Tauben. Etliche fächelten dem Knaben balsamische Düfte zu, und die anderen zupften und zogen das Stroh zurecht.

Bei diesem Geraschel erwachte aber der Floh in der Streu. Es wurde ihm gleich himmelangst, weil er dachte, es sei jemand hinter ihm her, wie gewöhnlich. Er fuhr in der Krippe herum und versuchte alle seine Künste, und schließlich, in der äußersten Not, schlüpfte er dem Kinde ins Ohr. »Vergib mir«, flüsterte der atemlose Floh, »aber ich kann nicht anders, sie bringen mich um, wenn sie mich erwischen. Ich verschwinde gleich wieder, göttliche Gnaden, laß mich nur sehen, wie!« ...

»Spring nur!« sagte das Jesuskind unhörbar. »Ich halte stille!«

Und da sprang der Floh. Aber es ließ sich nicht vermeiden, daß er das Kind ein wenig kitzelte, als er sich zurückdrückte und die Beine unter den Bauch zog. – In diesem Augenblick rüttelte die Mutter Gottes ihren Gemahl aus dem Schlaf.

»Ach, sieh doch«, sagte Maria selig, »es lächelt schon!«

Haym von Themar

Aus dem Kindleswiegengesang

Ein Kindlein in der Wiegen,
ein kleines Kindelein,
das gleißt gleich wie ein Spiegel
nach adeligem Schein,
das kleine Kindelein.

Das Kindlein, das wir meinen,
das heißt Herr Jesus Christ,
das leih uns Fried und Einigkeit
wohl gut zu dieser Frist,
das geb Herr Jesus Christ!

Maria, wir wölln dich bitten
mit deinem Kindelein,
du wöllst uns nit verlassen,
wöllst allzeit bei uns sein
mit deinem Kindelein.

Und wer das Kind will küssen
an seinen roten Mund,
das muß vor beichtn und büßen,
aus seines Herzens Grund
sein Sünden machen kund.

Und wer das Kind will speisen,
das sälig Kindelein,
der muß sich alls Guts befleißen
und leben keusch und rein
wie das sälig Kindelein.

Und wer das Kind will tränken,
das sälig Kindelein,
der muß ihm sein Willen schenken,
dem säligen Kindelein,
und muß sein eigen sein.

Und wer das Kind will wiegen,
das kleine Kindelein,
der muß sein Herz ihm fügen,
so kehrt es bei ihm ein,
das sälig Kindelein.

Max Huber

Dö Hirtn und mia

»Mach koa Daanz und koa Pflaanz«,
hod a Siebngscheida gmoant,
»ebbs glaubn no dean heut bloß dö Dumma!«
Da hob' eam dö Hirtn
vom Hirtnfejd zoagt,
aufm Weg nach Bethlehem umma.

In da Nacht auf da Wacht
do sans lusad wordn
und wartad auf jeden Dag.
Mia aber ham Angst
vor da Staadn, da Ruah,
und 's Wartn, dös is uns a Plag.

Sie war'n hell auf da Stell
für d' Begegnung mit Gott,
garnet draamhappad, grantig und müad,
wia da heidige Mensch,
der sei Lebn vaschlafft
und an Herrgott net inna wird.

Und flugs wiara Luchs
ham's dö Liachtn daspecht
und an Schej' vo dem himmlischn Kind.
Mia badn uns im Flut-
und im Scheinwerferliacht,
doch fürs Ewige samma stockblind!

Sie hörn durch Lärm
no dös göttliche Wort,
doch unsanö Ohrn san vabickt.
Mia hörn bloß uns sejba
und an Gott, der wo schweigt,
weil na unsa Lautn dastickt.

Sie fürchtn dö Liachtn
und san ganz betroffn;
dö Engl, dö setzn ea zua.
Mia fürchtn, ös kaant aa
zu uns oana kemma
und naam uns dö grüawige Ruah.

Sie bleibn bescheidn
für Wahrheitn offn,
dö's bisher net ghört und net gsejgn.
Und mia spuin dö ewign
Bessawissa,
in Wirklichkeit wiss ma gar weng.

Sie glaubn und vatraun
und dafoarn dö groß Freid,
dö d'Hoffart garniamois daschmeckt.
Mia gebn uns recht auf'klärt,
trementern vor Spaß,
hinter dem sich da Un-Sinn vasteckt.

Und schnej auf da Stei
san dö Hirtn zum Habn,
da gibt's net an langa Dischkurs.
Mia dean mit da Wahrheit
Vasteckerl spuin
und b'stejn jedm Zweifö an Gruaß.

169

Und gschwind wia da Wind
laufands' Bethlehem zua,
und sie kennand koa Zaudern, koa Zagn.
Uns Loamsiada braachtn
drei Ross net dazua,
wer's probierat, der müaßat uns tragn.

Zum Dabarma, dö Arma,
fürs göttliche Kind
gaab a jeda dös Letzte no her.
Und mia hama oiß,
doch vo uns ko nix weg,
mit'm Hergebn, do dean ma uns schwer.

Sie san Feuer und Flamme
vorm Wunder der Nacht
und möchtn 's laut aussöschrein boid.
Mia aber san letschad,
uns fangt drum koa Gluat,
um uns umadum – da is koid.

Mit am Blanga zum Danga
juwön's auffö in' Himmö
für oiß, was' dalebt und dafoarn.
Mia mandln uns auf
und moanand großmächtö,
was ma san, was ma hamand – mia Noarrn.

Sinnier's und studier's,
wia's dö Hirtn probiert.
Wer sö aufmacht erst, der kommt vom Fleck.
Wer oiwei nur zweiföt
und bloß hinterfragt,
kimmt nia aufn richtign Weg.

K. Huber, L. Simbeck

Jatz los, liabe Nachba

1. Jatz los, liaba Nachba, mit Fleiß,
Heut hörn ma ja wiedrum was Neu's:
Gestern um Mitternacht
Hat der Bua Botschaft bracht,
Daß Gott als Mensch is geborn
Und gar a kloans Buaberl is worn.

2. Geh, Nachbar, mach di auf di Roas,
Und ob schon den Weg koana woaß,
Du nimmst Mehl, Schmalz und Oar,
Und du a Kitz a zwoa,
An Budern muß ma ane noa tragn,
Sie müaßn all drui z'essn ham.

3. Jetzt müaßn ma schleuni wohl geh'
Und müaßn auf Bethlehem geh',
Drunten in Bethlehem
Zum liabn Jesulein.
Es wär ja a wunderschöns Kind,
Es leit zwischen Esel und Rind.

4. Geh, Nachbar, tua 's Hüaterl rucka
Und tua di schön frei(n)dli bucka.
Und wann ma einigehn
Und sehn dös Kind, dös schön,
Aft falln ma all nieda auf 'Knia
Und betn dös Kind o als wia!

5. O Jesulein, um was i di bitt,
Gehts zum Sterb'm, verlaß ins du nit!
Du kannst uns alles gebn:
Gsundheit, Wohl, langes Lebn.
Ums Himmelreich i di nur bitt,
O Jesulein, verlaß ins nit!

Georg J. Glick

Vor der Krippe

Woos? – Du sollst as Christkindl saa?
Schaust wäi mei Bräiderl draa
drin in da Wöing ...

Naa! – I siech da nix Halichs o.
Bloß Költn hengt an dir dro,
kannst dFinga kaam böing ...

Woaßt woos? – Gäih mit mir hoam.
Hot Gott scho koan Dabarm,
bei mir sollstn kröing ...

Virgil Haselberger

Weyhnachtslied nach der Mundart der Bauersleute in unserm Gebürge

Steh auf Stöffel, steh auf Lippel,
Weils der Engel nöt nochgeit!
Läffts mit mir fein gschwind zum Kripel,
Und seyds bey den Raisen gscheid.
Sechts wie scho dort scheint die Sona,
Wies' erleucht ganz Bethlehem!
Gläbts mir, meine liebe Mona,
Dieß ist 's rechte Zaicha ebm.

Gläb, ös trämtä, wills weißmacha,
Daß vorbey sey schon die Nacht,
Sagst uns vor so närrsche Sacha,
So uns all baid lacha macht.
Habma uns jo käm glögt nida,
Und ä weni grögt und gstranzt,
Schreyt dä närrisch Hänsel wida:
Stehts auf, enk nöt lenga ranzt.

Gräfft wäs [gerauft wär's] Stöffel, gräfft wäs Lippel,
Wenn nöt d'Engel dort beym Stall
Sungän, daß Gott läit im Kripl,
Der da Fried schafft überall.
Sie bezeug'n, daß uns gebohrn
Sey ein König dort auf Erd',
Und ein Stall hat er erkohrn,
Daß er Heyland gnennet werd.

Jetzt hasts troffa, wann ists g'schecha?
Wann hat si die Sach zuetragn?
Was für Alta hats no gsecha?
Wer ka von dagleicha sagn?
Mainst, es wern im Stall grad gworffa
Unsre Kini auf der Erd?
Wie Bauernbuema da und z' Dorffä,
Seind meinaichel mehra werth.

Wie, schau Lippel, schau was Liechta
Dort bey Bethlehem seyn gstöckt.
Wisch dä d' Augn aus, däst wirst niechta,
Hasti lang gnue gstranzt und gströckt.
Es mueß jo ä grausams Wundä
Dort vorbey geh in dem Stall,
Doß ma zöln ka mehr jezundä
Liechta als im Himmelssaal.

Höts nöt glabt, was jetzt thue seha,
Drum laßt uns fein gschwindi göh,
Daß mä, was für Wunda gschecha,
All droi köna recht verstöh,
Wann dort ist gebohrn ä Kindl
In dem offna freya Stall,
Für den Frost glegt jo kein Windl,
Dann d' Kält kan ein überall.

Drum will ich ä Lämel nehma,
Mit ain guetn Pelzl gschwind,
Oes zwai derfts ä lain nöt kömma,
Nimm ä jeda, was er find.
Kinnens Lämpel gschwind ausziecha,
S' Kind ins Pelzl wickeln ein,
Da mueßn Kälten weicha, fliecha,
Und s' Kind ko einschlaffa fein.

I nimm Ayr und nimm ä Milli,
Und dazue a weni Salz,
Das gib ih dem Kindl willi,
No dazue ä Mehl und Schmalz.
Nimm mit mir ä Fiederl Scheita,
Daß ä Miesl für das Kind
Kocha ko, derff göh nöt weita,
Läffts mä Brüeda, laffma gschwind.

Weils ös Gschenk habt für die Mueda,
Fürn Vadern und fürs Kind,
Will ih mit mir nehma s' Fueda
Für den Esel und fürs Rind.
Wanns im Stall thiets einikömma,
Fallts glei nida auf die Erd,
Da werds Wunda erst vernehma,
Däßt den wahren Gott verehrt.

Sieh mein Kindl! weilst aus allen
Dir uns Hirten hast erwählt,
Und an uns tragst groß Gefallen,
Zur Anbethung uns hast bstellt:
Nimm an diese schlechte Opfa,
Gläb, daß wirs aufrichti main,
Seind halt arme schlechte Tropfa:
Gib, daß ma unsre Sünd bewain.

Max Huber

Stern über Bethlehem

Stern über Bethlehem,
zoag uns an Weg,
leucht uns zum Kripperl hi,
zoag uns, wo's steht,
hoit mit dei'm Funkln aus,
leucht net danebn,
d' Wejd findt an Weg sunst net
nach Bethlehem.

Stern über Bethlehem,
und san ma dort,
blenkert's fei bsunders hell
an diesem Ort.
Kunnt leicht sei, daß ma's sunst
gar übersehng:
's Wunder vo dera Nacht
in Bethlehem.

Stern über Bethlehem,
leucht in uns nei,
daß a weng heller wird
von deinem Schej;
daß a weng liachta wird
in unserm Lebn,
ist Gott a Kindl wordn
in Bethlehem.

Stern über Bethlehem,
lösch di net aus;
leucht no dös ganze Jahr
in unserm Haus.
Daß ma uns b'sinnen drauf
und danach lebn,
was ma erfahren ham
in Bethlehem.

Heiner Wittmann

Der Hirt

A Hundskältn is gwen in da sellern Nocht – i woaß's no guat –, und d Sternla hom unbande vom Himml owablitzt. D Schouf hom se zammdruckt und gegnseite gwirmt. Mia hom a gscheids Feia azundn und gheri Hulz eineghaut, daß uns a bißl woarm worn is.

Mittn in da Nocht owa san d Schouf ganz sirat worn, und mia hom uns niat denka kinna: »Warum ner grod? Wos homsn heint wieda? Is da Wolf dou? Oder wos is?«

Aba nacha is döi Gschicht glei nu ganz anders worn.

Aaf amal hout uns goua nimma gfrorn, und sua seltsam hell und löicht is' worn, und dann is aaf amal a Engl dougstandn. Gscheit san ma daschrocka!

Aba dea Engl hout gsagt: »Fürchts enk niat! A grouße Freid mecht i enk sogn: Heint is enk endlich dea Heiland geborn. Und daß z es gwieß wißts: Wennds a Kinderl finds in Windln und in ara Krippn – des is's!«

Und wiara des gsagt ghat hout, dou woara aaf amal goa nimma alloins, sondern a ganza Haaffa Engl san dou gwen und hom gsunga und gjubelt.

»Gebts Gott die Ehr! Nou houts aar an Friedn aaf da Welt.«

Und nacha woarns wieda furt.

Mia hom uns d Augn griebn, hom uns grouß und kloi agschaut und hom uns gfrougt:

»Homma des traamt oder is' woua?«

»Ja, dou möi ma glei hi! Dou möi ma glei schaua, wöi des mit dem Messiaskind is!«

Und so homma d Schoufvöicha sa loua und samma grennt wöi da Wind, hi zu da Grottn, zu dean Stoll, wou döi Krippn san.

Und nacha homma gsehgn, daß des alls stimmt, wos der Engl uns gsagt hout. Is doch des oarm Botscherl wirkle in ara Fouttakrippn dringlegn, und sei Vatta und sei Mutta – Maria und Josef homs ghoißn – homs ganz glückle agschaut. Dou samara ganz staad worn, hom uns hiknöit und hom uns gfreit, daß mir oarme Höiter de erstn gwen san, wou des himmlische Kind gfundn hom.

A sechane Freid homma ghat, daß ma uns nu lang niat dafangt hom, und

sua selich is uns ums Herz gwen, daß ma dös a Lebn lang nimmer vogessn hom, und oft homma uns nu gfrougt: »Wos is ebba as dem worn?«
Und dann homma uns träist und gsagt: »Da Herrgott werds scha wissn,
warum döi Gschicht so aganga und wöis nacha aas worn is!«

Max Huber

Was hod denn dö Hirtn nach Bethlehem triebn?

Was hod denn dö Hirtn
nach Bethlehem triebn,
warum sans in da Nacht
bei da Herdn net bliebn?

Bleibads'd du ebba knocka
und waarst net daschrocka,
wann zu dir oana kaam,
den'st net denkerts'd im Draam?

Was hod denn dö Hirtn
nach Bethlehem triebn,
warum sans in da Nacht
bei da Herdn net bliebn?

Waarst du net aufgsprunga,
hätt dir oana gsunga
a Botschaft so nah,
daß'd merkst: 's geht di o?

Was hod denn dö Hirtn
nach Bethlehem triebn,
warum sans in da Nacht
bei da Herdn net bliebn?

Waarst du zum dahoitn,
wannst bisher nix goitn,
gor a Engl dir sagt:
grad du waradst gfragt?

Was hod denn dö Hirtn
nach Bethlehem triebn,
warum sans in da Nacht
bei da Herdn net bliebn?

Weils no hoffa ham könna,
sich ans Lebn net gwöhna,
dös, laar ohne Sinn,
bloß a so treibt dahin?

Was hod denn dö Hirtn
nach Bethlehem triebn,
warum sans in da Nacht
bei da Herdn net bliebn?

Wei vui eher dö Arma
für Gott sich dawaarma
ois dö Reichn und Stoizn,
dö neamd ko daschmejzn:

für Gott in a'm Stoi
muaß ma laar sei, - net voi!

Schauet auf, ihr Hirten

Schauet auf, ihr Hirten,
Seid alle getröst,
Schauet auf gen Himmel,
So schön is nie g'west.

Wenn alle Stern glänzen,
Sie geben uns den Schein,
Sie laden uns alle
Ins Himmelreich ein.

Te Deum laut auf,
Und im Wald hallt der Kling,
Da hör' ich eine Musik,
Eine Musik, die singt.

Drauf ham wir verstanden,
Gehts Hirten, laufts gschwind,
Da werdet ihr finden
Das göttliche Kind.

Mit samma glei gloffa,
Hamma g'sucht überoi,
Hamma Jesum gefunden
In Bethlehems Stoi.

In Bethlehems Stoi,
Auf Stroh und auf Heu
Jesus, Maria
Und Joseph dabei.

Ihr heiligen drei König,
Wo wollt ihr denn hin?
Nach Bethlehems Stalle
Ward unserer Sinn.

Ihr heiligen drei König,
Wo kommt ihr denn her?
Ihr habt ja kein Gold
Und kein Weihrauch nicht mehr.

Gott Vata, Gott Sohn
Und Gott Heiliger Geist,
Dös san die
Allerheiligsten Dreifaltigkeit.

Georg Lohmeier

Der Engelshauch

Auf Weihnachten ist's überall schön in deutschen Landen, im Gebirg'
und im Moos, zwischen den Hügeln und in den Städten. Ein verschnei-
ter Wald freilich, ein zugefrorener Bach, ein Dorfweiher zum Eisschießen
und Fellererbäum' in den Auwiesen, stattliche Bauerndörfer, Weiler und
Einöden – und die Salzach als Grenzfluß, das ist was Besonderes. Zwar,
das Innviertel ist ein Bauernland wie Niederbayern, wie das Rottal
drüben: die gleiche Ökonomie, die gleichen Bräuch', und die Leut' reden
auch bayerisch, nur halt schon ein wenig weicher, österreichischer.
Zwischen Burghausen und Ried, zwischen Braunau und dem Salzburger
Land, das ist eine Gegend, die sich das Christkindl hätte aussuchen
müssen, wenn es in Europa hätte geboren werden wollen. Liab die Leut
und musikalisch hoch begabt. Die meisten bayerischen Weihnachtslieder
stammen aus der Gegend; auch das berühmteste Weihnachtslied der
ganzen Welt, das »Stille Nacht, heilige Nacht«. Und auch sein Kompo-
nist ist ein Innviertler, der Lehrer Franz Xaver Gruber, geboren in dem
Bauern-Pfarrdorf Hochburg, Rentamt Burghausen in Kurbaiern. A liabs
Liadl, a frumms! Stille Nacht, heilige Nacht. So oft kann's gar net gspuilt
werdn, daß oan dös Gsangl nimmer gfalln kannt. –
Stille Nacht, heilige Nacht! Kriagts Salzburger Landl wieder an Fürsterz-
bischof? Werd's boarisch oder österreichisch?
An unruhige Zeit, damals vor guat 160–170 Jahr. Drum is ja dös Liad aa
so fein wordn! – Da steckt a tausendjähriger fürsterzbischöflich-bayeri-
scher Glaubn drin in dem Liad.
»Holder Knabe im lockigen Haar!« – Ein Engerl schwebt in jedem Hauch
von dem Liad! Oaner von die bethlehemitischen Hirtenengeln und vom
Frieden der Menschen herunt.
Net in einhundert Konzelebrationen heutiger bischöflicher Gnaden ist
ein Bruchteil so vuil Liab und Frömmigkeit, so vuil guate Wahrheit und
Hoffnung als wia in dem Liadl.
Drum is' aa von eahm selm in der ganzn Welt bekannt wordn, ohne
Propaganda und ökumenische Aktionen, ohne Konzil und Papstreisen.
Man singt's in Japan und in China, in Rußland, Amerika und Afrika.
Ohne Rundfunk singt ma's und ohne Fernsehen. Ganz von eahm selm
seit über hundert Jahr. »Stille Nacht, heilige Nacht!«

Christine Blumenschein

Aphorismus

Wenn um Weihnachdn
da Schnäi
olles zoudeckt
wiad doch desweng
wos schwoaz is
niad weiß

Josef Lettl

's Christkindlpackl

»Alle Jahre wieder ...« kam es, gemeint ist aber hier nicht das Christkind, sondern das Christindlpackl.

Meines Vaters älteste Schwester, die Tante Anna, hatte in München einen »Tante-Emma-Laden«. Alles, was man so zum Leben braucht, vom Zucker bis zum Salz, von den Pfefferminzkugeln bis zur Schokolade, das gab es bei ihr zu kaufen, und die Ladentür ging fleißig. Wir daheim waren Selbstversorger. Gselchtes, Bauernbutter, Schweineschmalz, Dörrobst, das hatten wir anzubieten; die Waren der Tante aber mußten wir erwerben. So wanderte alljährlich in der vorweihnachtlichen Zeit ein Packl nach München, und die Tante hat sich bestimmt gefreut über die Grüße aus der Heimat.

Ich war im vierten Jahrgang, in der großen Schule also schon, der strenge Hauptlehrer war im Krankenstand, und eine sehr brave Lehrerin tat Aushilfe. Am letzten Schultag vor den Weihnachtsferien, dem Tag vor dem Heiligen Abend ist es gewesen: Weihnachtliche Lieder durften wir singen, es kam der Herr Pfarrer und verteilte Fünferlkerzen für die Krippenlegungsfeier vor der Christmette. Nachher bauten wir gemeinsam auf einem Tischl vor dem Katheder das Schulkripperl auf, Stall und Figuren waren aus Pappe mit reizvollen Drucken darauf. Ich hatte vom Gerstlholz silbrige Tannenästel mitgebracht und Föhrenrinde. Die Zweige ergaben den Wald im Hintergrund. Zum Schluß sangen wir, alle um das Kripperl stehend, »O du fröhliche ...«. Das Schulfräulein holte die Guttlsäcklein herunter, welche wohl das Christkindl über Nacht für die Braven und Fleißigen am Adventskranz an der Schulzimmerdecke aufgehängt gehabt hatte. Gegen elf Uhr wurden wir in die Ferien entlassen. Wir wünschten »frohe Weihnachten«, und eilig und freudig gestimmt ging es der elterlichen Behausung zu. Dort wartete eine weitere Freude. Der Postbote Maier hatte den Paketabschnitt gebracht, darauf der Absender: Tante Anna aus München. »Heuer dürfen wir das Packl holen«, bettelten meine Schwester und ich. »Das dürft ihr schon, aber erst morgen, heute habt ihr schon über zwei Wegstunden hinter euch!« so bestimmte unser Vater, und von den Großen hätte wohl eh kaum jemand Zeit gehabt.

Schon zeitig waren wir munter an diesem Heiligabend, es war ein rauchiger, windstiller Wintertag. Eine Schneedecke lag, und »Reim« an Bäumen und Zäunen hatte eine weihnachtliche Winterlandschaft gezaubert. Nach der Morgensuppe zogen wir die eingefetteten Lederschuhe an, ich die dicke Überjoppe, die Schwester den Schulmantel, jedes eine Wollmütze auf, die Hände in Fäustlingen, welche an einem Bandel über die Schulter hingen – da konnten sie nicht verlorengehen –, so zogen wir beide los. Im Osten begann es rot aufzudämmern, und der Vater meinte noch: »Der Schnee blüht!«

Der Weg bis Emmersdorf war uns vom Kirchgang her schon bekannt. Zunächst ging es an unseren ausrastenden Feldern der Habacher Breiten vorbei, nachher durchs Solla-Holz, aus dem wir letzten Herbst reiche Schwammerlernten geholt hatten. Vom Solla aus sieht man ins Sulzbachtal hinunter, zu unserer Mühle, die versteckt aus dem Erlengesträuch hervorlugt.

Irgendwo schrie ein Schweindl jämmerlich. Es mußte wohl als Weihnachter dran glauben. Wir beiden waren froh, als es verstummte, froh auch, daß daheim die Hausschlachtung schon vorüber war. Heuer hatte der Körbizäuner-Brandmetzger das Werk vollbracht; ein Fettschwein mit über drei Zentnern lieferte den Weihnachtsbraten. Wir waren Gott sei Dank in der Schule gewesen.

Wir kamen nach Emmersdorf hinein. Aus »unserer Schmiede« an der Bachbrücke rauchte heute keine Esse mehr. Der Heilige Abend durfte nicht entweiht werden. Die beim Bäcker im Schaufenster liegenden Lebkuchen und Gebäcke »glangerten« (reizten) uns nicht, wußten wir doch, daß die Mutter – und wir hatten beim Backen mithelfen dürfen – einige große Blechdosen mit Butterleckerln und Lebkuchen verwahrt hielt. Die Christbaumkugeln und Spielsachen in den Auslagen des Geschäftes der beiden Buchnerschwestern waren uns schon einige Blicke wert. Nun ging es ein Stück das Sulzbachtal abwärts, und dann lag es vor uns, Haidenburg mit seinem Schloß auf der Höhe. Die Poststelle war in einem Haus am Fuß der Anhöhe untergebracht. Schön warm war es drinnen, und erst jetzt spannten wir, daß wir durch einen schneidig kalten Wintervormittag gewandert waren. Einige Postkunden waren vor uns, die einen holten Post, andere gaben – wohl schon etwas verspätet – noch welche auf. Wir zeigten dem Postfräulein unseren Abschnitt, es war eine untersetzte Frau mit strenger Haarknotenfrisur, die uns durch die Augengläser recht dienstlich anschaute. Schnell hatte sie aus der Menge

der am Boden stehenden Pakete das unsere herausgefunden. Wir nahmen es, sagten, wie uns aufgetragen, »schöne Feiertage« und waren draußen.

Jetzt erst musterten wir das Packl, wir wußten ja, daß es ein Christkindlpackl war: säuberlich in braunes Papier verpackt und mehrfach über Kreuz verschnürt, sein Gewicht fast einen viertel Zentner. Ich konnte das gut schätzen, weil ich meinem Vater bei der Äpfelernte Halbzentner-Kistel tragen geholfen hatte.

Zwei »Packlträger« (Holzgriffe, welche man an der Schnur einhaken konnte) hatten wir mitgenommen, die wurden an beiden Seiten befestigt. Froh gestimmt, beladen mit dem Christkindlpackl, machten wir uns sodann auf den Heimweg. Einige Male setzten wir ab und wechselten, damit auch der andere Arm zum Tragen kam und der eine ausrasten konnte. »Ein ganz schönes Gewicht, was wird wohl drinnen sein?« meinte die Schwester.

Es war schon zwölf Uhr mittags vorbei, als wir mit dem Packl daheim in die Stube traten. »Tuts gleich die Schuhe herunter und wärmts euch am Kachlofen, ich bring nachher die Erdäpfelsuppe« – bei der die Leute an Heiligabend gefastet hatten –, so empfing uns die Mutter. Das Packl verschwand sofort nach oben. Uns schmeckte die heiße Suppe nach dem harten Gang, und die Mutter gab uns dazu ein frisches Schweineschmalzbrot. Das Fast- und Abstinenzgebot war ja ab zwölf Uhr vorbei. Es wurde uns empfohlen, wir sollten uns auf dem Kanapee ausrasten, da es ja um halb elf Uhr nachts aufbrechen hieß zur Mitternachtsmette. Wir trieben uns aber lieber draußen umeinander in den Ställen und im Hof, wo überall aufgeräumt und vorbereitet wurde für die festlichen Tage. Die Männer kehrten die Ställe aus, striegelten und bürsteten die Rinder und sorgten für reichlich Streu.

Um es kurz zu machen: Mit der Mitternachtsmette ist es für uns zwei Christkindlpacklträger dieses Jahr nichts geworden. Der Schlaf hatte uns übermannt, und draußen hatte es zu schneien begonnen. Wir marschierten am Weihnachtstag zum Festgottesdienst und zur Krippe.

Unter dem Christbaum in der oberen Stube aber lagen begehrenswerte Sachen: Orangen, Feigen, Datteln, Pralinen, gefüllte Schokolade, ein Auto, ein Puppenküchenofen; auch am Baum hingen Zucker- und Schokoladesterne, welche nicht aus Mutters Küche waren. Und wir glaubten zu wissen, warum das Packl ein solches Gewicht gehabt hatte.

Max Peinkofer

Die himmlische Liegerstatt

Wenn ich Vereinsamter schlicht und still meinen Heiligen Abend feiere, stelle ich neben dem kleinen Christbaum drei mir sehr teure Dinge auf. Da ist einmal die schöne alte Barockkrippe, die ich vor langen Jahren in Salzburg erwerben konnte. Daneben steht ein ganz einfaches Likörglas. Ich brachte es damals ebenfalls aus Salzburg mit, als ich die Nachkommen des Lehrers Franz Gruber besucht hatte, dem wir unser volkstümlichstes Weihnachtslied verdanken. Aus dem Nachlaß Grubers stammt dieses Glas. Dazu kommt auch ein weihnächtlich klingendes altes Kleinod – nein, ich will von vorne anfangen.

Ich war ein Bub mit zehn oder elf Jahren, als mich der Onkel meiner Mutter, der Hannesl-Vetter, überredete, bei ihm einige Tage vor dem Weihnachtsfest eine Nacht zu verbringen. Dann könnte auch ich einmal, wie er, auf einer »himmlischen Liegerstatt« schlafen. Dies Zauberwort tat es dem Kind, schon damals recht weihnachtsselig, an. Und ich ging mit ihm.

Der Hannesl war ein alter Junggesell, klein von Wuchs, immer fröhlich und mitteilsam. Wie meine Mutter wußte er ebenfalls die schönsten Geschichten und Märchen zu erzählen, wenn er zu uns in den Marktflecken, in das Schmiedhaus kam. Er gehörte einer längst ausgestorbenen Handwerkerzunft an, den Störschneidern. Mit geringem Werkzeug ging er von Hof zu Hof und schneiderte aufs sorgfältigste den Mannsbildern, Burschen und Buben ihre Monturen, machte aus alten Kleidern neue und flickte Zerrissenes aufs beste. Die neumodische Nähmaschine haßte er und benötigte er nicht. Er machte auch ohne sie die saubersten Stiche. Überall war er gern gesehen. Denn er brachte Frohsinn und Leben in die Bauernhöfe, in die Spinnstuben und in den fröhlichen abendlichen Heimgarten, in denen er bis tief in die Nacht hinein seine Geschichten und Schnurren auftischte.

Er wohnte in jenem weltfernen waldumschlossenen Häusl, darin auch meine Mutter, Kind sehr geringer Leute, ihre Jugend verlebt hatte. Eine Kindheit in großer Dürftigkeit, aber doch gesegnet mit vielen reinen Freuden, den Freuden des einfachen Lebens. Dort hatte der Vetter sein kleines Austragsstüberl, in das er am Samstag heimkehrte, darin er ausrastete und sich selber kochte. Jedes Jahr setzte er eine Woche vor der Mettennacht mit der Störgeherei aus. Er blieb zu Hause und bereitete sich in Stille und inmitten tiefverschneiten Hochwaldes auf die Geburt des Christkindes vor.

Es war drei oder vier Tage vor Weihnachten, als ich mit dem Vetter durch tiefen Schnee, heftiges Wacheln und eisige Kälte der Öd zustapfte, dem weiten dichten Wald, in dem seine einschichtige Behausung lag. Den langen Weg verkürzte der freundliche Alte mit hübschen Geschichten. Ich hörte aber diesmal nicht so aufmerksam zu wie sonst. Denn mein Herz war schon ganz eingestellt auf die wunderbare »himmlische Liegerstatt«, unter der ich mir etwas wirklich Himmlisches vorstellte. Immer wieder fragte ich ihn, wie diese wohl aussehe. Aber er wehrte jedesmal kurz ab: »Laß dir nur Zeit, du wirst es schon sehen!«

Es dunkelte schon, als wir endlich das Waldhäusl erreicht hatten. Die kleine niedere Stube war noch bacherlwarm. Der Vetter zündete das kleine Öllamperl an, hieß mich an den Tisch setzen und machte sich als Koch zu schaffen. Dann setzte er das Nachtmahl auf, saure Milchsuppe mit Kartoffeln, also dasselbe, mit dem wir uns zu Hause auch jeden Werktagabend zu begnügen hatten.

Es war das armselige Stüblein, das ich so gut kannte. Kachelofen, Bett und Tisch, ein schmaler Kleiderkasten, schön bemalt, eine bescheidene Anrichte, darüber der Schüsselkorb, überm Tisch ein kleines Kruzifix und zwei Hinterglasbilder, das war alles. Es genügte dem immer zufriedenen und immer glücklichen Menschen. Das Bett mit dem Strohsack, dem harten Kissen und dem Tuchent mit buntem Überzug aus grobem Leinen sah nichts weniger als »himmlisch« aus.

Der Vetter hatte den Tisch abgeräumt und wieder alles in Ordnung gebracht. Er tat schon ein paar feste Buchenscheiter und Tannenzapfen in den Herd und steckte mit einer gewissen Feierlichkeit auch einen großen Buchenklotz, den Mettenbinken, in das Ofenloch, damit ja das Feuer nicht ausgehe in der langen heiligen Mettennacht, wie es uralter Brauch weiß und will. Den Mettenbinken hatte sich der Vetter schon im Sommer zurechtgerichtet und seither sorgsam verwahrt. Bald hörten wir nun schönste winterliche Ofenmusik.

Dann zog er die alte Legende aus der tiefen Fensternische und las von Joseph und Maria, wie sie einst auf langem, mühsamem Weg von Nazareth nach Bethlehem gewandert sind, dem größten Heilswunder der

Menschheitsgeschichte entgegen. Als wir hierauf den Rosenkranz gebetet hatten, war es fast neun Uhr, meine Schlafenszeit angebrochen. Ich fragte: »Was ist es denn mit der himmlischen Liegerstatt, Vetter?« Er lächelte: »Erst muß ich dir die Augen verbinden. Inzwischen baue ich die himmlische Liegerstatt auf.« Er legte ein dickes Tuch um meine Augen und gebot mir, mich völlig stille zu halten und keine Fragen zu stellen. Ich folgte, fast ein wenig erschrocken, diesen Anweisungen.

Der Alte ging hinaus, blieb eine Weile weg und kam wieder, mit langsameren Schritten als sonst. Dann begann etwas auf dem Fußboden zu rascheln, ganz seltsam, und das dauerte eine Weile, worauf meine Blindheit wieder beseitigt wurde. Was sah ich jetzt? Der Boden der Stube war dicht mit Stroh belegt. Ehe ich fragen konnte, was das zu bedeuten habe, gab mir der Vetter die Erklärung: »Jetzt ist Advent! Und bald haben wir die hochheilige Mettennacht. Da muß man jetzt fasten und Buße tun. Und weil Joseph und Maria im Stall von Bethlehem auch kein Federbett gehabt haben und das Christkind in der Krippe auf Heu und Stroh hat liegen müssen, sollen auch wir uns mit einer ganz einfachen Liegerstatt zufriedengeben. Denn das Stroh ist in dieser heiligen Zeit wahrhaftig die rechte himmlische Liegerstatt!«

Wohl war ich ein wenig enttäuscht und verwundert, weil mir das alles so gar nicht himmlisch vorkam und ich mir etwas recht Großartiges, etwas wirklich Überirdisches erwartet hatte. Aber weil es der gute Vetter so wollte und schließlich auch dieses Strohlager etwas Besonderes und Geheimnisvolles an sich hatte, gab ich mich zufrieden. Wir sprachen noch das uralte Nachtgebet, das mich auch die Mutter gelehrt hatte:

> »In Gottes Nam' leg ich mich nieder
> auf unsern Herrgott seine Glieder,
> auf unsern Herrgott sein Fleisch und Bluat,
> daß uns der böse Feind nix tuat.«

Dann legten wir uns schlafen, nachdem der Vetter das Licht ausgemacht hatte. Noch immer knisterte der Ofen und krachte der Mettenbinken. Der Schneesturm heulte und tobte um das Haus, die Bäume des nahen Hochwaldes ächzten. Das gab eine gute Schlafmusik. Aber so ganz gefallen wollte mir das alles nicht. Ich harrte noch immer auf das Wunderbare, das Nieerlebte.

Wie ich so dalag, müde vom weiten Weg, gedankenvoll, noch immer auch erwartungsvoll, ertönte auf einmal ganz leise wunderbare Musik. Es war, als ob Engel eine feine Harfe spielten. Zart und wie silbern erklangen die anmutigen Töne einer frommen Weise. Seltsam ergriffen und wie verzaubert richtete ich mich auf, mit tiefer Andacht und in seligem Entzücken diesen niegehörten Klängen lauschend. Ich fragte, fast zitternd:»Du, Vetter, sag, was ist denn das für eine Musik?« Der Vetter sagte:»Das ist die Musik vom Christkindl! Engel spielen sie für solche Menschen, die in diesen Nächten auf Stroh schlafen und das dem Christkindl zuliebe gern tun.«

Musik des Christkindes – ich glaubte es willig und war nun dessen gewiß, daß ich jetzt auf einer himmlischen Liegerstatt ruhte. Die holden Töne erklangen wieder und wieder und immer weiter. Sie klangen hinein in gesunden Bubenschlaf und seligen Traum, der hundert Wunder in mir lebendig werden ließ ...

Bis mich dann um fünf Uhr morgens der Vetter aus Schlaf und Traum weckte. Draußen im Wald war es ruhiger geworden. Wir rüsteten uns zum Rorategang und gingen, mit einer Laterne bewaffnet, wieder mühseligen Schrittes, durch hohe Schneewehen der nahen Pfarrkirche zur hl. Brigitte zu. Aus anderen Wäldern, aus der engen Schlucht der Ilz und von allen Berghängen wandelten Lichter durch die stockdunkle Nacht zum Gotteshaus. Darin sang dann der greise Pfarrer mit brüchiger Stimme das Engelamt, und auf der Orgelempore stimmten Schulmeister, Sänger und Musikanten das junge Herz noch seliger und weihnachtsfroher. Dutzende von Wachslichtern brannten in den geschlechteralten Betstühlen, darin auch einst meine Mutter und ihre Ahnen gekniet waren. Die reichen hohen Altäre glitzerten und funkelten und mit ihnen und auf ihnen die goldenen Heiligen sowie die heiteren Engel und Putten, die dort überall saßen und schwebten, in jener mir so teuren Dorfkirche, mit der ganzen Herrlichkeit eines in Gott und Kunst fröhlichen Zeitalters.

Am Vormittag brachte mich der Vetter wieder nach Hause, wo ich nun viel zu erzählen hatte. Ein Jahr darauf ist der brave Großonkel, fast achtzig Jahre alt, selig im Herrn entschlafen. Als sein geringer Nachlaß verteilt wurde, fand sich darunter auch eine alte kleine Spieldose mit einem Zettel in zitteriger ungelenker Handschrift:»Gehört als Andenken dem Schmied-Maxl, weil er so brav gewesen ist, wie er bei mir auf der himmlischen Liegerstatt geschlafen hat. Er soll studieren, und wenn er seine Studie hinter sich hat, soll er dieses Kastl kriegen.«

Von diesem Vermächtnis habe ich erfahren im Jahre 1910, als ich mit einem guten Zeugnis vom beendeten Studium in die Heimat kam. Die kleine Spieldose war mir schönster Lohn für die Lernjahre mit ihren Mühen, Nöten und Entbehrungen. Seither weiß ich, woher jene Klänge kamen, die mich vor langen Jahren auf einer himmlischen Liegerstatt so reich beglückt hatten. Die Spieldose hat mich dann begleitet auf allen Wegen meines langen und nicht immer leichten Lebens, als kostbares Andenken an den seligen guten Vetter und eine unvergeßliche Advents-nacht ...

Wenn ich wieder einsam meinen Heiligen Abend feiere, wieder im Wald-land, aber ferne der Kinderheimat, steht unter dem kleinen Christbaum neben der alten Salzburger Krippe und dem mir heiligen kleinen Likör-glas auch wieder mein weihnächtlich klingendes Kleinod, die Spieldose des seligen Vetters. Sie erfreut das Herz des alten Mannes noch mehr als einst das des Buben, da er auf der himmlischen Liegerstatt wunderselig geschlafen hat.

Georg J. Glick

Das Schönste vom Heiligen Abend

Wos hot da denn nachha as Christkindl bracht?
A Luftgwehr!
Und wos woa nachha as Schüinste vom heirichn Weihnachtn?
As Schüinste?
Ja, as Schüinste!
As Schüinste woa:
    Wäi da Vatta
    vo da Kautsch aus
    mitm Luftgwehr
    aaf Christbaamkugln
    gschossn
    hot. –
Öitzala wohl:
Drum hom söllmals d Engl scho gsunga:
Und Friede den Menschen auf Erden!

Franz Xaver Staudigl

Der Nachtwächter

Die Geschichte spielt um die Jahrhundertwende im kleinen Markt Beratzhausen. Es war Weihnachtsabend, zehn Uhr. Hans Wiggerl verließ seine Wohnung in der Oberen Gasse und trat den Nachtwächterdienst an, zwei Stunden früher als sonst das Jahr hindurch. Es war kalt und dunkel, nur ein paar Sterne funkelten. Auf den Weihnachtsbäumen in den Häusern erloschen die Kerzen, und die Fenster der Gaststuben in den Wirtshäusern wurden wieder hell. Hans ging durch ein schmales Gäßchen in die breite Hauptstraße. Der Schnee knirschte.

Wäre ihm ein Fremder begegnet, er wäre von diesem gewiß als eine wunderlich verzerrte Figur aus der Weihnachtsgeschichte betrachtet worden. Sein abgetragener Mantel, der alte Hut, die Laterne, der Nachtwächterspieß und sein Bart konnten ihn als einen Hirten ausweisen. Das Horn, dieses Blechinstrument, das zur Dienstausrüstung eines gemeindlichen Nachtwächters gehörte, hätte von einem Verkündigungsengel stammen können. Sonderlich aber war der Sack, den er auf dem Rücken trug. Darin war nichts als ein Säckchen mit Nüssen und Äpfeln.

Der Nachtwächter schritt dem Gasthaus »Zum Löwen« zu, das breit am verschneiten Marktplatz lag. Er fand die Haustür und die Tür zum Gastzimmer nicht versperrt, die Wirtsstube war warm und leer. Es dauerte nicht lang, da kam der Wirt aus der Küche, wünschte Hans ein frohes Fest und legte geräucherte Bratwürste, Speck und ein Päckchen Tabak in den Sack.

In Beratzhausen war es nämlich der Brauch, dem Nachtwächter am Heiligen Abend etwas zu schenken. Hans holte sich die Geschenke zwischen zehn Uhr und Mitternacht alter Sitte gemäß, und er wußte, warum: Die Bürger hielten sich viele Diener und bezahlten sie schlecht. Es gab einen Bürgerdiener, einen Polizeidiener, einen Flurwächter und einen Nachtwächter. Er, der Nachtwächter, war der schwächste. Für ihn war das Schenken keine Wohltätigkeitsveranstaltung und das Nehmen keine Unterwürfigkeit; er empfand beides als eine Form menschlichen Zusammenlebens. »Weißt du«, sagte er einmal zum Sixenbräu und strich die Geschenke über die Theke, »weißt du, das Schenken an Weihnachten

haben die Drei Könige erfunden, und 's Christkindl nahm an. Die Könige waren weise Könige.« Dabei lächelte er verschmitzt.

Hans hatte es nicht eilig, durch die Gassen des Marktes zu gehen. Die wenigen dunklen Straßen und Besitzenden, die er besuchen durfte, waren dreizehn: den Tannenwirt, den Sternwirt, den Englbräu, den Striezelbäck, den Kirchenbäck, den Goldschmied, den Färber, den Glaser, den Schuhkaufmann, den Bürgermeister, den Löwenwirt, den Sixenbräu und den Benglerschuster. Seine Geschenke wußte er im voraus: sie waren alle Jahre gleich.

Eineinhalb Stunden waren vergangen, seit Wiggerl aus seiner Häuslerwohnung getreten war. Zwölf Häuser hatte er schon besucht. Fast alle lagen sie am Marktplatz oder in dessen Nähe. Von den Seitenstraßen her, die von den Bergen steil zum Ortskern herabfielen, klang das Geläut von Schlittengespannen. Silberhell und im Rhythmus des schnellen Trabes klingelten die kleinen Glöckchen an den Geschirren der jungen Pferde vor den Stuhlschlitten. Dunkel und im Schritt tönten die Messingglocken, die die Ackergäule vor den schweren Zugschlitten an den Spitzkumeten trugen. Die Bauern und ihre Familien fuhren von den Dörfern her zur Christmette in der Pfarrkirche. Es war höchste Zeit für den Nachtwächter geworden, dorthin zu flüchten, wohin ihn alle Jahre vor der Christmette sein Weg führte.

Hans stampfte mit seinem fast gefüllten Sack hinaus aus dem kleinen Markt. Nach den letzten Häusern ging er über eine Brücke, die einen dunklen, stillen Fluß überquerte, bog ab und ging zur amtlich bestallten Armut, zum Armenhaus. Bürger einer früheren Generation hatten dieses Haus außerhalb des Marktes gebaut, in der Angst, Armut sei ansteckend. Das Armenhaus mit seinen schmalen Fenstern und der niedrigen Tür wirkte schon außen primitiv; innen sah es aus, als ob es nie fertiggestellt worden wäre.

Der Nachtwächter stieg über eine schmale Treppe hinauf zur Wohnung der alten Frau Schob, die mit ihrer schwer herzleidenden Tochter Maria zwei kleine Kammern bewohnte. Die beiden besaßen nichts als viel Gottvertrauen und das »Kosthaferl«, das ihnen die Herren vom Ortsfürsorgeverband amtlich verordnet hatten. Jeden Tag mußte Maria das Mittag- und das Abendessen in einem anderen Bürgerhaus holen, so, wie es ein schwarzes Büchlein vorschrieb, das im Rathaus ausgefertigt war und in dem verzeichnet stand, wann und wo das Essen zu holen sei.

»Alle Jahre wieder«, begrüßte Wiggerl die beiden, die schon lange auf ihn warteten. Ihre Herzen schlugen höher. »Hast dich beinahe verspätet!« sagte Maria vorwurfsvoll. »Das bildest du dir nur ein!« erwiderte er und griff tief in seinen Sack. Als erstes holte er sein Säckchen mit den Nüssen und Äpfeln heraus, sein persönliches Geschenk, und stellte es auf den Tisch. Dann teilte er einen Christstollen und legte die eine Hälfte zum Säckchen, dazu Plätzchen und Schokolade. Schweren Herzens legte er dann noch den Geldschein des Bürgermeisters bei. »Damit ihr euch selbst ein paar Kleinigkeiten kaufen könnt ...«, sagte er bekümmert. Von den Würsten und dem Speck gab er nichts, weil Maria seit Wochen nichts anderes ins Armenhaus brachte als Blut- und Leberwürste mit Sauerkraut. In den Wochen vor Weihnachten war in Beratzhausen fast in jedem Haus ein Schwein geschlachtet worden.

Hans zog seine Pfeife aus der Manteltasche, stopfte sie mit Krüllschnitt, zündete sie an und genoß auf einem harten Stuhl, daß er einer von denen war, die schenken konnten. Welch herrliches Gefühl! Maria zündete eine Kerze an, und es herrschte tiefes, feierliches Schweigen. »Unter uns armen Leuten redet man nicht viel ...«, hatte Hans vor Jahren die alte Frau Schob belehrt, als sie ihm unter Tränen danken wollte. Seitdem wußten alle drei, daß Schweigen am schönsten war. Nur tiefes Atmen war zu hören, und der Rauch der Tabakspfeife umkreiste die einsame Flamme der Kerze.

Diese Stummheit währte, bis die Kirchturmuhr der Pfarrkirche zwölf Uhr schlug. Mit dem letzten Glockenschlag verließ der Nachtwächter das Armenhaus. Sein Verlangen nach Punsch leitete ihn so sicher, wie einst der Stern die Weisen nach Bethlehem führte, ins Gasthaus »Zum Stern«, das schräg gegenüber der Pfarrkirche lag. Dort begann für ihn Weihnachten.

Der Sternwirt, ein robuster, großer Mann, schweigsam wie eine Wand, beschenkte den Nachtwächter nicht nur, er bewirtete ihn auch Weihnachten für Weihnachten. Er wartete schon auf ihn in der Wirtsstube. Hans schüttelte den Schnee von seinem Mantel, hängte ihn an den Kleiderständer und legte Hut, Laterne und Spieß auf einen Tisch. Unaufgefordert zeigte er den Inhalt des Sackes dem Wirt. »Hm!« brummte der, was bedeutete: »Du kannst zufrieden sein!«

Dann ließ er ein verschnürtes Päckchen in den Sack fallen. Hierauf setzten sich die beiden an einen Tisch in der Ecke des Gastzimmers, in der der Weihnachtsbaum stand. Das Hausmädchen brachte Punsch. Als Hans den ersten Schluck trank, war ihm nicht nur im Magen warm, sondern auch ums Herz. »Du hast den besten Punsch der Welt!« fädelte Hans ein

Gespräch ein. – »Halt's Maul, du hast noch nirgend anders einen Punsch getrunken!« konterte der Sternwirt. – »Eben deswegen ...«, meinte Hans. – »Trink soviel du willst, aber werde in dieser Nacht nicht betrunken!« befahl der Wirt.

Von der Pfarrkirche drang Orgelmusik und Chorgesang in die Gaststube. Jedesmal, wenn ein verspäteter Besucher die Kirchentüre öffnete, wurde die Musik oder der Gesang deutlicher. Nach dem fünften Glas Punsch begann der Sternwirt über seine Weihnacht, über die Beratzhausener Weihnacht zu meditieren. Er tat das in Gesprächsfetzen. Hans wußte, was kam: es war alle Jahre gleich, und es war immer die gleiche Stunde. »Die Leute von Beratzhausen waren damals nicht anders als die von Bethlehem«, sagte der Wirt. »Als sie eine Unterkunft suchten, wollte auch sie niemand haben.« – »Ja, stimmt, du hast recht!« bekräftigte Hans. – »Bei mir brauchten sie nicht zu flüchten!« stellte der Wirt mit besonders nachdrücklicher Stimme fest. – »Du bist eben ein anderer Mensch«, bestätigte Hans. – »Das weißt du nicht!« milderte der Wirt ab. – »Dann säße ich jetzt nicht bei dir.«

Was der Wirt und der Nachtwächter in Gesprächsfetzen erzählten, ist dem Leser schnell erklärt: Ein Mann und eine Frau, nicht verheiratet, suchten einst in Beratzhausen eine Unterkunft. Die Frau war hochschwanger. Niemand nahm sie auf. In ihrer Not nisteten sie sich im Sommerkeller des Sternwirts ein, der weit außerhalb des Marktes lag. Die Frau kam dort nieder. Der Sternwirt ließ sie dort wohnen und einrichten. Diese gute Tat machte den Wirt jeden Heiligen Abend stolz und rührselig.

Drüben in der Pfarrkirche sang das Volk das Lied von der stillen, heiligen Nacht. Für den Nachtwächter war dieses Lied das Signal zum Aufbruch, denn gleich kamen die Bürger und Bauern, um Punsch zu trinken. Er raffte alles zusammen, nahm seinen Sack und ging nach Hause, nachdem er zum Sternwirt gesagt hatte: »Sternwirt, ich danke dir!« Der Nachtwächter schritt halb träumend durch die stillen Straßen und Gassen. Alles Bedrückende war von ihm gefallen.

Josef Berlinger

s Christkindl

s Christkindl is umgstieng
vo sein goidan Schliddn
aaf an groussn Liefawong.

Äitz braucht sa se beim Gschengga-Ausdäun
nimma blong.

Baatschnoos
von haffan Schnäi
is s fräias woan.

Äitz sitzts
en woama Führahaisl voan.

Und aa beim Gschengga-Auslaan
reißt sa se
koan Haxn aus.

Kaam, daß s oa Minuddn braucht
fia d Lieferung, pro Haus:

eimfach voa de Haisa parkn
und de ganzn Gschengga
voa d Wohnungsdian weaffa.

Obwoih:
Warum soiddan s Christkindl
ned mid da Zeit gäih deaffa?

Harald Grill

auspacka

reiß des packl af
schau eini
wos drinnat is
legs af d seitn

nimms nexte
reiß des packl af
schau eini
legs af d seitn

nimms nexte
reiß des packl af
legs af d seitn

nimms nexte
legs af d seitn

nimms nexte ...
nimms letzte ...

so
etza hamma
den haling omd
aa wieda hinta uns brocht

Franz Ringseis

Spaziergang am Heilign Abnd

Spaziernganga am Heilign Abnd, nachm Punsch.
Koit wars, nebli, und glei zwöife.

A Langhoorata steht in da Nischn und friert:
Koan Mantl, Bluejeans, Windjackal.

Hot nix gsogt. Ham man ogredt, hot a gfrogt:
Ob ma koan Ploz für eam wissatn zum Schlafa.

Sam ma mitanand in a Pension ganga.
Gleit. Gwart. Gleit.

Is a Frau kemma: »Hams a Zimma?« »Ja.«
Ham mas glei zoit, mit Frühstück und Zehrgöid.

Da junge Mo hot ma sogor d Hand geem.
Kunnt ma song: Dees war da Herr Jesus.

Herr Jesus oda net. Gfrorn hotsn.

Georg Lohmeier

Ihr Kinderlein, kommet

Beim Nialinger in Nialing, dem größten Einödhof in der ganzen Pfarrei Dürling, geht es am Heiligen Abend hoch her. In der Kuchelkammer werkt die Bäuerin mit dem Kuchelmensch. Es werden die Leckerlschüsseln aufgefüllt und für die acht Ehehalten die Geschenke bereitgelegt, einpapierlt und mit Zetterl versehen. Der Bauer putzt mit den Knechten die Schweinsdärme, denn in der Mettennacht gibt es Leber- und Blutwurst. Die Dirnen werken in der Stube und im Hausflez, in Kammern und auf der Stiegen. Im Austragsstüberl erzählt die alte Tante Resl, die ledig gebliebene Schwester des bereits verstorbenen Austragsbauern, dem jüngsten Nialingersohn, dem Miche, das uralte Bauernmärchen vom gefräßigen Knecht und vom starken Fuhrmann. Zu Mittag gibt es nicht viel, denn der Heilige Abend ist ein Fasttag. Gegen Nachmittag endlich wird die Stimmung anheimelnder. Die Stube wird abgesperrt, und von den Weibspersonen ist keine mehr zum anreden. Die Mannsbilder fangen früh mit der Stallarbeit an, besonders im Roßstall nimmt man es heute genau, weil ja die Rösser in der Heiligen Nacht reden können wie ein Mensch. Die Tante Resl hat es immer schwerer mit dem Miche, denn der Bub möchte schon Weihwasser spritzen und räuchern gehen durch alle Zimmer des Hauses und durch alle Ställe, wie es der Brauch ist seit wahrscheinlich mehr als 2000 Jahren. Denn nach dem Weihrauchumgang ist jedesmal das Christkindl eingekehrt. Da, plötzlich bellt der Nero. Der Miche sieht durch den angehauchten Fensterfleck einen seltsamen Zug in den Hof einziehen. Voraus stapft ein bärtiger Mann, einen kleinen Knaben von ungefähr fünf Jahren auf seinem Genick reiten lassend. Hinter sich her schleppt er ein Wägelchen, das mit allerlei Hausrat gefüllt zu sein scheint. Eine hagere Frau hinterdrein hilft den kleinen Leiterwagen durch den seichten Schnee schieben, denn es hat pünktlich zu schneien angefangen. Neben der Mutter gehen noch zwei ältere Buben.
»Mein Gott, die armen Leut, heut am Heiligen Abend! Und sie wissen nicht, wo aus und wo ein!« So seufzte voll Mitleid die alte Resl. Der Nialinger, ein herzhafter Bauer, begegnet in der Mitte seines stattlichen

Hofes dem Elendszug. Der Mann grüßt und redet mit dem Bauern, und der Nialinger streckt seine Hand aus und weist auf den Kuhstall. Da sei es warm, und es sei dort auch Platz genug im Gang. Er werde eigenhändig einige Schab Stroh aufschütten, und warme Roßdecken bekämen sie auch. Die Leute zeigen sich dankbar und ziehen in den Kuhstall. Die Frau nimmt aus dem Wägelchen ein Wickelkiss und legt es an die Brust. Es wird endlich dunkel, und die Zeit des Christkindlkommens ist da. Der Bauer räuchert in jeder Kammer und in dem Stall, und der Miche spritzt aus einer großen Kaffeetasse fleißig hinterdrein den Weihbrunn aus. Auch im Kuhstall auf die armen Leut, die sich gerade hinlegen. Währenddessen steht die ganze Nialingerfamilie betend in der Stube um den Christbaum. Wenn der Bauer mit seinem Jüngsten in die Stube zurückkehrt, greifen der Wastl und der Hiasl in die Zither und stimmen das »Stille Nacht« an. Danach sucht sich ein jedes seinen Teller und sein Packerl. Der Miche ist außer sich vor Freud. Er hat eine kleine Dampfmaschine bekommen und will damit nun gleich eine Dreschmaschine anhängen, eine kleine nur, die er sich selber basteln würde.
Dann wird Punsch aufgetragen, und jeder kann Leckerl essen, soviel er will.
Da sagt die alte Resl: »Die armen Leut im Kuhstall werdn heut nacht kaum guat schlafa kenna. Wolln ma s' net a weng einasitzn lassn in d' Stubn? Sie solln aa merken, daß Weihnachtn is! Und a Schalerl Punsch schadt eahna gwiß net.« Der Bauer nickt und geht in den Kuhstall. Dort ist es stockdunkel und still. Die Kühe schlafen oder wiederkäuen leise. Der Nialinger dreht das Licht an. Im Stroh wird es ruckartig lebendig, und alle fünfe haben sich aufgerichtet. »Gehts weiter, Leut, in der Stubn is no Platz, sollts aar unserne Leckerl versuacha und unsern Punsch!« Alle – sogar der kleine Säugling in den Armen seiner Mutter – nehmen das Angebot sofort an.
Nun wird es merkwürdig stiller in der Christkindlstube des Nialinger. Man schreibt etwa das Jahr 1934/35, und herumziehende obdachlose, arme Familien sind den Bauern in Ober- und Niederbayern nicht fremd. Solche kommen jede Woche. Trotzdem, am Heiligen Abend ist in Nialing so etwas noch nicht erlebt worden. Die Leut setzen sich schüchtern an den großen Tisch, auf die lange Umlaufbank und starren in den Christbaum. Der Mann fängt zu weinen an. Frau und Kinder greifen zu den Leckerln. Die Nialingerin stellt jedem eine Tasse Punsch hin, auch den Buben. Der Miche hört zu spielen auf und nähert sich neugierig und

scheu den gleichaltrigen ernsten Knaben. »Ist zu euch das Christkindl nicht gekommen?« will er fragen, bringt aber keinen Ton heraus. »Ja warum denn net? Warts net brav?« – Die Tante Resl überbrückt den schüchternen Anfang. »Geh weiter, Miche, zoag dene Buaberln dein Dampfmaschin' und laß aar a wenig mitspuihn!« – Der Nialingersohn nickt verlegen. Die kleinen Obdachlosen erheben sich von der Bank und nähern sich langsam dem Christbaum und der Dampfmaschine. Sie wagen nichts zu berühren. »Dös is as Pfeiferl«, beginnt der Miche die Vorstellung seiner Person und der bereits unter Dampf stehenden Maschine. »Da wenn pfiffa werd, is' zum Essen oder zu der Brotzeit.«

Die Tante Resl hinkt an den Christbaum und zündet einen Sternwerfer an.

Bald tätigt der Christian, der ältere der armen Buben, die Dampfpfeife. Es pfeift himmelschreiend hell durch die gemütliche Bauernstube. Gleich darauf greift der Peter nach dem Hebelchen. Die Mutter der beiden ruft: »Macht dem Herrn Sohn nur nix kaputt!«

Der Nialingermiche ist noch nie mit »Herr Sohn« angeredet worden, und er denkt, die fremde Mutter meint den Sohn Gottes. Der Vater schlürft seine Tasse Punsch und zündet sich dann eine von Nialingers Zigarren an. Auch die Buben verlieren ihre Scheu. Bald läuft die Dampfmaschine auf Hochtouren, dann wieder pfeift sie. Eine Hampelmännermaschine – das einzige Zusatzgerät – wird angeschlossen, und die blechernen Hampelmänner drehen sich scheppernd und geschwind im Kreise. Pfeift der Peter, pfeift auch der Christian. Der Miche kann nur noch zusehen. Auf einmal bleibt die Maschine stehen. Christian klopft seinem Bruder auf die Finger. Dieser fängt zu weinen an. Die fremde arme Mama mit dem Säugling im Arm und der fremde arme Papa mit dem kleinen Thomas auf dem Schoß mischen sich ein, ermahnen, geben Ratschläge und drohen dem Peter gar mit einer Ohrfeige.

Die alte Resl, die gute Haut von jung auf, entzündet einen zweiten Sternwerfer und stimmt das Weihnachtslied an.

»Ihr Kinderlein, kommet, o kommet doch all!« Niemand aber singt ihr jetzt noch mit.

Endlich gelingt es dem Mitterknecht, die Maschine wieder zum Laufen zu bringen. Der Peter pfeift. Der Miche schüttet Spiritus nach. Der kleine Kessel steht unter Volldampf. Da greift der Christian in die sich drehenden Hampelmänner und hält sie fest. Seine Hand blutet leicht, der

Riemen wird abgeworfen, und die Hampelmannmaschine ist schwer verbogen. Das erzürnt den Peter. Er läuft zu seinem Vater, der mit dem Nialinger ein politisches Gespräch führt, das auch schon immer lauter geworden ist. Der Vagabund verlangt mehr soziale Gerechtigkeit. Dem Nialinger ist nur die Religion wichtig. Der vagabundierende Vater springt jetzt gleich auf und will seinen Ältesten an den Haaren wegziehen. Christian verkriecht sich hinter den Christbaum, stößt ihn um, und der fallende Christbaum wieder fällt auf die Dampfmaschine. Ein Ästlein fängt Feuer an der Flamme der kleinen Spiritusfeuerung, und es gibt einen Brand. Der Nialinger stellt den Baum wieder auf, und auch das Feuer ist noch leicht zu löschen.

Aber der holde Weihnachtsfriede ist nun doch empfindlich gestört. Die beiden Brüder weinen, der Fünfjährige schreit, dem armen Vater ist der Punsch zu Kopf gestiegen, und die fremde Mama mahnt energisch zum sofortigen Aufbruch in den Kuhstall. »Alle bringt er uns noch um, uns anständige fahrende arme Handwerksleut«, prophezeit der Vagabund. »Na, na«, besänftigt der Nialinger, »so weit kimmt's it. Und a weng an Ordnung schadt net. Und an Arbet für d' Leut, na gibt's koan Elend nimmer.« Der Fremde schüttelt den Kopf, nimmt seine Buben, bedankt sich und geht mit seinem Weib aus der Christbaumstube in den warmen Kuhstall, in dem 19 vollgefressene und auch noch im Winter respektabel gut in der Milch stehende oder hochträchtige Kühe liegen und nicht einmal mehr wiederkäuen.

Der Miche hat keine Freude mehr an seiner lädierten Dampfmaschine. Er schläft auf dem Kanapee ein. Die alte Resl bringt ihn schließlich ins Bett, während die großen Leut sich zum Mettengang richten und sich hernach auf die Mettensuppe freuen.

Die Resl aber singt noch leise, während sie den kleinen Nialinger ins Bett steckt, »und seht, was in dieser hochheiligen Nacht der Vater im Himmel für Freude uns macht«.

Noch zwanzig Jahre später konnte sich der Miche an diesen späten und leisen Gesang seiner Großtante erinnern, obschon er jetzt in einem Gefangenenlager in Sibirien Weihnachten verbringen mußte. Aber das ist das Schicksal der Heiligen Abende: sie waren von Anfang an schon nicht immer so heilig, wie sie hätten sein wollen.

Franz Ringseis

Friedhof am Heilign Abnd

Jetz zündns d Weihnachtskerzn
draußd auf de Gräba o,
und an jedn brennts im Herzn,
daß a nix Schönas toa ko.

Sie stenga davor und denga:
»O mei!
Mir brauchatn koane Gschenga,
waarst du nur dabei!«

Wenn d Krahn die Friedhofsbaam schwärzn
und da Wärta s Goda zuamacht,
brenna die Geistaherzn
nei ind Nacht.

Franz Ringseis

In da Christbaamkugl

I sitz in da Christbaamkugl
und hob a vaschöichte Figur.
Um mi rum macht s Zimmar an Buckl,
mechst moana, es gaabat nur

a eigroite Wöit, a krumme,
die grode is auf und davo.
Aba dees is grod dees Dumme:
mir gfoiats akkrat aso.

I sitz in da glosan Klausn,
ois gaabats nur mi alloa.
A Gfui is dees zum Hausn,
wiar in am möbliertn Oa.

Max Peinkofer

Der seltsame Christbaum

Tiefer Waldwinter ists geworden. Völlig verschneit und eingehüllt in Frieden und Ruhe ist die Hochwaldwelt. Die Waldbäume ächzen unter der Last des Schnees. Fuchs, Reh und Hase treibt der Hunger in die Nähe der menschlichen Behausungen.

Im einschichtigen Fenzlhäusl, darin eine arme kinderreiche Familie ihr hartes Leben notdürftig fristet, vereint der strenge Winter Eltern und Kinder am häuslichen Herde. Da sitzt der Vater mitten in der niedern Stube an einem Haufen Birkenreisig und bindet Besen. Oder er hockt auf der Heinzelbank und schnitzt Holzschuhe, Rechen oder Drischeln. Oder er bessert Kürben aus. Ein richtiger wäldlerischer Hausvater muß ja in allen hölzernen Künsten bewandert sein, damit auch im Winter ein paar Pfennige verdient werden können.

Die Mutter sitzt gleich gar auf dem Tisch droben, damit sie gut sieht beim Flicken. An sie schmiegen sich die Kinder und bitten, die Mutter möchte doch einiges erzählen vom Christkind, das nun bald Einkehr halten wird. Die Fenzlmutter weiß aber auch recht seltsame Dinge zu berichten. Von der Wilden Jagd, die in langen Dezembernächten durch die Wälder tobt; von der bösen Luzie, die schlimmen Kindern unbarmherzig den Bauch aufschneidet; vom blutigen Thomas, der ein mit Blut besudeltes Bein zur Tür hereinstreckt; von den drei Losnächten, in denen die höllischen Mächte aller Fesseln ledig sind.

Da rühren die Kleinen kein Auge und kein Händchen und schauen der Mutter wie gebannt ins Gesicht und schmiegen sich noch enger an sie, damit ihnen kein Unhold etwas Schlimmes zufügen könne. Vielleicht schleicht sich schon so ein unheimlicher Gast um die Behausung herum! Denn wild und heftig purrt der Wintersturm um das Haus, wirbelt den Schnee durcheinander und findet geheime Ritzen im Schindeldach, durch die er in den finstern Dachboden fährt, auf dem die größern Kinder ihre armselige Liegerstatt haben.

Damit sich die Kinder nicht zu sehr fürchten, erzählt die Mutter nun solche Geschichten, welche die Augen der Kleinen wieder mit seligem Glanz erfüllen und die vom Schreck gebleichten Wangen wieder mit frischem Rot bemalen. Da lauschen die Kinder nun mit seligem Herzen, weil sie die tröstlichste aller Botschaften aufs neue vernehmen dürfen. So verfließen die geruhigen Tage des Adventes in schauerlichem und lieblichem Erwarten. Da kommen ein paar Tage vor Weihnachten die größeren Kinder mit einer erregenden Botschaft von der fernen Schule nach Hause. Mit leuchtenden Augen berichten sie von einem wunderbaren Baum, den man Christbaum nenne und von dem ihnen der Herr Lehrer so viel Schönes erzählt habe. Am Schluß der Stunde habe dann der Lehrer die große Wandtafel umgedreht, und da war mit farbiger Kreide das neue Weihnachtswunder so verlockend und verheißend aufgemalt.

Da haben dann auf dem Heimwege die Kinder des Försters und der reichen Holzbauern mit Stolz erzählt, daß auch sie vom Christkind einen solchen Lichterbaum bekämen. Und da möchten halt sie, die Fenzlkinder, ihre Eltern recht schön bitten, daß auch sie beim lieben Christkind einen solchen Christbaum anschaffen möchten. Sie wären doch grad so fleißig und brav wie die Kinder der Wohlhabenden und hätten trotz des weiten und harten Weges auch jetzt im tiefsten Winter niemals die Schule versäumt.

Da sind die Eltern mäuserlstill geworden, und aus den traurigen Augen der Mutter sind ein paar heimliche Tränen geflossen. Viel Köpf und wenig Verdienst, große Not und kleines Brot, da konnte man sich einen sündteuren Christbaum nicht erlauben, auch wenn er den guten Kindern zehnmal zu gönnen wär. Im ganzen Fenzlhäusl war kaum ein übriger Pfennig zu finden. Gestern erst war der Vater in der Stadt drunten gewesen und hatte endlich den Zins zahlen können, der schon zu Martini fällig gewesen ist. Da hatte man alle Groschen zusammenkratzen müssen. Ein paar hundert Schindelnägel, das war alles, was der Vater hatte kaufen können. Und diese mußte man haben, denn das Schindeldach war schon lange so schadhaft, daß oft morgens die unter ihm schlafenden Kinder mit Schnee bedeckt und die dünnen Betten halb gefroren waren. Da bleibt kein Pfennig mehr übrig für Weihnachtsgaben...

Der Heilige Abend brach an, und das Christkind verließ den Himmel, um seine Fahrt zu den weihnachtsfrohen Menschen anzutreten. Leise schwebte es durch die nächtliche Luft und hielt ein Weilchen still vor jedem Hause, guckte durch die hell erleuchteten Fenster oder durch das Schlüsselloch in die Stube, um zu sehen, ob man ihm eine würdige Wohnstatt bereitet habe.

Da sah es mit traurigen Augen in reichen Häusern protzige Berge von

Geschenken und großen Aufwand. Man saß an wohlbestellten Tafeln, aß und trank und sprach von tausend weltlichen Dingen; bloß des Christkindes und der Gnadenfülle der Heiligen Nacht erinnerte sich niemand. Da flog es still von dannen und flog hinaus vor die Tore der Stadt, hinauf auf die hohen verschneiten Waldberge, wo schlichtere Menschen wohnen. Es kam an einen großen Einschichthof mit weiten Ställen und mächtigen Scheunen. In der düsteren Wohnstube saß am Tisch ganz allein der alte Holzbauer und zählte mit gierigen Fingern einen Haufen blinkender Goldstücke, die er eben aus ihrem Versteck unterm Strohsack hervorgeholt hatte. Auch hier mochte das Christkind nicht bleiben; und betrübt flog es weiter.

Es flog nun immer höher und höher hinauf und kam in die weltferne Hochwaldgegend, in der die menschlichen Wohnungen immer spärlicher werden. Da schaute aus dem tiefen Schnee eine arme hölzerne Hütte, das Fenzlhäusl. Das Christkind bestieg die Scheiterwand und schaute durch das winzige Fenster in die freundliche enge Stube. Vater und Mutter und Kinder saßen still und in inniger, schlichter Freude am Tisch und lauschten, wie der Älteste, der Hansl, mit froher Stimme die Weihnachtsbotschaft aus der alten abgegriffenen Goffine vorlas. Wundersam klang durch den heiligen Frieden der Hütte das beglückende Wort des Weihnachtsevangeliums.

Als die Worte der Heiligen Schrift verklungen waren, schlich sich der Fenzlvater leise in die Kammer und verweilte dort ein Weilchen. Dann öffnete er die Türe und heller, heller Schein, wie ihn diese arme Stube niemals gesehen hatte, flutete herein. Denn der Vater brachte einen leibhaftigen Christbaum. Aber es war ein seltsamer Christbaum. Wohl schmückten ihn brennende Wachslichter, aber an seinen grünen Zweigen hingen an langen Fäden Nägel, neue Nägel, die im Scheine der Kerzlein wie Silber funkelten.

Es war ein Christbaum der Armut, ein Christbaum der Not, die erfinderisch macht wie die Liebe. Und er war wohl schöner als manch prunkvoll aufgeputzter Christbaum. Fast aus nichts hatten die zwei Fenzlleute in letzter Stunde diesen Baum hervorgezaubert. Die Mutter hatte ihren treu verwahrten Firmwachsstock geopfert und der Vater das Geäst geschmückt mit den biedern Schindelnägeln, die er für sein schlechtes Dach gekauft hatte. So schufen Liebe und gottselige Armut aus dem Tannenbäumchen ein rührendes und echtes Weihnachtswunder. Da freu-

ten sich die Kinder aus der ganzen Fülle ihrer einfältigen und anspruchs-
losen Herzen, die glücklichen Eltern freuten sich mit ihnen, und sie erst
recht, und heiliger Weihnachtszauber machte sich breit in der Hütte der
Armen.

Das Christkind aber, das noch immer draußen stand auf der verschneiten
Scheiterwand, freute sich nicht minder, denn es sah, daß ihm hier unter
Geringen und Dürftigen eine würdige Wohnstatt bereitet worden war. Es
ging hinein zu den Fenzlleuten und ihren Kindern. Doch diese sahen es
nicht. Aber sie spürten es und spürten seinen Frieden und seine Gnade,
weil sie guten Willens waren.

Max Huber

Sinnierat's vom Christbaam

A Weihnachtn ohne Baam
is wiara Hoffnung ohne Draam!
Aber a Baam alloa duads net!
A Baam macht no koane Weihnachten.
Trotz Kerzn,
Kugln,
Lametta
und Strohsterndln!

An Weihnachtn san dö Draam
vo dem Baam
wahr wordn,
der seibigs Moi
im Paradies gstandn is.
Damois hods ghoaßn:
Finga weg,
abbrock'n,
essn davo:
vabotn!

Und dann warns' draußn,
dö Menschn;
und vor dem Paradies
is a Cherub gstandn,
baamfest wiara Wachtposten;
da war zua!

Erst vui später dann,
an Weihnachtn,
genauer gsagt: seit Christi Geburt –
seit Bethlehem oiso,
is' wieder offen,

dös Paradies.
Da geht wieder
a Weg her
und a Weg hi
zwischn Gott
und den Menschn,
seit sö Gott seiba
zum Weg gmacht hod.

Wiara sö zu uns
aufgmacht hod
– ois oana vo uns –
und uns ganz nah,
Aug in Aug,
vo Mund zu Mund
und Hand in Hand
's Reich Gottes
ogsagt hod
und daß ma
a neua Mensch werdn
müaßat,
kunntat,
wenn ma möchat,
so wia er
mögn hod,
weil a uns mag –

seitdem oiso
is da Christbaam
mehr ois a Zimmerschmuck
an Weihnachtn!

Seitdem is a –
grea, wiara is –
a Hoffnungsbaam,
und saftö, wiara is
mittn im Winter:
a Lebnsbaam!

Und dö Astl
und dö Zweigerl dro –
schier a jeds
grod wiara Kreiz –
erinnern uns an
den Erlösungsbaam!

Und wenn erst dö
Kerzn dran brennen,
's Lametta
und d'Strohstern dran hängen,
dann is a gar
wiara Wunderbaam,
der mittn im Winter
austriebn hod
und's Blüahn angfanga,
ebbs, – was sunst net gibt
und doch gebn hod
zur seibign Zeit,
wia Gott nämlich
Mensch gwordn is!

Sag: rührt di dös net?
Ko da dös net o?
Packt di dös net?
Oda dapackat'sd dös net,
wenns dö packat?

Dann müaßat'sd zammpacka!
Dann müaßat'sd d'Liachta auslöschn,
denn für was brennatns' no,
wenn's di net fangt?
Dann müaßat'sd an Christbaam olaarn,
und er sejgat da gleich,
weil er so laar waar
wia du!

Und du müaßat'sd d' Strohstern
eipacka,
denn für was
hängatn's dann no drinn
in deim Wohnzimmerhimmö,
wenn's da eh net eileuchtn
in dei eiwendige Finsternis,
weil dei Himmö bloß
bis zu da Zimmerdeck reicht?

Mach ausm Christbaum
koan Narrnbaum
und net so vui Mettn
mit da Mettn, –
bloß amoi im Jahr!

Erst,
wenn da d'Mettn
zur Mittn wurat,
dei Haus zum Bethlehems Stoi
und zur Krippn dei Herz,
dann kunntad ma dir zuaprostn,
grataliern und sagn:
»Prost, fröhliche Weihnacht!
Zünd d'Kerzn o,
Christ ist geborn,
denn dir is a Liacht
aufganga:
da Stern vo Bethlehem!

Dö Hirtn ham Zuawachs kriagt,
nämlich di!

Und dö drei Weisn
ausm Morgenland
san nimmer zu dritt:
es gibt iaz an viertn,
und der bist DU!

Georg Lohmeier

Warum der Ururgroßvater im Untersberg war

Hats a Kältn und es müassn die kloan Kinder in der Stubn bleibn, na werds aa net langweilig. Spielzeug hat man frührer net vuil kennt. Die alt Popananne mit an neuen Gwand. Und wieder der Baukasten mit die neu angstrichan Stöckerl. Es hat aa passiern könna, daß oans koane richtign Schuah net grad ghabt hat. Weil der Störschuaster no net da war und die vorigsjahrigen Stieferl vuil z'kloan warn. – Aa dann hat man dahoambleibn müassn. Und net is a Langweil aufkomma. – Die Großmuatter hat allerweil wieder a Gschicht gwußt. – Deszweng san ja die Wintertäg da, daß man Gschichtn verzählt. Unheimliche und aa wieder schöne, liabe. Manchmal sogar Gspenstergschichtn. So spannende schon, daß man nimmer amal sich ins Bett traut hat. Von dem altn Chorherrn im Pfarrhof von Wang beispielsmäßig. Der heut noch im dortigen Pfarrhof umgeht und jeden Nachfolger aufweckt, wenn in der Pfarrei ein Kranker nach den Sterbesakramenten verlangt. So daß also in Wang niemand um den Priester gehn braucht, liegt plötzlich eins einmal im Sterben. – Er kommt von ihm selber. Immer geweckt vom geisternden Chorherrn aus dem 17. Jahrhundert. – Mit solchen Geschichten vergehn die längsten Dezembernächte.

Und aa die Gschicht weiß i no, wie wanns die Großmutter gestern verzählt hätt: Wie amal der Ururgroßvater am Heiligen Abend nachmittag sich geweigert hat, das Kripperl aufstellen zu helfen. Er müßt noch mal in den Wald fahren um eine weitere Fuhr Langholz. – Fahr heut nimmer, hat ihm die damalige Ururgroßmutter, seine Bäurin, nachgerufen. Fahr heut nimmer, es is woihl der Tag z'heilig! Und stell liaber 's Kripperl auf! – Weil Christbaum hat man selbigsmal no koan kennt. Nur a Paradeiserl mit etli vier Kerzen. Und 's Kripperl is aber allweil schon d'Hauptsach gwen. Mit schön gschnitzte Hirta und mit der Heiligen Familie.

Aber dersöl Ururgroßvater hat grad's Stadlbaun im Sinn ghabt und is no mal ins Holz gfahrn. Hat also koan Kripperl net aufgstellt.

Wia er grad die Sagbaam aufglegt ghabt hat. A schwere Arbet. Und wie er schon hoamfahrn wollt. Es hat fürchterlich gschneibt auf amal, und plötzlich san von alle Seitn kloane Männlein daherkemma. Mehrer Männlein bald wia Schneeflocken. – Ja, dös is guat! – Christkindl huilf mir, hat iatz der Großvater gsagt, weil er hats glei kennt, was dös ebba für kloanwinzige Männlein gwen san: lauter Schratzn – Waldschratzn oder Weihnachtswichtln aa gnennt um die Zeit. – Schon sans auf sein Fuhrwerk aufgsessn, san auf die Räder ghockt, auf die Roß naufgsprunga, habn se gar in die Ohrwaschl von dene Roß einigschmuckelt und habn dös ganze Fuhrwerk dirigiert.

Holla, denkt eahm der Ururgroßvater, wo werds denn iatz hingehn? Auf eahm habn d'Roß nimmer ghört. Wagn und Roß habn dene Wichtln und Schratznmännlein gfolgt. – Und er selm hat eahna aa gehorchen müassn.

Die Schratzn habn dös ganze Fuhrwerk – mitsamt die Kubikmeterbaam – in Sagberg einidirigiert durch a gwöhnlichs Fuchsloch. – Weil so Schratzn können alls. Die verzaubern auf oans zwoa drei dös größte Fuhrwerk in a Kinderspuilzeug und den ältesten Ururgroßvatern in a kloans Schratznmanndl. Der Fuchs is an Elefant gwen gega die kloanwinzigen Rösserl, wo die Sagbaam zogn habn. – Und schon warns drin im Sagberg. Da hat der Großvater gschaut! Wias a drinnet ausgschaugt hat, dös hätt er se net amal im Traam ausmaln könna. Wiar a ganz grouße Kircha hat der Berg einwenig gleucht und glanzt und gfunkelt. Die Felswänd umadum voll Kristall und Edelstein. Und alls hell beleucht mit ganz vuil Kerzn! Und taused Schratznmännlein habn in hundert Ecken und Winkeln taused Kripperl gschnitzt. –

Und der Ururgroßvater hat seine langa Holzbaam obladen müassn und hat iatz wieder sein Größ ghabt wiar auf der Welt, und die Wichtln san kloanwinzige Menschlein gwen, koana größer wiar a Tannazapfa. – Er hat seine langa Holzbaam abladn müassn, und glei san hundert Schratzn her und habn aus die Baam lauter Hirta und Schaafei, Öchsen und Eseln aussergschnitzt. Auf oans zwoa drei, so gschwind. Wias der größte Künstler net schneller kunnt!

Lauter Hirta und Schaafei, grad koan Muattergottes und koan Christkindl. Für die allerheiligsten Kripperlfiguren waarn dem Ururgroßvater seine Holzbaam z'schad, habn die Schratzn gsagt. Und eigentli derfet man aus sölla Schandbaam grad freche Hüaterbuabn und bockstarrige Schafböck ausserschneidn. – Habns an Nialinger direkt as Gsicht gsagt. – Fürs Christkindl nahmens dös feinste Elfenbein her, habns gsagt – und für die Jungfrau Maria ihra Gsichtl aa. Da hat der holzgagste Bauer gschaugt.

Und er hat aufglust, wiar auf amal die Glockn im Berg drin die Mettnnacht eingläut habn und die Kripperl allsamt lebendig wordn san. Die Schaafei und Hirta! Und die Engeln habn gsunga. Und von all Seitn hats jubiliert. Bsonders die Hirta auf die bethlehemitischn Felder und Almen hat man ausserghört: Gloria, gloria, in excelsis Deo! Da is eahm 's Herz aufganga, dem sölln Nialinger, deinm Ururgroßvatern! – Und er is auf die Knia niedergfalln.

»Ja und nachand, Groußmuatter? Hat der söl Ururgroßvater sein Langholz nimmer hoambracht?«

»O mein Bua', du werst amal an echter Nialinger! – Natürli nimmer hat er sein Holz hoambracht. Lang nach der Mettnnacht is er erst in Hof einergfahrn – mit dem laarn Wagn. Stoanmüad is er gwen, und die Roß habn gschwitzt. Er hats kaam no in Stall einibracht, hats a weng abgriebn no und is glei ins Bett.

Aber, wer kann so was glaabn? Den andern Tag in der Früah, no vorm Hirtnamt um sechse, is der ganze grouße Nialingerhof voll erstklassige Schnittwar. Bretter und Laadn liegn da – klafterweis! – Da hat der Nialinger, damals no a junger Mon und a deiniger Ururgroßvater, da hat er seine Äugerl, seine sparsamen, aufgrissen, und er hat den Schwur ton, daß er künftighin jeds Jahr a bsonders schöns Kripperl aufstelln werd mitten in der Stubn. – Und heut habn mas no, dös Kripperl. 's Krippei mit Öchsei und Esel, mit Schaafen und Hirta. Und den Engl net vergessen, der 's Gloria singt, daß endlich a Fried hergeht auf der Welt und Feiertag werd!

Otmar Vögerl

s andana Grisskindl

Seit ma
koi Wunschzedl mea schreibm
weil mas äh glei
an Vodan und da Muada song kina
wos ma wüin
woat ma an Weihnachtn
aaf des Grisskindl
des wous uns net
voaglong hamm

Otmar Vögerl

Kindagred

Häid äitz des
Grisskindl
net an
an andan
Doog aaf
d Wäit
kemma
kina?

Am oinzingn Doog
en Joa
wou laudda
schäine
Kindasendunga
am Feanseh
kemmand
mou e
ausschaltn
daß z es
mit engana
blädn Feia
ofanga
kinnts.

C. Bacher-Tonger

Das gestohlene Jesulein

Die ganze Gemeinde war stolz auf die Weihnachtskrippe in ihrer Pfarr-kirche. Denn alle hatten ihren Anteil an der kunstvollen Bastelarbeit gehabt.

Und dann geschah das Unfaßbare: Als am dritten Tage nach Weihnach-ten der Pfarrer durch das Kirchenschiff zur Sakristei schritt und im Vor-übergehen noch einen Blick auf die Krippe werfen wollte, kam ihm der Mesner in heller Verzweiflung entgegen. »Hochwürden, Hochwürden –!« krächzte er heiser vor Aufregung. »Das Kind ist weg! Ja, unser Jesuskind – aus der Krippe haben sie es gestohlen!«

Der Pfarrer schüttelte den Kopf: »Das gibt es in unserer Gemeinde nicht.«

»Dann muß es jemand aus einer anderen Gemeinde sein, der neidisch auf unsere schöne Krippe war.«

Auch das schien dem Pfarrer nicht einzuleuchten. Er sagte in seiner ruhi-gen, bestimmten Art: »Wir wollen selber Detektiv spielen. Ich setze mich hier in den Beichtstuhl und ziehe den Vorhang etwas zurück. So kann ich alles übersehen, was bei der Krippe geschieht. Und Sie verstecken sich hinter dem Pfeiler da.«

Kaum hatte der Mesner sein Versteck und der Pfarrer seinen Spähposten bezogen, als die Kirchentür sich öffnete und kurze, eilige Schritte von den Steinfliesen widerhallten. So unbekümmert tritt kein Dieb auf, sagte sich der Pfarrer und neigte sich etwas vor, um den Eintretenden besser sehen zu können. Der Kleine, der da so selbstsicher, ohne nach rechts und links zu schauen, direkt auf die Krippe zuschritt, war Rudi, das fünfjährige Brüderchen von Klaus Hartmann, dem Klassenbesten. Wie wird der arme Kleine erschrecken, wenn er die Krippe leer findet, dachte der Pfar-rer mit Bedauern.

Aber von Erschrecken war nichts zu merken. Das Kind beugte sich über die leere Krippe und legte mit äußerster Behutsamkeit den mitgebrach-ten Gegenstand hinein. Dann glättete es sorgfältig das Stroh und Moos ringsum – und als es dabei zur Seite trat und den Blick auf die Krippe freigab, glaubte er Pfarrer, seinen Augen nicht trauen zu dürfen – denn da lag vor ihm holdselig lächelnd, mit zärtlich ausgestreckten Händchen, das verschwundene Jesulein.

Da stand der Pfarrer vor ihm. »Wie kommst du zu dem Jesulein?« fragte er erstaunt. »Wo hast du es gefunden? Oder wer hat es dir gegeben?«

»Niemand hat es mir gegeben«, sagte Rudi, »ich habe es aus der Krippe genommen.«

»Aber warum denn? Was hast du denn mit dem Jesulein gemacht?«

Jetzt wurde das Kind verlegen und blickte scheu vor sich hin. Aber dann schaute es den Pfarrer treuherzig an und sagte: »Herr Pfarrer, das war nämlich so: Ich hätte so gern einen schönen Roller gehabt, weil ich doch so gern Roller fahre.«

»Und hast keinen bekommen?« fragte der Pfarrer voll Bedauern.

»Für meine Mutter war er zu teuer«, erklärte Rudi, »und da habe ich mir einen vom Christkind gewünscht.«

»Und das Christkind hat dir den Roller gebracht?«

»O ja, Herr Pfarrer«, nickte Rudi, und sein Gesichtchen strahlte vor Glück. »Einen ganz wunderschönen Roller. Und ich bin so glücklich damit und dem lieben Christkind so dankbar. Und da hab ich gedacht, wo doch alle Kinder so gern Roller fahren, würde es dem Christkind auch Freude machen, und weil ich ihm so dankbar bin, wollte ich ihm mal zeigen, wie schön es sich mit dem neuen Roller fahren läßt ...«

»Und da bist du mit dem Jesulein Roller gefahren?«

»Ja, Herr Pfarrer, jetzt eben. Drei Runden hab ich mit ihm um die Kirche gemacht.«

Max Peinkofer

Die Schatzgräber

Babette Geyer, dem Neunziger nahe, bewahrte als Älteste des Dorfes Heiligenufer viel Wissen um dessen ehemalige berühmte Abtei. Ihr hatten noch Mönche des früheren Klosters das Taufwasser gereicht und die ersten Glaubenslehren beigebracht. Der Vater war Kammerdiener bei den letzten zwei Prälaten des reichen und großen Stiftes gewesen, von dem außer wehmutsvollen Erinnerungen nichts übriggeblieben war als das hohe Münster und verfallende Gebäudeflügel. Der Vater der Babette hatte seinen Äbten nahegestanden in allem. Er hatte noch die letzten Blütezeiten von Heiligenufer miterlebt und war Zeuge gewesen, als die prachtvolle Abtei gewaltsam aufgehoben und beraubt wurde und in Trümmer sank.

Die Geyerin, die »Prälatenbabett« genannt, wohnte in einem Stüblein, das einst das geheime Schreibkabinett des hochmögenden Prälaten gewesen war. Prunkvoll mag einst der Raum ausgestattet gewesen sein. Davon zeugten die fürstliche Stuckdecke, die immer mehr zerbröckelte, die verblichenen und abgeblätterten Fresken und die zerschlissene Tapete. Darin nahm sich der armselige Hausrat der Babett noch armseliger aus.

In dieser Stube verbrachte die Alte ihre stillen und einsamen Tage. Jeden Morgen schleppte sie sich, gebeugt von der Last der Jahre, zur Messe in die verwaiste Stiftskirche und dann in den Friedhof, darin ihr längst verstorbener Mann und alle ihre Kinder ruhten. Dann war sie den ganzen Tag allein. Als sie noch jünger und gesünder gewesen war, hatte sie gerne erzählt, was sie vom Vater her wußte: von festlichen Gottesdiensten, von hohen Besuchen, von reichen Gastmählern und prunkvollen Festen; aber auch vom stillen Beten heiligmäßiger Mönche und ihrem segensreichen Wirken für Kirche und Volk.

Im Orte munkelte man davon, daß die Babett ein großes Geheimnis verwahre, von einem wertvollen Schatz wisse, den ihr Vater im Auftrag des letzten Abtes in der Todesstunde des Klosters heimlich vergraben habe. Außer ihm habe davon niemand gewußt als der Abt, der, verbittert und erblindet, den Untergang seines Hauses lange überlebt hat. Sooft man auch in die Greisin drang, ihr Geheimnis zu enthüllen, sie schwieg, wehrte ab und lächelte leise.

Es kam ein sehr strenger Winter und legte die Babett auf das Sterbebett. Sie hatte an ihrem Namensfest lange auf den Knien in der eisigen Ölbergkapelle für ihre Toten gebetet und sich dabei den Todeskeim geholt. »Ja, ja«, sagte sie lächelnd, »der Tod muß seinen Anfang haben! Es ist Zeit, daß ich endlich heimgehe. Heuer feiere ich die Mettennacht im Himmel!« Die Schwerkranke lag tagelang völlig schweigsam auf ihrem Bett. Fragte sie ihre Wärterin, gab sie verwirrte Antworten.

Da hatte sie nochmals eine geistesklare Stunde. Sie redete ruhig und besonnen wie sonst, traf Anordnungen für ihr Begräbnis und die Verteilung ihrer geringen Habe. Ohne Angst schaute sie dem Tod ins Auge. Für sie, die dieser Welt längst abgestorben war, hatte das Ende keine Schrecknisse mehr. In dieser aufgehellten Stunde ließ sie den Pfarrer kommen, der sie wohl ausrüstete für die Reise in die Ewigkeit, und dann ihren Jugendfreund, den Jobstenhans, der um zehn Jahre jünger war als die Babett und auf den sie große Stücke hielt.

Der Jobstenhans kam und setzte sich ans Sterbelager. Lange blickte die Babett den Alten an, mit seltsam großen leuchtenden Augen. Es war, als ob sich darin schon der Glanz einer anderen Welt spiegelte. Erregt zupfte die Sterbende an dem Deckbett. Dann rief sie dreimal laut und hastig: »Bua, Bua, Bua!« Hierauf begann sie wieder schwer zu röcheln. Der Hans griff nach der dürren Hand seiner Freundin: »Red, Babett! Was willst du mir denn noch sagen?«

Mit einem Male richtete sich die Todgeweihte auf: »Hans, der Schatz liegt unter der Zeder, im Prälatengarten. Grabt nach, grabt nach, aber ja in der Mettennacht!« Dann starrte sie eine Weile in die Ecke; sie ließ sich wieder nieder, faltete die Hände und schlief ein. Es war ein Schlummer, aus dem sie nicht mehr erwachte. Hans zündete die Totenkerze an, holte die Wärterin, blieb dann eine Zeit am Bett der Entschlafenen stehen und betete: »Herr, gib ihr die ewige Ruhe!« ...

Das Wort, das die Verstorbene hinterlassen hatte, ging bald von Mund zu Mund. Es trug Hoffnungen, Unruhe und Zwist in die stillen Adventstage und in die sonst so friedliche Ortschaft. Wieder erinnerte man sich der Sage von dem vergrabenen Prälatenschatz. Man redete von ungeheuren Geldern, von goldnen Hirtenstäben, edelsteinschweren Ringen und Brustkreuzen, von perlenbeladenen Infeln, von heiligen Gefäßen und silbernem Tafelgeschirr. Manche machten sich lustig über die letzten

Worte der Geyerin und deuteten sie als Ausfluß verwirrten Geistes. Aber der Hans und ein paar andere Männer glaubten an die Mitteilung der Verstorbenen und gingen in aller Heimlichkeit daran, ihren Wunsch zu erfüllen. Diese Alten wußten es noch, daß die Heilige Nacht günstig sei zur Hebung verborgener Schätze ...

Die ganze Gegend war tief verschneit. Eisschollen schwammen auf dem Donaustrom. Nebel spann sich um die hohen Türme des Münsters. Der Winter hatte auch den einstigen Prälatengarten umfangen, der nichts mehr ahnen ließ von sommerlichen Blüten und grünem Gesträuch. Bloß die alte Zeder stand noch da in ihrem frischen Grün, freilich auch bedeckt mit dichtem Schnee. Da stand die Zeder in dem weiten Garten, den eine mittelalterliche Wehrmauer mit Türmen und Schießscharten umgab, erst recht heimatverloren und landfremd. Denn ihre Heimat war das Heilige Land.

Mönch Wolfker hatte unter Kaiser Rotbart den Kreuzzug ins Gelobte Land mitgemacht. Dort hatte er aus der Erde des Libanon ein zartes Zedernbäumchen genommen, um es in der nordischen Heimat einzupflanzen. Der Kreuzfahrer hatte das Bäumchen an der Geburtsgrotte des Heilandes in Bethlehem berührt und es dort geweiht, auf daß es seiner Abtei Segen bringe und ihr immerwährendes Andenken sei an jene Erde, auf der unser Herr und Heiland gelebt und gelitten hat. Die junge Zeder überstand glücklich die weite, gefahrenreiche Reise. Sie habe, so wußte die Legende, den Sturm des entfesselten Meeres gestillt und eine räuberische Rotte vertrieben, die sich den Kreuzfahrern in den Weg stellen wollte.

Nach seiner Heimkehr pflanzte Pater Wolfker das Bäumchen unter den Segnungen seines Abtes und seiner Mitbrüder in den Klostergarten. Es wuchs und gedieh und überstand alle Wetterunbill des nordischen Landes, sah die guten und schlimmen Zeiten der Abtei und überlebte auch die Zerstörung des Klosters. Eine Verheißung knüpfte sich an den immergrünen Fremdling: Kein Blitz wird die Zeder im Prälatengarten von Heiligenufer spalten, kein Sturm sie knicken, keine Axt sie fällen können. Sie wird überstehen Kriegsdrangsal, Raub und Feuersbrünste, Überschwemmungen und Klosteraufhebung. Sie wird miterleben die Wiedergeburt der Abtei in harter Kriegszeit ...

Schweigsame Männer umstanden in der Christnacht des Jahres 19.. die Zeder. Laternen erhellten das Dunkel. Hacken und Spaten durchbohrten still und gelassen Eis und Schnee und Erdreich. Die Werkzeuge stießen auf Wurzelwerk und Bauschutt, drangen immer tiefer und tiefer, arbeiteten und werkten, fanden aber nichts von einem Schatz. Es war spät in der Nacht. Daheim in den Weihnachtsstuben fragte man sich, wo wohl der Vater oder der Großvater sein möge und weshalb er so lange ausbleibe. Schon wollte der Mut der Schatzgräber sinken, ihre Kraft erlahmen, alle Hoffnung schwinden. Allein der greise Hans feuerte seine Helfer immer wieder an weiterzugraben. Er sah die leuchtenden Augen der sterbenden Babett und hörte ihren Befehl, der dieses Werk verlangt hatte. Es war eine glückliche Fügung, daß es ihr noch gegönnt war, dem Hans ihr großes Geheimnis anzuvertrauen.

Man grub weiter und weiter und stieß dann auf eine schwere Steinplatte, die man mühsam aus der Grube heraushob. Dann noch eine kurze Weile; die Schläge der Werkzeuge deuteten an, daß man auf Eisen gestoßen sei. Das Licht der Laterne fiel auf eine eiserne Truhe. Rasch und freudig barg man das kunstreiche alte Behältnis und öffnete seine schweren Riegel.

Dann hob der Hans den Deckel und begann den Inhalt der Truhe zu enthüllen. Im gleichen Augenblick zerbrach ein lauter Böllerschuß den Frieden der Heiligen Nacht, um das Christkind zu begrüßen. Der Schuß war zugleich eine Ehrensalve für den wundersamen Schatz, den der Hans mit zitternden Händen aus brüchigem Brokat nahm. Da standen die Schatzgräber eine Weile still vor dem Schatz, der so schön glänzte im Schein der Laternen. Die Männer falteten die Hände und beteten. Die Weihnachtsglocken der hohen Münstertürme wurden lebendig und frohlockten hinweg über Land und Strom und hinein ins nahe Waldgebirg...

Noch grünt die Zeder im Klostergarten zu Heiligenufer in ungebrochener Kraft. Die Abtei konnte wiederaufgerichtet werden; in jenem Jahr, da der große Krieg zu Ende ging. Aus den Trümmern einer gnadenlosen Zeit steigt das Stift wieder empor zu neuer Größe und neuen Aufgaben. Wieder singen Benediktiner das Chorgebet im hohen Münster, das weithin das Land beherrscht; und wieder ziehen feierliche Gottesdienste die frommen Herzen an.

In der Heiligen Nacht aber hat das Münster Jahr für Jahr seine größte Stunde. Die zeitlosen Klänge der Weihnachtsvesper sind verhallt. Die Kirche hat sich in besten Schmuck und reichsten Glanz geworfen. Aus den goldverzierten Riesenschränken der königlichen Sakristei wurden die schönsten alten Stücke geholt und auf den Altären zur Schau gestellt.

Tannenbäumchen stehen auch dort, und Purpur schwingt sich über die Brüstungen der Balkone. Vor dem prunkenden Hochaltar steht in einem Kranz von Silberleuchtern und Tannenbäumchen auf einem schweren Teppich eine leere Krippe. Eine Glocke läutet dreimal. Dann bewegt sich ein festlicher Zug von der Sakristei zur Krippe. Mönche, Meßbuben und weiße Mädchen geleiten den Abt. Er trägt auf seinem Arm ein weißseidenes Kissen. Darauf ruht ein holdes wächsernes Christkind. Lächeln liegt auf seinem Gesichtlein, freundlich blicken die dunklen Augen, fröhlich winken die patschigen Händchen. Und weit spannt es seine Arme, als wollte es alle Welt an sich ziehen. Es war ein Meister des achtzehnten Jahrhunderts, der dieses anmutige Gotteskind geformt und ihm himmlisches Wesen eingehaucht hat. Dazu trägt das Kindlein die kostbarsten Kleider, reich mit edlen Steinen und Goldspitzen besetzt.

Der Abt macht vor dem Kripplein halt und beräuchert es. Dann legt er das Kind in die Krippe und singt die frohe Botschaft der Weihnacht. Dann erwachen auf der Empore die Waldhörner und Pauken, die Flöten und Geigen und machen dem Kind die lieblichste Hirtenmusik. Dicht ist die große Kirche gefüllt; von weit her sind die Leute zur Krippenlegung von Heiligenufer gekommen. Sie sind sehr andächtig und ganz weihnachtlich gestimmt und singen mit den Mönchen das Lied von der stillen, der heiligen Nacht.

Gerne stehen Kinder, Männer und Frauen an den Weihnachtstagen vor dem Kind in der Krippe und nehmen von ihm mit einen Strahl weihnächtlichen Glanzes und einen Hauch göttlichen Friedens. Es geht ein starker Segen von diesem Kinde aus. Es wird erzählt, ein Familienvater, der dem Trunk und Müßiggang verfallen war, habe sich bekehrt, als er dem Kind eine Zeitlang in die Augen geschaut hatte.

Dieses wächserne Christkind ist es gewesen, das wackere Männer in einer fernen Christnacht aus langer Verborgenheit genommen haben. Abt Kilian, der Letzte des alten Stiftes, hat gut getan, als er das himmlische Kleinod, das er so sehr liebte, verwahren ließ, über rohe und ehrfurchtslose Zeiten hinweg. So hat er es herübergerettet in unsere Tage, denen ein solcher Weihnachtsschatz erst recht vonnöten ist.

Georg Lohmeier

Und Josef hält den Hauch zurück

Als altn Bauernknecht taugn oan die vuiln Feiertag z' Weihnachtn. Da
schnauft man se dengascht a weng aus. Gestern is der Heil'Abnd gwen,
da is man natürli a d' Mettn ganga. Sie habn aa narrisch gmentert – auf
lateinisch – vorn am Altar der Herr Pfarrer und am Chor obn der Lehrer
mit der Orgl und mit die Sängerinnen und Sänger. Der Schußmüllner
Male hat gar mit einer Geign mitgeigt und der Bräu mit der Trompetn.
Danach geht man na hoam und is recht zünfti', weil se' a jeds freit iatz
auf die Mettnsuppn mit Leber- und Bluatwurscht. Dös is dös best schon
bald vom ganzn Weihnachter. Da löffelt a jeder mit, aa da Voda, der haus-
hüatn hat müaßn und an Mettnstock verhoazt hat. An Weihnachtstag in
der Früah geht er dafür as Hirtnamt. Da passns hin zu die Hirta, die altn
Austragler.
Mir tean wia all Tag unser Stallarbet. Und kimmt mir schier dengascht
vür, als wann d' Roß heint anderst waarn. Die traget Stuatn is so vuil brav,
ja der Spitzhengst gar, schlagt heint net aus beim Einstrahn. Was s' woihl
gredt habn, die Rösser – in der Heiligen Nacht? – Ja, freili, in der Mettnnacht – und nur in der Mettnnacht – derfan d' Roß redn. – Woaß Gott,
sie werdn halt a weng schimpfa über die Knecht, über die schlecht Strah
heuer und übers gringe Gsod. Und nachand aa nennens' halt aa den Nam
von dem, der ebba gar sterbn müaßt dös Jahr. Habs wieder net ghört
heuer. Nach der Kaffeesuppn und die Leckerl geht's an Pfarrgottsdeanst.
Da is no mal recht feierlich und schön. Da singens all Jahr bei der Opfe-
rung dös Lied, wo's hoaßt »... und Josef hält den Hauch zurück, damit er
's Kindl net derschrickt«. – Dös gfallt mir. A so waarn ünsere Zimmerleit
kaam. Dia schnupfan und niassn dir fredi' as Gsicht. Da is koan Vergleich
mitm heilign Josef!
Z' Mittag dahoam gibt's a Mordstrumm Schweinsbratn, woazer Knö'l
und Kraut dazua und aar a Bier, a Weihnachtsmaß.
Da legt se nachand a jeds gern a Stünderl nieder, und na' is' eh bereits
Zeit auf d' Vesper.
Da geht's wieder schwaar lateinisch oba. Wann mar aa net alls versteht,
hörn tuat ma's do gern. Und wia feierli' daß zuageht no mal! Bsunders

235

beim Gloria patri et filio! Da macht gar no d' Pfarrersköchin in der erstn Bank vorn die Verneigung mit. Dauern tuat die Vesper guat a Stund, und drum werd's drei, bis man zon Wirt kimmt, wo man no mal a Weihnachtsmaß trinkt. Na' is eh schon wieder Zeit zu der Stallarbet. Man kimmt ja zu süst nix mehr. Und der Bauer sagt, er muaß no mal Saupassn heit nacht, weil sein konn, daß man no mal Facken kriagn und habn man schon neine von der altn Lous.

Guate Nacht, i gehn bald as Bett, weil: morgn is der Stephanitag, da halt ünser Feierwehr sein Christbaumversteigerung. Da werd's wieder drei, viere in der Früah.

III.

Neujahr und Dreikini

Georg Lohmeier

Es is ja grad, daß d' Zeit vergeht!

's Jahr geht z' End! –
Schon wieder is' Silvester!
Und hat man 's ganze Jahr kaam kennt
Sein Bruadern und sein Schwester!
Man is grad umanandergrennt,
Und iatz is' z' End!

Was bleibt, is die Vergänglichkeit,
A Stückerl von der Ewigkeit.
Dableibn derf koaner, alls vergeht!
Aa wenn d' Welt lang no weitersteht.
Es is ja grad, daß d' Zeit vergeht!

Es is ja grad, daß d' Zeit vergeht! – Das ist ein Spruch für die heutige Zeit!
Dagegen kann man nichts sagen. Ob müd oder lebfrisch, krank oder
gesund, traurig oder verliebt, arm oder reich, schön oder grob, groß oder
klein, gscheit oder dumm, es ist alles wurscht, »sub specie aeternitatis« –
angesichts der Ewigkeit – sind alle Menschen zertretbare Würmer.
Der Spruch stimmt immer: »Es is ja grad, daß d' Zeit vergeht.«
Und er ist bayerisch, steckt voll der Bierruhe und Gefaßtheit auf noch
schlimmere Zeiten. Besser werden die Jahre nicht. – Und vergeht dir der
Rheumatismus im Dezember, kann im Januar schon der Ischias kommen!
– Oder, wie beim Sternecker Blasi, dem ist das vergangene Jahr 's Weib
gstorbn, aber im kommenden will er schon wieder heiraten. Ihm ist's
auch grad, daß die Zeit vergeht.
Der Oberzauser Beni hat im verflossenen Jahr seine Schuldenlast um die
Hälfte verringert, und sein Konto ist nur mehr um fünf Monatsgehälter
überzogen – jetzt auf den Jahresultimo –, aber schon will er sich im
kommenden Jahr einen langgehegten Wunsch erfüllen und sich endlich
eine Weltreise gönnen.
Und der kraftstrotzende und kerngesunde Dominik wird sich schon am
Neujahrstag beim Skifahren gleich zwei Haxen brechen. Der Oberregie-

rungsrat Maiermüller wird auch im kommenden Jahr noch nicht zum Regierungsdirektor befördert werden. Der Claus und die Lisbeth werden auf ihrem Lateinfünfer hocken bleiben und sich um keinen Deut bessern. Der Fritz wird von einem Dreier in der Mathematik auf einen Vierer herabkommen. 's Urlaubswetter werd gräußli werdn, 's Benzin no teuerer und 's Bier kaam billiger. Besser werdn die Zeiten nicht. Aber recht vuil schlechter aa net. – Denn allerweil auf oan Seitn hängts net. – Und es geht schon wieder amal liachter aa her. – Und a Glück is für an jeden vorbereitet. Und wenns auf dera Welt nimmer sein kann, in der andern. Es is ja grad, daß d' Zeit vergeht!

Daß die Zeit vergeht, das merkst du ganz besonders am heutigen Silvestertag, denn heut schnackelt der Kalender. Und der Kalender läßt sich nicht bremsen. Wir Bayern und die meisten christlichen Länder haben seit dem Jahre 1582 den gleichen Kalender. Die Schweiz und Dänemark und die protestantischen Staaten von Deutschland – also auch Preußen – haben erst im Jahre 1700 die Gregorianische Kalenderreform akzeptiert. England 1752, Rußland gar erst unter Lenin.

In der Bulle »inter gravissimas« vom Februar 1582 hat der Papst angeordnet, daß zur besseren Übereinstimmung des Kalenders mit der wirklichen Chronologie eines Erdenjahres die Tage vom 4. mit 14. Oktober 1582 ausfallen müßten, daß man also vom 4. Oktober gleich auf den 15. umblättern soll. Dazu muß alle hundert Jahr ein Schalttag ausfallen. – Jetzt war man der Zeit dann genau auf der Spur. Denn der alte römische Kalender, der Julianische, der noch von Cäsar hergestammt hat, hatte ein Jahr, das um 11 Minuten und 14 Sekunden zu lang gewesen ist.

Durch diese Zeitverzögerung wäre Weihnachten tatsächlich eines Tages – nach 20.000 Jahren – in den Sommer gefallen.

Aber gar so unsympathisch muß das Julianische Kalenderjahr nicht gewesen sein! – Es war immerhin um 11 Minuten und 14 Sekunden länger wie das unsrige, das Gregorianische von 1582. – Gute elf Minuten sind auch nicht zu verachten!

Dös is ja fast a kloane Viertelstund! Und was könnt man oft mit einer so kleinen Viertelstund net alles anfangen! – Langsamer essen, noch mal eine Halbe trinken, mit seinem Bruder telefonieren, geschwind die kranke Nachbarin besuchen, mit einem verkrachten Neidhammel ein paar hinterkünftige Redensarten austauschen, statt hundertvierzig Kilometer in der Stunde nur hundert fahren, noch mal ein bisserl einschlafen, seinen Kindern eine Gutenachtgeschichte erzählen und seinem Weiberl noch

mal eine Liebeserklärung machen, eine zuckersüße und ganz mechanisch; auf daß vielleicht doch mittendrin auf einmal ein Gramm ehrliches Gefühl dazukommt? – Dös und no mehrer ließ' sich mit der Viertelstund von anno 1582 machen ...

Aber na, kürzer hat ers gmacht, 's Jahr, der Papst Gregor! Weils der hochgstudierte Kardinal Nikolaus Cusanus, einstmals auch Propst zu Indersdorf gewesen, weils der unbedingt a so habn hat wolln. Er und der Kalabreser Doktor Aloisio. – Und heut gehts uns ab, die Viertelstund. Und dös wia! – Weil Zeit kann der Mensch gar net gnuag habn. – Zeit ist Geld! – Und 's Geld werd allweil weniger wert. – Drum aa die Zeiten kürzer und hastiger und lausiger werdn. – Ah was! Es is ja grad, daß d' Zeit vergeht!

Gustl Motyka

Silvester

In unserem Volk war lange Zeit der Glaube verwurzelt, daß man in der Silvesternacht in die Zukunft blicken kann. Deshalb ranken sich gerade um diese Nacht, eine der großen Rauhnächte, zahlreiche Bräuche, von denen einige noch heute im Volk lebendig sind.

Vor allem sind die Menschen bedacht, diese Nacht im Familienkreis zu feiern. Nach der Jahresschlußandacht in der Kirche und nach dem Abfüttern der Tiere wird das Abendessen eingenommen. Früher achtete man besonders auf die Üppigkeit, denn man glaubte, daß davon die Sättigung des kommenden Jahres abhängt.

Früher saßen der Bauer, die Bäuerin und das Gesinde um den Tisch, und bei einer Flasche selbstgebranntem Schnaps wurde ein Jahresrückblick gehalten. Doch schon bald geisterten in den Stuben Rauhnachts- und Geisterwesen in den Gesprächen. Schaurige Geschichten wurden erzählt, und je näher die Uhr auf Mitternacht rückte, um so mehr traten und treten die Orakel in den Mittelpunkt der Unterhaltung. Beim Pantoffelwerfen wird folgendes Sprüchlein gesagt:

Schaut die Pantoffelspitz zua Tür,
noua göiht's a bal furt von hier;
liegt awa ganz vurn da Absatz,
noua göiht ma vorbei da Schatz.

Auch durchschnitten heiratslustige Mädchen einen Apfel. Die Anzahl der Kerne ließ auf eine Heirat schließen: war die Zahl gerade, so fand bald Hochzeit statt, bei ungerader Zahl verschob sie sich. In der mittleren Oberpfalz schälen Mädchen Äpfel, aber es darf von einem Apfel nur eine Schale sich bilden. Diese Schale wird über den Rücken in die Stube geworfen. Aus diesem Gebilde wird dann der Anfangsbuchstabe des zukünftigen Bräutigams gelesen.

Andere Mädchen schleichen sich kurz vor Mitternacht in den Obstgarten und werfen mit Knüppeln auf einen Baum. Während des Werfens wird folgender Spruch gesagt:

Liaba Prügel, i wirf di
öitza über den Baam,
Hunderl bell und sag mir,
wo is denn ma Schatz daham!

Aus der Richtung, aus der nun ein Hundegebell kommt, von dorther ist der Zukünftige zu erwarten.

Durch Schießen, Peitschenknallen und vor allem durch viel Lärm sollten früher die bösen Dämonen vertrieben werden. Heute ist noch immer die »Knallerei« zu Silvester.

In manchen Gemeinden halten die Gemeinderäte noch eine Jahresschlußsitzung ab.

245

Georg Lohmeier

Der heilige Papst Silvester

Der heilige Papst Silvester, dessen hochheiliges Fest wir heute feiern, weil er am 31. Dezember anno 335 zu Rom gestorben und auch an einem 31. Dezember zum Papst gewählt worden ist, anno 314, er ist der erste Papst gewesen, der sich nicht mehr in den Katakomben hat verstecken müssen. Unter seinen Vorgängern haben die Kaiser die Christen allerweil noch gern gemartert. – Sein Zeitgenosse, der Kaiser Konstantin, aber hat den Christen den Frieden gegeben und hat ihre Lehre über Jesus Christus in den Rang einer römischen Staatsreligion gehoben. – Als junger Priester noch hatte sich Silvester in den Höhlen des Gebirges versteckt halten müssen, und als Nachfolger des hl. Petrus ist es ihm in den ersten Jahren auch noch schlecht genug ergangen. Und jetzt darf er die große Zeitenwende erleben, den Sieg über das Heidentum. Aus der Tiefe der Katakomben hat er die Kirche ans Licht geführt. Und auf einmal war er – der zuvor noch wie ein Flüchtiger und polizeilich Gesuchter hat leben müssen – der Träger der Tiara, der große Bischof von Rom, der pontifex maximus.

Das war wohl ein Umschwung! – Da hat aa der Kalender gschnackelt – und drum ist der heutige Tag und die heutige Nacht dem Silvester geweiht. Silvester feiern hoaßt demnach nix anders wiar a guate, a bessere Zeit derhoffa. – Heiliger Papst Silvester, laß uns aar an Erfolg verspürn, daß aufwärtsgeht im neua Jahr!

No net die Hoffnung übertreibn! – Dös hat der heilige Silvester nämlich aa net könna. Kaam is von die Christenmenschen neamand mehr umbracht wordn, neamand mehr von die Tiger und Löwen im Zirkus gefressen worden, aa nimmer gekreuzigt, gerädert, gevierteilt oder wie der heilige Laurentius geröstet oder wie andere Heilige gesotten im siedenden Öl! – Na, na, im Gegenteil, die Christen waren jetzt auf einmal anerkannt und für die besten Staatsbürger erklärt; haben sogar hohe und höchste Posten bekommen, sind Tribune und Feldherrn geworden, kaiserliche Minister und Senatoren, und es ist ihnen gutgegangen, haben kaiserliche Gehälter und Diäten bekommen, da ist die Streiterei losgegangen. – Untereinander haben sie sich zerkriagt, und die Herren Irrlehrer sind aufgestanden. Besonders die Herren Arianer haben auf einmal einen falschen Glauben aufbracht: Daß unser Herr Jesus, habn sie gesagt, net der Herrgott selm gwen waar, sondern grad a Mensch.

Da ist aber der heilige Silvester energisch geworden, und auf dem Konzil von Nicäa sind die Ketzer verurteilt worden, und das Nicäische Glaubensbekenntnis wird ja heutzutag noch gebetet, es ist heute noch wortwörtlich das Credo in der Messe. – »Ich glaube an den einen Herrn, gezeugt, nicht geschaffen und eines Wesens mit dem Vater!«

A so hat er's schreibn lassen in Nicäa, der Papst Silvester – wo dreihundert Bischöf bereits zsammakemma san! – Er selber is net dabeigwen, er hat drei Legatn gschickt ghabt – und der Bischof Hosius von Cordoba hat dös Glaubensbekenntnis im Namen des Papstes als erster unterschriebn.

– Ja, ja, der Papst Silvester! – Sein Nama kann man net vergessn, weil sein Tag muaß a jeder Mensch feiern. – Silvester, eine neue Zeit fängt an! – Eine bessere, meint man. Und dann kommt doch auch wieder was Schlechtes. – Grad a so is' an Silvester ganga. Er hat sich von der neuen Zeit auch nicht den Himmel auf der Welt versprechen dürfen. – Das hat er auch gewiß nicht getan, der Papst Silvester, weil er hats gewußt und ganz fest geglaubt: Auf dera Welt is no koan Mensch an Himmi kemma, net amal der Brandner Kaspar. – Aa er hat auf d' Letzt doch an Boandlkramer braucht dazu. An »hops drah di' aussi, drah di umi« – in an andere Welt!

Franz Ringseis

Sylvester 1972

Da letzte Tog vom oidn Johr
is auf an Sonntog gleng.
So staad, ois waars scho nimma wohr,
schleichts heit seim End entgeng.

Ogschossn ham sies domois wuid:
a Johr voi Freid und Feian –
Jetz scheint eam d Sonn a weni muid
und aa a weni bleian.

Wos war dees Johr ois Grausigs los,
nur guat daß jetz vorbei is.
Wia is a Johr so ahnungslos,
wenns do und nix wia nei is.

Die Leit, die auf da Straßn genga,
san wia die letztn Rest
von am kaputtn Fest –
Nur guat, daß d Hund am Stempn stenga.

Vom oidn Johr da letzte Tog
hot an des neie Johr koa Frog.
Er legt si einfach nieda.
Und morng – pack mas hoit wieda.

Georg Lohmeier

Jahresschlußandacht

An Silvester hat man vor dem letzten Krieg noch eher eine unheimliche Stimmung gehabt: eine Ahnung vom Ende der Welt. Vom Wald her hats an Nebe triebn. Es is net amal richtig Tag wordn, vor lauter Fürchtn und Angsthaben auf die Jahresschlußandacht. Da hat nämlich der Herr Pfarrer eine kräftige Predigt gehalten über das Ende der Zeiten. – Und dös hat ma se gräußlich vorgstellt, wenn amal die Zeit aufhört und es überhaupt keine Zeit mehr gibt, weil die Ewigkeit angebrochen ist. Und am Anfang von der Ewigkeit steht das Jüngste Gericht.

Estote parati, ihr sollt bereit sein, denn der Menschensohn kommt zu einer Stunde, da ihr es nicht ahnt!

So a Predigt is oan durch und durch ganga. Bsonders wenn der Herr über das Sterben im kommenden Jahr gepredigt hat. Mit der ausgestreckten Hand hat er auf einzelne Andächtige herabgedeutet, auch auf junge Burschen und Mädchen, auf Kinder und Greise. – Und justament an dieser Stelle hat er die Predigt unterbrochen, hat sich auf der Kanzel niedergekniet und hat für diejenigen alle beten lassen, die im kommenden neuen Jahr würden sterben müssen. Ein erschütternder Augenblick in der Jahresschlußandacht!

Da ist man schon nachdenklich geworden. – Und beim Heimgehen, wie es schon ein wenig finster gewesen, da hat man überall Gespenster gesehen und Arme-Seelen-Lichter. Vor dem frischen Grabhügel vom Wirt von Sterneck hat man sich gar nicht recht vorbei getraut. – Da liegt schon einer, der diesen Silvester nicht mehr hat erleben dürfen! – Hat er nicht voriges Jahr über die Todesahnungen des Geistlichen Herrn Rates gespöttelt? »Gspannt bin i, ob i dös 1930 no derleb«, hat er voriges Jahr gedacht, »weil der Pfarrer gar a so herdeut hat auf mi.« – Der weierzt gwiß heut nacht!

Ja, ja, am Silvester gehns um, die ganz andern. Da muß man mit den Peitschen knallen – über die Felder, über die Wiesen und besonders im Obstgarten hinten. Es ist waltern nimmer überalln a Losnacht, die Silvesternacht. – Und dengascht unheimlich!

Allerhand Zaubereien werden in der heutigen Nacht angestellt und ausgeführt. Wer sich vor Eifersucht gar nimmer zu helfen weiß und im neuen Jahr ein ganz ein treues Dirndl will, der muß in der Silvesternacht eine geweihte Kerze anzünden, noch beser ein Wachsstöckerl von einer verstorbenen glücklichen Verwandten, und muß danach sein Messer in das Wachsstöckerl stechen und dazu dreimal laut sagen: »Liachtl, dir stich i ins Wachs, Liabste, dir stich i ins Herz!« – Nachand kannst dös ganze Jahr ruhig und schön lebn, dein Dirndl wird dir niemals untreu werdn! – Und wenn sie was anstelln sollt, muß sie sterbn – oder sie wird auf den Tod krank.

Der Irzn Hiase, der Mathias Irzl von Irzlham, hat in der Silvesternacht von seiner totn Großmutter ein Wachsstöckerl ankennt und auf die Habern-bauern Rosi hin dann dem Wachsstöckl mit dem Messer einen Stich versetzt.

Und was ist geschehen? – Bereits im Frühjahr hat die Habernbauern Rosi den Wetzn-Wastl geheiratet, den Sebastian Wetzinger von Wetzing, aber der Hochzeiter hat die Hochzeit um acht Tage verschieben müssen, weil ihm der Irzn Hiase drei Tage vor dem Hochzeitstag aufgelauert und mit dem Messer am rechten Oberschenkel verletzt hat. Der Hiase aber hat sieben Monate ins Gefängnis müssen.

Der Mensch soll eben nicht hexen und zaubern, besonders nicht in der Silvesternacht. Auf daß er nicht erschrickt, denn in der Silvesternacht kann jeder glauben, da geht es leicht. Es sind zu viele Geister in der Luft. – Besonders das Bleisieden und Kaffeesatzlesen kann einen manchmal erschrecken. Ist das nicht ein Schwert? – Ist das nicht eine Lanze, die uns das Herz durchbohren wird? Ein gewaltiger Haifisch? Man ahnt es, fürchtet es, weiß es, was für Unannehmlichkeiten das kommende Jahr bringen wird. Eine Steuerprüfung, eine Operation, einen schrecklichen Verkehrs-unfall oder gar eine Scheidung durch Richter oder Tod. Mariand Josef, dös is ja a Gwehr! – Was bedeut denn dös Gwehr? – Werd i derschossn? – Oder werds schon wieder Kriag?

Man kann nicht vorsichtig genug sein mit dem Hexen und Zaubern in dieser Losnacht. Beten ist wertvoller als Bleigießen. Das Tanzen und Trin-ken ist noch harmloser. Und was hast du schon von der Neugierd? – Wias kimmt, a so kimmts! – Laß ma's rinna, die Zeit – es is nimmer weit!

Joseph Schlicht

Silvesterabend und neues Jahr

Obschon ein Bärenfrost unter Schuhen und Stiefeln glitzerte und knirschte, so lag dennoch in einem volkreichen Altbayernmarkt die ganze
neugierige Menschenwelt in den offenen Fenstern; alles horchte und
spähte: der Silvestersänger sollte durch die Gassen kommen. Und er kam
auch vor ein jedes Haus: der biedere »Spatzerer« (denn so lautete sein
Scherzname). Er war in den Siebzigern; obschon von Gestalt klein und
unansehnlich, doch eine grundehrliche Haut und im Nachtwächterdienst unter allen Ehren ergraut. Er durfte das Neujahransingen aus der
älteren Zeit noch hereinverpflanzen in die neuere; denn diese bestge-
zahlte aller seiner zehntausend nächtlichen Runden erbrachte ihm (zu
seinem Gehalt hinzu) noch einen Hut voll schönste Trinkgelderchen;
aber auch sein ehemaliges Hoheitszeichen (den grimmen Hackenspieß)
durfte, ja mußte er führen bei seinem Silvestergang durch die Markt-
gassen.

Zur Seite schritt ihm jedoch seine blumigste Tochter: die »Spatzenlise«.
Wie der Einhelfer in seinem Bühnenkasten dem Schauspieler, so notwen-
dig war die Lise dem Spatzerer, damit er doch ohne bedeutende Verstöße
seinen rechten Neujahrswunsch vor einem jeden Hause niederlegte.
Denn das war wahrlich nichts Leichtes; er mußte nämlich ein jedes Fami-
lienmitglied mit seinem ganzen Titel (und darin ja nicht zuwenig, eher
zuviel) in wohlgesetzter Rede angratulieren: von den beiden Hausober-
häuptern herab bis zu dem Säugling im Wickelkissen. Das tat der Spatzerer denn auch ganz gewissensängstlich genau; jedes Bübchen, welches
seine erste Hose trug, wurde schon als ein »Herr« angesungen. Traten sie
vor ein Haus, in welchem viele Kinder und Taufheiligen, so frug er seine
Lise zuerst um die verschiedenartigen Namen. Dabei setzte es ungemein
possierliche Zwiegespräche, welche zu belauschen ein köstliches Vergnü-
gen; wie z. B. Spatzerer: »Wie hoaßen denn dem Herrn Landrichter seine
Dianln?« Lise: »Nesterl und Nellerl.« Er: »Jesses; die Leut haben ja Nam
wie d' Hund.« Nach dieser nicht absichtlichen, sondern nur entschlüpf-
ten Artigkeit sang aber der urbrave Spatzerer den beiden blühenden
Fräulchen dafür sein allerzierlichstes neues Jahr. Die Mädchen trugen die

vornehmen Taufnamen Ernestine und Petronelle; der Beamte erhorchte vom Fenster heraus den wunderlichen Ausruf und lachte selbst auch herzlich dazu.

Um den guten Spatzerer mit seinem Singsang und Glückwunsch drehte sich in der Silvesternacht der gesamte Markt; Männchen wie Weibchen lauschten begierig auf den eigenen Hausspruch, und war dieser vorbei, so wollte man unter Klatschen und Basen sehen: was der Spatzerer nun sagen werde bei jenem Haus, bei jener Familie, bei jener Strohjungfer? Und richtig, sei es, daß ihm seine Lise davon nichts sagte oder daß er sich selbst vertölpelte: der biedere Spatzerer titelte in irgendeiner Gasse eine Schönheit noch als »Jungfrau Lene«, obschon der ganze Markt die Hebamme und Taufe gesehen. Lautes Gekicher und Gelächter, von der entblumten Rose aber ja kein Trinkgeldchen, sondern dafür den ärgsten Schimpftitel. Zu diesem einen Unglück gesellte sich sogleich auch ein anderes; eine ehrbare, aber schneidige Handwerkersfrau (mit wenigem Geld und vielen Kinderchen) wetterte, als der Silvestersänger bei ihr anheben wollte, zum Fenster heraus: »I brauch dei Gschroa nöt!« Dadurch kam der Spatzerer mählich in kleinlautes Zaudern und getraute sich mehrere Häuser gar nicht mehr anzusingen; allein damit stach er in ein neues rechtes Wespennest, denn nun mußten diese Familien das Geföppel hören: »Jesses, enk hot nöt amol mehr de Spatzerer dös neu Jahr ansingen mögen.« Und der ehrenbrave alte Spatzerer mußte nicht nur diesen siedheißen Brei auslöffeln, sondern das leidige Fraubasen währte die ganze Neujahrswoche: »Von dir hot er dös gsagt, von dir dös« usw. Und in diesem lebendigen Zungengedresch kamen vom Spatzerer noch soundso viele Verstöße auf; Narreteien, Tölpelstücke, ja selbst ernstliche Ehrenschäden.

Jedoch der abgehetzte biedere Spatzerer saß bereits wieder daheim an seinem warmen Ofen, ließ die böse Welt grollen und klatschen und freute sich auf sein morgiges Gelderntchen. Er hatte wie ein braver Mann redlich sein Allerbestes getan im Singen wie Wünschen während der Silvesternacht, dafür durfte er nun am Neujahrstage selbst (mit einem festen Recht ausgestattet) hineintreten in die einzelnen Marktsfamilien, um von ihnen je nach ihrem Rang und Reichtum einen Taler auf die Hand zu erhalten, einen Gulden, Halbgulden, Viertelsgulden: für die schönen Neujahrsgratulationen.

Der wirkliche Neujahrsmorgen ist im Altbayernland überaus belebt durch das sogenannte »Neujahrsabgewinnen«, eine Volkssitte, welche die ländlichen Häuser mit verworrenstem Geschrei und Lachen erfüllt; jedes Familienglied beeilt sich nämlich, allen andern voraus zu schreien: »Glückseliges neues Jahr!« Dazu blüht den Kinderchen noch eine kindliche Hauptfreude: das neue Jahr dem Vater abzugewinnen. Buben wie Mädchen lauern demnach, bis der Vater sich niederläßt in seinen Armstuhl, sei es, um ein Bändchen der Lederhose zu knüpfen, sei es, um in die Stiefel zu fahren. Im Nu ist dann die ganze Kinderhecke hinter ihm; ein jedes schreit ihm ein glückseliges neues Jahr zu, umklammert den väterlichen Hals mit beiden Händen und schüttelt mit Leibeskräften. Das heißt man in der kurzen Altbayernsprache »den Vater drosseln«; es ist durchaus keine Missetat, sondern größte Liebe. Für diesen kraftwüchsigen Segenswunsch (welchen freilich nicht jede, wohl aber die altbayerische Vaterkehle mutig und tapfer aushält) beschenkte der Bauer seine Buben und Mädchen weiland mit dem funkelnden Neujahrskreuzerl, jetzt mit einem Nickel.

Außer dem Haus, in Dorf und Land, ist der Neujahrstag ebenfalls belebt durch das sogenannte »Neujahrsanschreien«: ein Erwerbszweig solcher armen Kinder, welche sich nicht unter guten Elternhänden befinden; sie sind geistig ausgerüstet mit einem uralten Volksreim und ein wenig Melodie dazu, leiblich aber mit einem Sack und Stecken; so gehen sie herum bei den wohlhabenden Höfen und Sölden. Gerät man solch einem jungen Neujahrssänger in den Weg und fragt ihn freundlich, wohin er denn geht, so sagt er ganz kurz und bündig und aller Volkspoesie einen schnellen Garaus machend: »In's Schrei' geh i.« Und so schreit er auch wirklich in ewiger Leier bei einer jeden Türe, es mag hinter ihr wohnen, wer da will: »I wünsch dem Bauer an golden Rock, der ihm steht wie a Nagerlstock, und i wünsch der Bäuerin a goldene Hauben, die ihr steht wie a Turteltauben.« Die Nelke (im hierländischen Volksmund zunächst das Nelkerl und dann sogleich »das Nagerl«) ist die allbeliebte Bauernblume in Altbayern, namentlich ein buschiger Stock in voller roter Blüte. Der ähnelt auch wirklich jenem feuerroten Leibrock, welcher zu früherer Volkszeit den Bauern festtäglich kleidete wie angegossen und weithin schimmernd, aber er müßte zuvor wieder auferstehen aus dem weiten Grabe der Trachten und Moden; und ein mehr malerisches Volkskleid wie der neuere dunkle Allerweltsstutzrock wäre er auch. Die Bäuerin trägt jetzt im Altbayernland ihr Kopftuch, welchem geradewegs alles fehlt, was schön sein könnte: Farbe, Schnitt und Faltenfall. Jedoch rückt die Haube wieder näher, freilich die städtische Frauen-, nicht aber die alte Landhaube (zu welcher Vogelscheuche meinetwegen keine Bäuerin mehr zurückkehren braucht).

Von je gehören der Goldrock und die Goldhaube beim Bauernstand mehr in das Reich der Wünsche wie Wirklichkeit; es gab zu anderer Zeit schon Bauersleute im Altbayerland, welche golddurchwirkte Röcke und Hauben tragen konnten, und auch jetzt mag es noch solche geben. Aber diese goldenen Bauern werden selten und seltener, zuletzt so selten wie die weißen Spatzen; es gehen zu viele dem Handel und der Börse und auch dem Luxus in den angelweiten Rachen. Aber horch nur, der zwergige Neujahrsanschreier geht über Rock und Haube hinaus und wünscht auch noch »a gutes langes Leben und den Himmel daneben«. Das schlägt doch kein Vernünftiger aus, die katholischen Altbayern von eh und ohnedies, und ich glaube baumfest, im letzten Hintergrund auch der wildeste Freidenker nicht.

Friedrich W. Engelhardt

Der Pfeffertag

In vielen Orten unserer oberpfälzischen Heimat, z. B. in der westlichen Oberpfalz, hat sich bis auf den heutigen Tag ein Heischebrauch, das Pfeffern, erhalten. Die Buben und Burschen haben das Recht, am Stephans- oder Steffitag Mädchen und Frauen mit Fichten- oder Tannenzweigen vom Christbaum, Wacholder- oder Barbarazweigen auf Hände, Arme oder Füße zu schlagen, zu pfeffern, manchmal natürlich auch nur liebevoll zu streicheln, wenn es sich um Liebhaber und Geliebte dreht. Als Entlohnung erhalten die Pfefferer, heute meistens Kinder, Plätzchen, Obst, Kletzenbrot oder etwas Geld.

In der Neumarkter Gegend richten die Buben die Frage an die Mädchen und Weiberleut: »Schmeckt da Pfeffa guat?« Manchmal sagen die Kinder dabei auch ein Sprüchlein her, das neben dem Glückwünschen die Bitte um ein Geldgeschenk unüberhörbar erkennen läßt:

> »Pfeffer, Pfeffer, Stengel,
> du bist so schön wie ein Engel,
> bist so schön wie Milch und Blut,
> wennst mir was gibst, dann bin ich dir gut!«

Das wohl bekannteste Sprüchlein ist weniger aufdringlich und lautet:

> »Pfeffer, Pfeffer, Krone,
> ich pfeffer nicht zum Lohne,
> ich pfeffer nur aus Ehrbarkeit
> dir und mir Gesundheit!«

Andere Sprüche aus der Neumarkter Gegend lauten:

> »Pfeffer, Pfeffer gut,
> der Pfeffer, der ist gut,
> der Pfeffer ist der Ehren wert,
> schöne Mädchen sind 's Pfeffern wert.

Ist der Pfeffer gut?
Ist's der Zahler auch?«

»'s Pfeffern ist guat,
is gsalzen,
is gschmalzen,
is noch niat bald guat?«

In Mockersdorf bei Kemnath-Stadt drohten die Pfefferer:

»Bin ich von weitem hergegangen,
um das Pfeffern anzufangen.
Pfeffre hin und pfeffre her,
kröige viel, so trog i schwer.
Kröige weng (nix), so is's a Schand,
trog a de aus im ganzen Land!«

Solche und ähnliche Sprüchlein werden während des Schlagens mit den Zweigen aufgesagt. Der tiefere Sinn des »Pfefferns« dürfte heute kaum mehr bekannt sein. Es handelt sich dabei um ein uraltes Brauchtum, bei dem das »Schlagen mit der Lebensrute« die wichtigste Rolle spielt. Mit dieser Handlung sollten Wachstum, Fruchtbarkeit, Gesundheit, Kraft, Segen und Glück auf die geschlagenen Menschen übergehen.

In dem Pfefferzweig können wir die Lebensrute erkennen, die uns zur Adventszeit auch im Barbarazweig und in der Nikolausrute begegnet. Übrigens kennt man das Brauchtum des »Pfefferns« nicht allein in der Oberpfalz, sondern auch im Egerland und in Franken. Hier heißt man den Brauch »Fitzeln«, und in der Bamberger Gegend nennt man ihn gar »Kindeln«, weil er dort am 28. Dezember, am Tag der Unschuldigen Kinder, üblich war. Wenn diese Bräuche da und dort voneinander abweichen, so liegt doch in allen derselbe tiefe Sinn, der in den Anschauungen unserer Urahnen seine Wurzeln hat.

Die Mädchen dürfen am Neujahrstag die Buben und Burschen pfeffern.

Georg Lohmeier

Ultimo

Der heilige Silvester kennt net Bruader, net Schwester, er ist der Jahresultimo, und auf den Datum werden akkurate Rechnungen geschrieben. –
Die Schmied und die Wagner, der Schreiner und sogar der Bräu muß auf
Neujahr bezahlt werden. Der Schmied Sepp rechnet schon acht Tag vor Silvester auf seiner großen
Schiefertafel die Außenstände zusammen. »Fürn Nialinger: zwölfmal Roß
beschlagn, drei Radlreaff aufzogn, macht 23.75.« – Das waren noch Zeiten
anno dazumal, in denen das kleine Einmaleins genützt hat. Aber net
überall. Der Bräu hat mit der Braugerste abgerechnet und hat manch
durstiger Bauer kein Geld mehr bekommen. Heut werden das ganze Jahr
hindurch Rechnungen fällig. Der Silvester tut uns nicht mehr weh. Und
doch kann bald wieder ein Silvester ein schweres Gewicht bekommen,
wenn der Zehner schnackelt oder gar der Hunderter. Alle Heiligen stehn
uns bei, der 31. Dezember 1999 steht bald im Kalender, noch ehe der Bub
aus der Schul kommt! – Man kann sich ihn gar net vorstelln, diesen Silvester 1999, den letzten Tag des zweiten Jahrtausends und den darauf
folgenden ersten des neuen Millenariums.
Am Silvester 999 habns gmoant, d'Welt gang zgrund und es kimmt der
Jüngste Tag. – Eine eigene Wissenschaft kam damals in Mode, die
Komputistik, die Lehre vom Ende der irdischen Zeit. Heut weiß man
genau, daß es am 1.1.2000 an die sieben Milliarden Leut geben wird. Weiß
man's so genau? Und ohne Komputisten? –
D'Leut habn schon Silvesterstimmungen erleben müssen, die waren
beängstigend aufregend.
Z. B. die Silvesternacht anno 1805 auf sechse! – Da ist der Reichsherold
von Bayern mit zwei Kesselpaukern und einem Trompeter durch die
Münchner Stadt geritten und hat am Neujahrstag in der Früh das König-
reich Bayern ausgerufen. – Das war ein Tag! Die Glocken haben geläutet,
und der Kaiser Napoleon hat unserem Kronprinzen seinen Degen von
Austerlitz geschenkt.
Und genau hundert Jahr zuvor haben sie in der Silvesternacht anno 1705
auf sechse die letzten Landesdefensoren gefangen und hingerichtet in der

Münchner Stadt. Den Jagerwirt haben sie gar geviertelt und seinen Kopf aufs Isartor gesteckt.

Silvesternächte hats schon gegeben, die derfan net wahr sein. Aber 's Zruckdenka is' diamaln gsund, seufzt der Großvater. – Da lernt man die Zeiten kennen! – Und jene Mächte und Dämonen, welche die Herrscher der Welt manchmal so grausam sein lassen. – Denn die Zeiten sind immer so, wie Verschwendung und Übermut der vieltausend Regierenden größenwahnsinnig sind.

An Silvester anno 1899 z. B. hat sich in Berlin, im Schloß, das nicht mehr besteht, der Kaiser mit seinem gesamten Hofstaat fotografieren lassen, und zwar justament um Mitternacht. Und in dem Augenblick, wo die Hofgeistlichkeit gebetet hat, ist Wilhelm II. spontan in die Knie gesunken. Journalisten haben das damals dann die »Jahrhundertkniebeuge« genannt. »Eine einmalige Silvestergeste!« – Den Leuten damals ist diese kaiserliche Kniebeuge durch und durch gegangen. Daß sogar ein Kaiser hinkniet vor lauter Erwartung und historischer Größe des Augenblicks! – Oder auch schon ein bisserl aus Angst vor dem neuen Jahrhundert?

Am Silvester hörst du's rauschen, die Zeit und die Ewigkeit.

Prost Neujahr, laßts es schnalzn und kracha, daß die bösen Geister verfliagn und dös neue Jahr guat bleibt. Schiaßts es an, verjagts die Teufeln! – Bets man zum hl. Papst Silvester!

Adolf J. Eichenseer

Nachtwächterrufe zum neuen Jahr

Einst trat mit dem Zwölfuhrschlag der Nachtwächter auf, um seinen Glückwunsch zum neuen Jahr zu singen, nicht aus Höflichkeit, sondern aus der Absicht, dafür beschenkt zu werden. Eine ganze Reihe Oberpfälzer Nachtwächterrufe hat sich erhalten:

Neujahrslied des Chamer Nachtwächters

Wir wünschen n Herrn N. und Frau N.
A glückseligs neus Jahr,
A Christkindl mit'n krausten Haar,
A gsunds Lebm, a langs Lebm,
Drum hat uns der liebe Gott
Ein Neujahr gegebm.
Hausmagd steh auf, es is ja scho Zeit,
Die Vögerl singen auf grüner Haid.

Der Fuhrmann fahrt auf der Straßen,
Wir wissen ja nicht, wann der liebe Gott kimmt.
Daß er uns in Gnaden aufnimmt,
Drum hat uns Gott ein neues Jahr gegeben
Zum ewigen Leben.

Neujahrslied des Vilsecker Nachtwächters

Zum neuen Jahr, das jetzt beginnt,
Weil's alte nun ein Ende nimmt,
Euch allen, groß und klein,
Wünsch' ich viel Glück und Freud.
Gott segne uns're Geistlichkeit,
Zu unserer Rettung stets bereit,
Und gib ihr Gnad' und frohen Sinn,
Daß sie uns führ' zum Himmel hin.

Den Königsdienern gebe er,
Daß sie regieren zu deiner Ehr'
Und Land und Volk zu Ehr und Glück
Führen mögen mit Geschick.
Erleucht, o Gott, auch unsern Rat,
Daß er stets hilft zur rechten Tat,
Auch mehr den Wohlstand uns'rer Stadt,
Womit Gott sie gesegnet hat.
Allen Beamten und Gerichtsherrn in der Stadt,
Herrn Bürgermeister und Stadtmagistrat,
Bürgern und Inwohnern,
Jünglingen und Jungfrauen,
Frauen und Witfrauen
Wünsch' ich, daß sie Gott bewahr
Vor allem Übel und Gefahr;
Gott wolle sie segnen und beglücken
Und unsere Stadt vor Feind und Feuergefahr
beschützen!
Nun sieh, o Gott, von oben her
Mit Gnadenaugen dar,
Und vom Greise bis zum kleinsten Kind
Wünsch' ich ein glückseliges neues Jahr.

Neujahrslied des Kallmünzer Nachtwächters

Gott und Herr, dich loben wir, deine Kinder voller Freuden.
Bringen unsre Herzen dir an dem ersten ja heute
für das neugeborne Jahr als ein liebes Opfer dar,
als ein liebes Opfer dar.

Neujahrslied des Treffelsteiner Nachtwächters

Wir wünschen euch allen ein glückseligs neues Jahr,
Fried und Glück, Fried und Glück, Segn und Einigkeit,
ein langes Lebn, ein gsunden Leib
und auch dazu das Himmelreich!

Neujahrslied des Windischeschenbacher Nachtwächters

Hört, ihr Herren und Frauen, laßt euch sag'n,
Daß der Hammer hat zwölf geschlag'n,
Zwölf Uhr, ja zwölf Uhr!
Der Wächter tut sprechen.
Pilatus tat das Stäblein zerbrechen.
(Um diese Stunde.)
Kein' Gnad' kann er erlangen,
Weil er die Sünd' hat begangen.
Nur Jesu allein wird sein.
So danken wir dem lieben Gott,
Daß er uns dieses Jahr behütet hot.
Ihr lieben Christen, seid munter und wach,
Der helle Tag vertreibt die finstere Nacht.
Wir loben Gott den Herrn!
Wir wissen nicht, wann der liebe Gott kimmt
Und unsere Seele zu Gnaden aufnimmt.
Die Stund' ist uns verborgen.
Wir wachen und beten allezeit
Bei Gott um Gnad' und Barmherzigkeit,
Durch Jesum Christum, Amen!

»So wünschen wir Herr'n und Frauen, Söhnen und Töchtern, Knechten und Mägden ein glückseliges, freudenreiches neues Jahr, die ewige Freud' und Seligkeit! Gelobt sei Jesus Christus!«

Neujahrslied des Nittenauer Nachtwächters

So danken wir dem lieben Gott,
Daß er dies Jahr uns b'hütet hot
Vor Feuer, Wasser und Hungersgefahr!
Drum wünsch' euch ein glückselig Jahr.
Ein neues Jahr, ein langes Leben
Woll' uns der himmlisch' Vater geben.
So sagen wir mit Freud
In größter Ehrbarkeit:
Gelobt sei Jesus Christus
In alle Ewigkeit!
Papst Benedikt der Sieb'nte
Hat 'geben diesen Gruß,
Auch hundert Tage Ablaß
Dem Satan zum Verdruß.
So sagen wir mit Freud
In größter Ehrbarkeit:
Gelobt sei Jesus Christus
In alle Ewigkeit!

Neujahrslied des Erbendorfer Nachtwächters

»Ich wünsche dir, mein lieber Christ,
Wessen Standes du auch immer bist,
Ein glückselig neues Jahr,
Fried' und Freude immerdar
Und nach dieser Zeitlichkeit
Einst die ewige Seligkeit.«

Der Waldmünchener Nachtwächter

Nur in Waldmünchen kommt heute noch der Nachtwächter in der Silvesternacht zu den Häusern der Honoratioren und singt seinen Glückwunsch zum neuen Jahr:

Hört, ihr Leut, und laßt euch sagn,
der Hammer am Turm hat zwölfe gschlagn.
Das alte Jahr ist vergangen,
ein neues wollen wir anfangen.
Und so wünschma Herrn ... und seiner Ehefrau
(und seinen Jungherrn und Jungfrauen)
ein glückseliges, freudenreiches neues Jahr:
lang Leben, gesunden Leib, Fried und Einigkeit
und alles, was ein Nachtwächter wünschen kann.
Rufen wir an den heiligen Florian,
daß er uns behüt und bewahr vor aller Feuersgefahr,
rufen wir an den heiligen Sebastian,
daß er uns behüt und bewahr vor Pest und Krankheitsgefahr;
rufen wir an den heiligen Johannes-Segen,
daß er uns dies Jahr viel Glück und Segen möcht geben.
Das mög Jesus und Maria geben!
Gelobt sei Jesus und Maria!

Johann Baptist Laßleben

Neujahr in der Oberpfalz (um 1800)

In Roding bläst der Türmer mit seinen Musikanten vor dem Hause des Pfarrers, des Gutsherrn und der reicheren Bürger und Bauern gegen ein Geschenk das Neujahr an. Auch vom Turme herab kann man in der Neujahrsnacht ihre Weisen hören. In Bärnau treten sie früh vier Uhr in Tätigkeit. (Ähnlich wird es wohl in allen Landstädtchen und Marktflecken gewesen sein, wo Türmer angestellt waren, die stets auch eine Musikkapelle leiteten. In manchen Orten herrscht dieser Brauch jetzt noch.)
In Neustadt W.-N. wird das Neujahr morgens zwischen fünf und sechs Uhr angeschossen. Vor jedem Haus werden ein oder zwei Schuß abgefeuert, damit der Flachs gerät. Ohne dieses Anschießen wird auch keine gute Witterung.
In Waldmünchen gehen am Neujahrstage Scharen von Kindern mitsammen vor die Häuser und rufen:

I wünsch a glückseligs neus Jahr,
a Christkindl mit an krausten Haar,
daß s' g'sund bleib'n und lang leb'n
und an goldnen Tisch,
af jedes Eck an bachnen Fisch
und mitten drein
a goldne Kandl voll Wein.
Dann wird der Herr und die Frau
brav lustig sein.
(Die Kinder werden dann beschenkt.)

Auch in Roding singen die Kinder das Neujahr an.
In Falkenstein gehen die Kinder am (Vor-)Abend in die Häuser und sagen folgenden Spruch:

Glückselig neus Jahr,
a lang's Leben,
a g'sund's Leben,
's Himmelreich
und an Beutel voll Geld daneben.

Früher war es und zum Teil ist es jetzt noch Brauch, daß die Kinder, welche die Schule besuchten, ihren Eltern, vor allem aber dem Herrn Döden und der Frau Dod (Pate und Patin) ihren Neujahrswunsch mit Danksagung für empfangene Liebe und Wohltat in schön geschriebenen Briefen überreichten.

Dazu kam noch ein Spruch als Gedächtnisübung. Ein freundliches altes Mütterlein zu Velburg wußte noch recht gut, was es als Kind bei solcher Gelegenheit sagte. – Sein Spruch war:

> Ich wünsch ein neues Jahr
> und viel der guten Zeit,
> ein reines Gemüt,
> ein frisches Geblüt,
> Glück her von aller Seit,
> und was i hab
> in meiner Gab,
> Das ist in dem Brief beisammen.
> Ich weiß nichts mehr,
> was ich euch verehr;
> nehmt es an in Gottes Namen.

Ein anderer Velburger Spruch, den sich gute Freunde im Scherze sagen, lautet:

> I wünsch a glückseligs neus Jahr,
> nix hint, nix voarn,
> koan Irbl (Ärmel) dran,
> noa is 's a Summakload.

Zu heiratsfähigen Mädchen wird in Tirschenreuth nachstehender Spruch gesagt:

> Viel Glück, Gesundheit, langes Leben,
> das soll ihnen Gott der Ewige geben,
> und was ich ihnen noch wünschen kann,
> ist ein lieber, guter Mann.

Wenn ein Knabe einem Mädchen am Neujahrstag diesen Wunsch zuerst anbringt, so wird diese im neuen Jahr noch Braut.

In Tiefenbach gehen in der Neujahrsnacht die beiden Nachtwächter von Haus zu Haus und singen:

> So wünsch ma halt an Herrn
> a glückseligs neus Jahr,
> Fried' und Einigkeit,

an g'sunden Leib
und die ewige Glückseligkeit.
So singen sie jedem im ganzen Hause, auch der Frau, den Jungherrn und
Jungfraun. Drei Tage danach erhalten sie Getreide und Geld.

In Rötz singen die Nachtwächter:
I wünsch a glückseligs neus Jahr,
an golden Tisch,
af jeden Eck an bachen Fisch,
in der Mitt a Glaserl Wein,
Da können die Herrn Bürger recht lustig sein.

Die Familien und die Gäste in den Wirtshäusern bleiben zu Roding im
traulichen Kreise beisammen, bis die Mitternachtsstunde schlägt und das
neue Jahr beginnt. Unter guten Wünschen trinken sie sich dann gegenseitig zu. (Tanzvergnügen waren an Neujahr zu jener Zeit noch nicht
üblich.) Am Tage selbst gehen die Freunde zueinander auf das Neujahrs-
wünschen. Auch die Geringeren gehen zu Höheren, um sich zugleich zu
empfehlen. Die Armen kommen in Schwärmen und erhalten für ihre
Wünsche eine Gabe; ebenso die Hirten und Nachtwächter. Auch die
Dienstboten werden von ihrer Herrschaft, die Kinder von ihren Eltern
beschenkt. (Jetzt finden diese Bescherungen nicht mehr an Neujahr,
sondern zu Weihnachten statt.)

In Riggau werden an Neujahr die Mädchen von den Buben gepfeffert,
wofür sie diesen Tabak kaufen müssen.

In Stadt Kemnath gehen jedoch die Mädchen aufs Pfeffern. Sie hauen
Männer und Buben und erhalten dafür Geschenke. Diese bringen sie
etliche Tage später in die Rockenstuben mit, wo sie bei frohen Tänzen
verzehrt werden.

Auch in Ebnath gehen die Mädchen in die Häuser und wünschen das
Neujahr an, indem sie sagen:»Ist das Neujahr gut?« Dabei haben sie
einen Barbarazweig in der Hand und peitschen damit die männlichen
Personen, bis sie ein Geschenk erhalten.

In Bärnau gehen am Neujahrstag etwa sechs Burschen vor Tagesanbruch
gegen vier Uhr zum»Moidl-Aufpeitschen«. Jene, welche noch ganz frei
sind, verstecken sich. Abends werden die Burschen von den Mädchen
zum Bier geführt. Es wird die Schön (Schönheit) getrunken, daß sie
schön werden und auch schön bleiben. Am Schlusse werden die
Mädchen von den Burschen nach Hause geleitet. Vor dem Auseinander-
gehen werden diese im Hause der Mädchen mit Kücheln bewirtet.

Die Schön und Stärk wird in Neustadt auch von den verheirateten Männern und Frauen getrunken. Das Pfeffern findet aber hier nicht statt. Um das Schicksal zu erkunden, kauft man in Amberg vor Aufgang der Sonne einen Borsdorfer Apfel ums gleiche Geld, d. h., man frägt nicht nach dem Preis und läßt sich nichts herausgeben. Dann stellt man sich unter die Haustüre und ißt ihn. Während des Essens kommt derjenige, welcher während des Jahres Bräutigam wird. – Um die zwölfte Stunde geht auch die Dirne an ein laufendes Wasser und trinkt davon. Dabei sieht sie ihren Gegenstand (Bräutigam) oder was ihr im Jahre passiert.

In Lixendöfering stellt man sich in der Neujahrsnacht unter den »Trammen«, d. i. der Durchzug (Balken), der die Bretterdecke zu tragen hat. Hier sieht und hört man alles, was das neue Jahr mit sich bringen wird!

In Falkenstein macht man auf den Kreuztrammen der Stubendecke, also auf den Querbalken über der Stube, einen Kreis von einjährigen Haselrütchen und stellt sich um Mitternacht zum »Lusen« hinein. Man hört dann alles, was im neuen Jahre geschehen wird.

In der Neujahrsnacht schneiden sich in Tiefenbach und Fronau die Mädchen zwölf Zettelchen, wovon die Hälfte mit den Namen von heiratsfähigen Männern beschrieben, die andere Hälfte leer gelassen wird. Die Zettelchen kommen dann unter das Kopfkissen, und in der zwölften Nacht lang man rückwärts hinunter und zieht ein Zettelchen. Was auf ihm geschrieben steht, geht dann in diesem Jahr in Erfüllung.

In Amberg merken die Mädchen beim Aufstehen auf, ob eine Henne oder ein Hahn zuerst gackert.

> Gackert der Hahn,
> krieg ich an Mann;
> gackert die Henn,
> krieg ich kenn!

Wenn man am Neujahrstag morgens eine Henne gackern hört, so bedeutet es Unglück; abends jedoch Glück. (Velburg)

Man beachte auch, ob im neuen Jahre ein Mann oder ein Weib zuerst stirbt, danach richtet sich die Sterblichkeit des Geschlechtes. (Ebenda)

Am Neujahrstag früh vorm Gebetläuten muß man ungeweckt aufstehen und eine Haarwurzelstaude aufsuchen, an welcher noch Haarwurzeln (Hagebutten) hängen. Wenn man auf drei Schritt hinkommt, muß man verkehrt zu ihr treten und drei Früchte pflücken und einem Frauenwesen zu essen geben, welche mit dem Rotlauf behaftet ist – so vergeht dieser. (Tiefenbach)

In Neuenhammer bricht man um Mitternacht drei Hagebutten und verschluckt sie; sie helfen gegen die Gicht.

Sogar Schnee und Sturm haben am Neujahrstag eine besondere Bedeutung.

Wenn es am Neujahrstag schneit, so schneit es Soldaten, d. h., es wird Krieg (Prünst); haust der Sturmwind am Neujahrsmorgen, sterben viele große Herren. (Falkenstein)

Was man an Neujahr gut tut, geschieht das ganze Jahr recht, und was man gern tut, macht das ganze Jahr keinen Widerwillen. (Velburg)

Wie man an Neujahr ist, so ist man das ganze Jahr über; hat man an ihm Freud oder Leid, so das ganze Jahr. (Amberg)

Am Tage nach Neujahr verkauft jedermann etwas, damit er Geld einnimmt. Davon wird ein Stück krumm gebogen. Es wird ein Geldbeutel während des ganzen Jahres verwahrt, damit das Geld nicht ausgeht. (Neustadt)

Auch demjenigen, der am Neujahrstag Schweinefleisch ißt, geht das Geld nicht aus. (Amberg)

Odilo Schreyer

Was ein Hauß-Vater im Januario
in der Haußhaltung zu tun habe

1. Im Neuen Jahrs-Tag opffere all dein Thun und Lassen im gantzen Jahr, dem Neu-geboohrnen JEsulein, und unterlasse nit, in all deinen Wercken GOtt stets vor Augen zu haben.

2. Die Bienen-Stöck, wo es nötig, versetze von einem Ort zu dem andern, und verwahre dieselbe wohl, damit die Blumen-Koster nit ausfliegen.

3. Die Hüner, damit sie bald legen, füttere mit Maltz oder gerösteten Haber und Erbsen, auch gerösteten Brod; aber sparsam, sonst legen sie nit wohl.

4. Weil sich jetzt die Pferde hären, so sollest du sie desto besser warten.

5. Wanns sehr kalt ist, so mische den trächtigen Stutten und kleinsten Füllen das kalt Wasser mit warmen.

6. Wann ein warmer Tag ist lasse das Viehe bißweilen aus den Ställen.

7. Die Zucht Kälber laß im letzten Viertl schneiden.

8. Den Schaafen lege Erlenes Laub für, die es übermaulen, und nit anbeissen, thue als schadhaffte an Lung und Leber von andern Schaafen weg.

9. Die junge Peltzer und Bäum, damit sie von den Geißen und Hasen nit benagt werden, bestreiche mit Geiß-Koth, Kühe-Mist, so mit Ochsengall oder mit Wermuth-Safft vermischt ist.

10. Den Graß-Garten, ehe der Schnee gefallen, bestreue mit Aschen, Hüner- und Tauben Mist, so kriegt er schönes Graß und Klee.

11. An den Mandel- Pfirsing- Rosen- Kirschen- und Pflaumen-Bäumen sollest du anjetzo die dürre Äste abnehmen, beschneiden und reinigen.

12. Das Bauholtz haue anjetzo im abnehmenden Mond, so wird es nit Wurmstichig.

Anton Mayer-Pfannholz

Altes Neujahrslied aus dem Werdenfelserlandl

Im Namen Gottes fangen wir an
Ein Neues Jahr zu singen an,
Ein Neues Jahr, eine fröhliche Zeit,
Die uns Gott vom Himmel geit.
Es ist erst heute der achte Tag,
In dem das Kind geboren ward,
Geboren aus Maria Jungfrau rein,
Das soll auch uns'rer Erlöser sein.
Er kam vom Himmel auf die Welt,
Hat nichts gebracht, kein Gut, kein Geld;
Arm und elend lag er hier
In einem Stalle zwischen zwei Tier.
Der Stall stand da wohl ohne Tür
Voll Löcher, wo kein Riegel für.
Regen und Wind schlugen überall,
Der Schnee bedeckt den ganzen Stall.
O Christ, wie kannst du dankbar sein,
Schließ auf dein Haus, laß Jesu ein.
Er wird dich schon dafür belohn'
In der anderen Welt mit der Himmelskron'.
Im Namen Gottes, es werde gar,
Wir wünschen euch ein Neues Jahr.
Was wünschen wir nach dieser Zeit?
Die ewige Glückseligkeit.

Annemarie Krauß

Ein Neujahrswunsch aus alter Zeit

Anstelle der heute üblichen Glückwunschkarten hat man in früherer Zeit umfangreiche Gedichte verschenkt. So hat sich im Stadtarchiv Weiden ein Glückwunsch auf das Jahr 1698 erhalten, der einen sechszackigen Glücksstern darstellt.

Der Mittelpunkt des Sterns wird von sechs Namen gebildet: St. Johannes, St. Matthäus, St. Lukas und St. Markus, St. Heinrich und St. Kunigunde. Die Nennung des Kaisers Heinrich und seiner Gemahlin Kunigunde läßt darauf schließen, daß der Glücksstern im Bistum Bamberg gedruckt worden ist. Zwischen den Zacken des Sterns sind sechs Rechtecke eingeschoben, von denen drei die Initialen CMB aufweisen. In ihnen begegnen uns zum Beginn des neuen Jahres die Heiligen Drei Könige Caspar, Melchior und Balthasar.

Unter der Abkürzung IHS, der griechischen Form für Jesus, die der Volksmund als Jesus, Heiland, Seligmacher erklärt, steht folgender Vers: Gelobt sei die allerhochheiligste Dreifaltigkeit und Jesus Christus, der Gekreuzigte im Allerheiligsten Sakrament des Altars. Unter der Abkürzung MRA für Maria ist zu lesen: Gelobt sei das glorwürdigste Geheimnis der unbefleckten Empfängnis Maria, der Mutter Gottes und Heiligen Jungfrau vor – in – und nach der Geburt. Das sechste Rechteck enthält als Abkürzung für Josef die Buchstaben JOS und als Text: Gelobt sei St. Josef der glorwürdige und selige Nährvater unseres Herrn Jesu Christi, keuschester Bräutigam Maria der Jungfrauen.

Der Text des Glücksssterns – in der Sprache unserer Zeit wiedergegeben – lautet:

> Wohlan! Der Glück-Stern will mit neuer Zierd' jetzt prangen,
> Nachdem die Sonn' vollend' den jahr-gewohnten Lauf.
> Es kommt ein neuer Stern ins blaue Feld gegangen,
> Der leget neue Pfeil auf seinen Bogen auf.
> Der Jahren Phönix fangt aufs neue an zu leben,
> Und wie der Adler jung wird wiederum die Zeit,
> Darum hat, einen Wunsch zum neuen Jahr zu geben,
> Gesetzet und gedruckt dies meine Schuldigkeit.

So lebet dann beglückt, ihr herzlich Wohlgeneigte,
Und bringet eure Jahr des Nestors Jahre bei.
Gott, der bishero sich ganz gnädig euch erzeigte,
Mit seiner Hilf und Gnad noch ferner bei euch sei.
Solang ihr Atem holt, von Gott erfüllt mit Freuden,
Kein Hagel von dem Neid, kein Donner von der Pein,
Kein kalter Reif des Tods, kein Wasser – Gift des Leiden,
Nur lauter heit're Täg zu finden wollen sein.
Es woll' der Gnadenstern von oben eure Sachen bescheinen,
Niemals sei bei euch ein Sternen-Wend'.
Der Fried- und Freudenstern mit seiner Feuer-Kerzen
Wollt glänzend eurem Haupt sich zeigen ohne End'.
Die Verbindung von Buchstaben, Bildzeichen und Text war als Heiltumszeichen in der Volkskunst früherer Jahrhunderte sehr beliebt und geht wahrscheinlich auf das alttestamentarische Salomonssiegel zurück.

Inge Peitzsch

Januar

Die Nacht, in der das alte Jahr geht und ein neues kommt, war unseren Vorfahren nicht geheuer. Zwar waren sie inzwischen zu guten Christen geworden und glaubten nicht mehr an Wotans Wilde Jagd – aber am Ende zieht eben doch noch das »Wuide Gjaid« über Haus, Hof, Äcker, Wiesen und Wälder. Auf alle Fälle vollführten unsere Ahnen einen »Heidenlärm« im wahrsten Sinne des Wortes, um alle üblen Gespenster in die Flucht zu schlagen. Aus ähnlichen Motiven heraus begrüßen wohl die Menschen auf der ganzen Welt ein neues Jahr auch bis in unsere Zeit hinein mit Feuerwerk und Gesängen, mit Peitschenknall und Glockengeläut.

In Bayern hat man von jeher viel Freud' am Schießen gehabt, und so hat im Jahre 1887 Sebastian Bieler, von seinen Freunden liebevoll der Votzenschmied-Wastl genannt, den ersten Weihnachtsschützenverein im Berchtesgadener Land gegründet. Inzwischen sind es 16 Schützenvereine geworden, deren rund 800 Mitglieder mit altertümlichen Kanonen und ungefügten Handböllern alljährlich das neue Jahr anschießen. Um Mitternacht stellen sie sich an ihren verschiedenen Standplätzen, den Passen, in Reihen auf, der Schützenmeister kommandiert, immer häufiger dröhnt Salve um Salve, je näher es auf zwölf Uhr zugeht. Der Rückschlag reißt die Mannerleut fast um, der Donner der Reihenfeuer rollt durch die Täler, von den Bergen prallt das Echo zurück, rötlicher Feuerschein zuckt über den Schnee, Funkenregen sprüht. Gegen halb ein Uhr wird es dann wieder still. Mehr als eine Tonne Pulver ist in die Luft geflogen, das alte Jahr hinausgeböllert, das neue auf das würdigste begrüßt, das »Wuide Gjaid« von Haus und Feld vertrieben.

Ehemals war der erste Tag im bäuerlichen Kalender der 6. Januar. Vielfältiges, buntes Brauchtum verbindet sich mit den drei Weisen aus dem Morgenland, die als erstberufene Heiden das Christkind beschenken und anbeten durften. Heute verkleiden sich Buben mit langen Umhängen und Goldpapierkronen, ziehen hinter einem Sternträger her von Haus zu Haus und singen ihre Neujahrswünsche:

>Die heiling Dreikini mit ihrigem Stern,
Die woll'n wir besingen, ihr Frauen und Herrn.
Ihr Stern gab allen den Scheine,
Ein neues Jahr geht uns hereine ...«

Dieses wohl älteste Dreikönigslied ist zuweilen auf ein respektloses
Verserl verkümmert:

>Die heiling Dreikini mit ihrigem Stern,
die essen und trinken und zahlen nicht gern ...«

Für dieses Sprücherl, das schon Goethe an den Anfang seines Epiphaniasgedichtes gestellt hat, werden die Kinder mit allerlei Schleckereien,
aber auch mit Zehnerln belohnt.

Schon in der Nacht vorher werden die Häuser, Höfe und Ställe
»ausgeräuchert«: eine vom Vater angeführte kleine Prozession zieht durch
Stuben und Kammern bis hinauf zum Dachboden. Geweihte Räucherkörnchen verbrennen auf dem »Glüaht'l«, einer Pfanne mit langem Stiel,
um »das Sach« im kommenden Jahr vor allem Unglück zu bewahren. Mit
geweihten Palmkatzerln vom letzten Palmsonntag wird der Weichbrunn,
das Dreikönigswasser, verspritzt. Es ist um vieles mächtiger und wirkungsvoller als das Weihwasser anderer Tage. Beim Gang durch die
Räume schreibt der Hausvater mit geweihter Kreide an alle Türstöcke
»K+M+B« zusammen mit der neuen Jahreszahl. Den Initialen der drei
großen biblischen Könige werden ähnliche Kräfte zugeschrieben wie dem
heidnischen Drudenfuß: sie sollen bösen, unheilbringenden Geistern den
Schritt über die Schwelle verwehren:

>Die heiligen drei Könige aus dem Morgenland,
Die haben das Glück in der hohlen Hand.
Balthauser treibt den Feind heraus,
Der schwarze Kaspar weiht das Haus,
Der Melcher macht Riegel und Verschluß,
Daß die Weich drinna bleib'n muß!«

...und weil man halt doch »nix G'wiß' woaß«, fügt man den heiligen
Initialen gelegentlich noch einen Drudenhax'n hinzu.

Schnee und Eis laden im Januar bei strahlender Wintersonne unter tiefblauem Himmel zu allerlei sportlichen Wettkämpfen ein. Dabei gebärden sich »Die Grausamen« aus Gaißach bei Bad Tölz besonders waghalsig, wenn sie ihr »Schnablerrennen« fahren. Mit mächtigen Hörnerschlitten, die alltags dem Heu- und Holztransport dienen, sausen sie über einen Ziehweg von der Schwaigeralm hinab und über Schanzen hinunter zum »Gerstland« zu Füßen des Rechelkopfes. Der Schnee stiebt, und wenn sich die zahlreichen Zuschauer die Augen wieder blank gerieben haben, sehen sie oft zwischen verstreuten Holztrümmern lädierte Schlittenlenker liegen. Da der Fasching nicht mehr fern ist, sind Fahrer und Gefährte hin und wieder schon verkleidet und glossieren lokale oder aktuelle Ereignisse.

Ein anderer Wettkampf wird in den ersten Januartagen in Rottach-Egern ausgetragen. Das »Bäuerliche Pferde-Schlittenrennen« wird zwar erst seit 1968 gefahren, hat aber bereits einen festen Platz im Jahreslauf. In den geraden Jahren findet das Rennen auf der Oswaldwiese zu Füßen des Wallbergs statt, in den ungeraden in Parsberg bei Miesbach. Möglichst leichte Eigenbaukonstruktionen stehen am Start, ein Fuhrmann lenkt jeweils ein Pferd. Lediglich in der Klasse der »Oberländer«, der kräftigen Bauernrösser, ist der sogenannte Reibschlitten vorgeschrieben, der das Vorderteil des schweren Hörnerschlittens bildet.

Vorausgesetzt, es herrscht ein richtiger Winter, sind die zahlreichen Seen und Weiher spiegelblank gefroren. »Kimmt daher die Winterszeit, g'frein si alle Mannerleut ...«, frohlockt das Eisstockschützenlied! Landauf und landab ruft der »Moar« seine »Moarschaft«, die Mannschaft, zusammen, um die Eisbahn mit Besen und Wasserkanne zu präparieren, »auf daß die Eisboh' ferti werd und stimmt, wann die große Kält'n kimmt! Dann kriagt der Eisstock no a Wax, bis er danzt auf huraxdax!« Da kann es schon geschehen, daß die gesamte Moarschaft – gegen allzu große Kälte mit einigen Obstlern gewappnet – aufs Zwölfuhrläuten vergißt und daß die Knödl daheim im Kochwasser zerfallen. Es ist halt zu spannend, herauszufinden, welche Moarschaft ihre Stöcke am nächsten zur Daube plazieren kann und somit als Sieger aus dem Wettstreit hervorgeht!

Horst Haubner (überliefert)

Eisstockschützenlied

Kimmt daher de Winterzeit,
G'frein si alle Mannaleit,
Gehn gans außi aufn Anga,
Mit da Eisboh teans ofanga,
Daß sie ferti werd und stimmt,
Wann de große Kältn kimmt.

Auskehrt sche und d' Wandl gricht,
Kriagt de Eisboh erst a Gsicht;
An Spritzkruag brauchst und a an Hobi,
Nacha werds erst fein und nobi,
Und da Eisstock kriagt a Wax,
Bis er tanzt auf huraxdax.

Schiaßzeit is, wia's Weda mag,
Meistens am Stefanitag;
Aufd' Mittagszeit werd vogessn,
D' Hausfrau wart dahoam min Essn,
Und da Moar schreit mit sein Baß:
»Schneidermandl, no a Maß.«

Franz Ringseis

Nachwinter

Da Woid is schwarz, da Schnee is blau.
Vom Himme blitzt a Stern.
Am Föidweg geht a Mo, a Frau,
und andre kemma fern.

Am Heisahorizont vagliat
vom liachtn Tog a Stroaf,
und in da Nacht liegt scho, vafriat,
as wintastaade Dorf.

Is Weihnachtn aa längst vorbei,
mir iss, ois bleibats steh,
siech i die Leit im leisn Gschnei
ois wia zur Mettn geh.

A Neonlampn leicht am Haus,
bleich wia da Mondnschei.
Da Stern am Himme, scheints, reißt aus,
werd woi a Flugzeig sei.

Da Woid is schwarz, da Schnee is grau.
Koa Stern mehr tröst an Blick.
Valoffa ham si Mo und Frau.
Vaschloffa hot si s Glück.

Aus dem deutschen Passional, 1513

Gott Mensch geboren ward, von der edeln, reinen Jungfrau Marien; also ließ Gott zu der selben Zeit erscheinen seinen Stern. Da die Sonn war am Mittag, so ihr Schein am allergrößten ist, da war der Stern lauter und klar als die Sonn. Und als der heilige Tag also hin kam, da ging der Stern auf an dem Himmel. Es sprach auch eine Stimme aus dem Stern: »Es ist geboren ein Mensch, der Juden König und Herr, des das Volk gewartet hat. Darum suchet ihn und anbetet ihn!« Da nun das Volk in dem Land den wunderlichen und seltsamen Stern sahen, da erschraken sie und dauchet sie ein groß Wunder. Nun waren die drei König fern von einander und wußte einer von dem anderen nichts. Und geschahen auch den heiligen drei Königen viel Zeichen und Wunder. Nach den Zeichen da bereiteten sie sich und alles ihr Volk mit großem Reichtum und königlichen Kleidern, auch mit Pferden und mit Mäulern und mit Kameltieren und mit großen Schätzen, als solchen Königen wohl geziemet. Und wöllten suchen den König der Juden und wöllten ihn anebeten.
Es ist eine Gewohnheit im Orient, daß man des mehren Teil bei Nacht reiset, von der großen Hitz wegen, die dar ist. Und liegen den Tag still. Nun schuf es Gott, daß die drei Könige Melchior, Balthasar und Kaspar sich auf eine Zeit erhuben aus ihrem Land mit ihrem Volk. Und da sie kamen auf den Weg, da erschien ihnen der Stern, einem jeglichen mit seinem Volk besonder. Und leuchtet ihnen in der Nacht nicht als der Monde, sondern als der Sonnen Schein. Und also zogen sie des Nachts durch Städt und Dörfer; denn es war zu der Zeit gar guter Fried, daß man keine Stadt beschloß. Und zogen mit ihrem Volk und mit ihrem Vieh Berg und Tal und manche grausame Straß ohn alle Irrung, denn sie dauchet alles ein schlichter und ebener Weg. Sie kamen auch weder Tag und Nacht in keine Herberg noch ihre Pferd. Noch keiner ihres Volkes aß und trank nie nicht, seit sie von Haus schieden, bis sie kamen gen Betlehem. Und gedauchet einen jeglichen, daß er von seinem Haus bis gen Jerusalem nicht mehr denn ein Tagreis getan hätt; und waren doch dreizehen Tagreisen gezogen. – Da nun die heiligen drei König, jeder von seinem Land, mit all ihrem Volk kamen bis zwo Meilen zu der Stadt Jeru-

salem, da sahen sie einander wohl und sahen auch Jerusalem. Und wie
wohl einer den andern nie gesehen hätt, doch empfingen sie einander
freundlich mit großen Freuden. Und wie wohl ihrer jeglicher eine besondere Sprach hätt, so dauchet sie doch, daß ihrer jeder rede des andern
Sprach. Und saget je einer dem andern, worum er auskommen wär. Da
war es alles eine Sach, da wurden sie froh.

Wie sie schnell zu naheten der Stadt und gen Jerusalem kamen, da
erschrak Herodes gar sehr. Denn des Volkes war so viel, daß sie in der
Stadt nicht sein mochten, und blieben außerhalb der Stadt. Da die Könige die Stadt sahen, da wurden sie froh, und meinten, sie fünden dar der
Juden König. Nun war Herodes vom Kaiser gesetzt zu einem König der
Juden, und war gar alt. Da fragten ihn die drei König, wer der Juden
König wäre, der als kürzlich geboren wär worden. »Denn wir haben
seinen Sternen gesehen im Orient, darum sind wir kommen und wöllen
ihn anebeten.« Da erschrak Herodes mit den Seinen; und besendet die
Fürsten der Priester und die Schreiber und fraget sie, wo Christus sölle
geboren werden. Da sagten sie all: »Zu Betlehem in der Stadt Juda, denn
also ist geschrieben in den Weissagen.« Da Herodes so vernahm, bat er
die Könige fleißiglich, wieder zu kommen. Und fraget sie, wie lang es
wäre gewesen, daß sie den Sternen gesehen hätten. Also sendet er sie gen
Bethlehem und sprach: »Nun fahrt hin und fragt fleißiglich nach dem
Kind! Und wann ihr es findet, so entbietet mir es wiederum, daß ich auch
kumm und ihn anebete.«

Da sie das vernahmen, da fuhren sie von dannen. Und da sie aus der
Stadt kamen, da erschien ihnen der Stern wieder. Das wunderte sie und
erfreuten sich. Und ging ihnen vor und nachdem er sie dann hätt gewie-
sen bis gen Betlehem, das liegt zwo kleine Meilen von Jerusalem, da
funden sie auf dem Weg die Hirten an der Statt, dar ihnen der Engel
erschien und kund tät die Geburt Christi in Betlehem. Da die Hirten den
Sternen sahen, liefen sie zu den Königen und sprachen: »In solchem
Schein ist uns erschienen der Engel und hat uns verkündet die Geburt
Gottes.« Und sagten den Königen, wie der Engel mit ihnen geredet hätt,
und wie sie das Kind und die Mutter gesehen hätten. Das hörten die
Könige und ihr Volk gern, und merkten die Worte mit Fleiß. Und die
Weil die Könige redeten mit den Hirten, da gewann der Stern je größer
und größer Klarheit und Schein. Und da nun die Könige von den Hirten
schieden, da gaben sie ihnen große Gab und königliche Kleider. Und
folgten dem Sternen und kamen zu Betlehem zu Abende. Und der Stern

leitet sie bis in das Höhl, darinnen Gott Mensch worden war. Da stund der Stern still, und in kleiner Weil teilet er sich zwischen der Mauer und dem Fürschuppen mit solcher Klarheit, daß das Höhl und alles, was darinne war, ward erleuchtet. Und der Stern ging wieder auf den Fürschuppen, aber der Schein blieb in dem Höhl. Da gingen die heiligen drei König herein und brachten dem Kind und Marien ihr Opfer. Das Kind war geleget und gebunden in schnöde Tüchlein bis an die Arme. Und lag in der Krippen vor dem Esel und vor dem Ochsen im Heu. Und war Maria bekleidet mit einem weißen Mantel, den sie vornen mit der linken Hand hätt beschlossen, und der Mantel bedeckt das Haupt ohn das Antlitz. Und saß auf der Krippen, und hub das Haupt des Kindes auf mit ihrer gerechten Hand. Da nun die Könige küßten die Erde, als noch Gewohnheit ist im selben Land, da legten sie mit Andacht ihr Opfer der Jungfrauen auf ihren Schoß zu des Kindes Haupt. Es war aber König Melchior, der Christo das Gold opferte, der kleinste unter den Dreien an Person. Und Balthasar, der König von Codolia, war nicht zu groß, noch zu klein. Caspar, der König von Thersis, war der größest unter ihnen, und war ein schwarzer Mohr. Auch ist zu wissen, daß die drei Könige aus ihren Landen hätten bracht viel kostlicher Kleinod zu opfern dem Könige, der da war geboren. Aber, da sie sahen das Kind Jesus in der Krippen liegen also in großer Armut, da war ihnen, gleich als ob sie stünden in einem glühenden Ofen. Und kamen auch in große Furcht und Schrecken, daß sie vergaßen alles das, das sie in des Kindes Ehr hätten gebracht. Und da sie ihre Schätz auftäten, da mocht ihrer keiner mehr opfern, denn das ihm des ersten in die Hand kam. Da war König Melchior der erst, dem kamen in sein Hand dreißig gulden Pfennig, das opfert er dem Kind. Darnach opfert König Balthasar, dem kam in sein Hand Weihrauch. Zum letzten kam König Caspar und opfert Myrrhen. Sie waren auch alle drei so begierig und andächtig zum Opfer, und auch also in großer Furcht, daß sie vielleicht nicht haben verstanden, daß Maria, die Jungfrau, zu jegliches Königs Opfer sprach mit geneigtem Haupt. »Gott Gnad euch!«

Und als sie den Tag zu Betlehem blieben, da erschien ihnen der Engel im Schlaf und saget ihnen, daß sie nicht kommen söllten zu Herodes und führen einen anderen Weg. Also führen sie alle drei heim, und zogen durch viel fremd Land, und sagten dem Volk überall, das sie gesehen und gehört hätten. Da wurden sie würdiglich empfangen. Auch gebarst ihnen weder Zehrung noch Kost. Und mußten zwo Jahr ziehen, da sie vor kommen waren in dreizehn Tagen, darum daß sie und ander Menschen desto baß wüßten den großen Unterschied zwischen den Werken Gottes und den Werken der Menschen. Nachdem nun die heiligen drei König gekommen waren, da wurden sie allen Menschen lieb um ihres reinen, tugendlichen Lebens willen. Und ward im Land Orient ein solcher Ruf, daß lang davon zu sagen wär.

Wismeyer

Dreikini

's is kaam zum glaam: Zwegn dem kloan Kind
hat's in Jerusalem
vom Kini bis zum Bettlmo
a Riesnunruah gem.

»Wo is er z' findn?« fragn die drei;
na kniaglns dort vorm Kindl;
Herodes frogt akrat a so –
schickt aus sei Mördergsindl ...

Meinrad Spinner (Übersetzung)

»Wie da Jesus in dera Zeit ...« (Matthäus 2, 1-12)

Wia da Jesus in dera Zeit, wia da Herodes Kini war, in Bethlehem in
Judäa aaf d'Wöit kemma is, han Sterndeiter ausn Ostn noch Jersualem
kemma und ham gfrogt: Wou isn de Judn eara neigeborna Kini? Mia
ham sein Stern aafgeh segn, und öitz hamma do, wei ma'n ehrn mechtn.
Wia da Herodes dees ghert hot, is a daschrocka und ganz Jerusalem
dazua. Er hot olle Houapriester und Schriftgelehrtn vom ganzn Voik
zammkemma loußn und hot se bei eahna erkundigt, wou da Messias aaf
d'Wöit kemma soit. In Bethlehem in Judäa, ham's gsogt, wei's a so beim
Prophetn gschriebn steht:

> Du, Bethlehem, in da Gengad vo Juda,
> du göitst gwieß net am wenigstn
> unter olle Städt vo Juda,
> aus dir werd nemli a Kini kemma,
> da Hiata für mei Voik Israel.

Danoch hot da Herodes de Sterndeiter vostoins kemma loußn und hot
se genau erkundigt, wenn der Stern aafganga is. Dann hot as noch Bethlehem gschickt und hot gsogt: Geht's und schaut's, daß es aussabringts,
wou dees Kind is; und wenn's es gfundn hats, dann loußt's ma's wissn,
daß i aa higeh konn und konn's ehrn. Wia da Kini dees gsogt ghot hot,
han's ganga. Und der Stern, den's aafgeh ham segn, is vor eahna herzogn,
bis dohi, wou dees Kind gwen is; durt is a stehbliebn. Wia's den Stern
gsegn ham, ham's a unbandige Freid ghot. Se han ins Haus einiganga und
ham dees Kind gsegn und sei Muatta, d'Maria; do ham sa se hikniat und
ham eam d'Ehr erwiesn. Dann ham's eahrane Gschenka ghoit und ham
eahm a Goid brocht, an Weihrauch und a Myrrhn. Im Traam is eah owa
gsogt worn, se soitn net zum Herodes zruckgeh, drum han's aaf an
andern Weg hoamzogn in eahra Land.

F. J. Bronner

C + M + B

In katholischen Gegenden deutscher Länder ist es am Dreikönigstage fast allerwärts der Brauch, mit Kreide oben an die Türen in Haus und Stall die Anfangsbuchstaben der hl. Dreikönige Caspar, Melchior und Balthasar samt der laufenden Jahreszahl anzumalen, jener drei Großen, die aus ihren entlegenen Ländern herbeieilten, um das arme Himmelskind im Stalle anzubeten.

Als ich ein Knabe in den Jahren war, daß mir die lateinischen Buchstaben zum erstenmal sicher in den Fingern saßen, fing der Vater zu erzählen an, da wurde das Dreiköniganschreiben bei der Ausräucherung in Stube, Stall und Scheune mein Geschäft. Ich erachtete das als kein geringes Vertrauensamt und übte es fortan nicht ohne Würde und gewissen Stolz. Am Nachmittag vor dem Feste trug ich Kreide, Salz und Weihrauchkörner zur Weihe in die Kirche und nahm ein Fläschlein frisches Weihwasser mit nach Hause; am Abende las ich als künftiger Student der ganzen Familie aus einer uralten Legende die Geschichte der hl. drei Könige vor, und ich entsinne mich noch recht gut, wie mich dabei der Großvater zeitweise unterbrach, um meinen Bericht durch Zutaten aus seinem eigenen Wissen, d.h. zum Teil aus sagenhafter Überlieferung, zu ergänzen.

Oh, bitte, Vater, erzähle uns das! baten Gertrud und Walter. Nun so hört: Die Reiche der hl. drei Könige lagen im Morgenlande ganz nahe beieinander, aber durch hohe Berge so voneinander getrennt, daß doch keiner der Könige von dem andern etwas wußte. In dem einen Reiche, das den Namen Thorsis hatte, regierte Kaspar der Friedfertige, in dem anderen, das Persien hieß, führte Melchior der Milde das Szepter; im dritten Lande, das Godolien genannt wurde, herrschte Balthasar der Gerechte. Alle drei Könige waren weise Männer, die mit den Zeichen des Himmels wohl vertraut waren und den Weg der Gestirne zu deuten verstanden. Ihnen allen war aus Weissagungen bekannt, daß, wenn einst ein wunderbarer Stern am Himmel auftauchen würde, der König aller Könige geboren sei. Als sich letzteres ereignete, machten sie sich sogleich auf den Weg und scheuten trotz ihres hohen Alters die Mühen der beschwerlichen Reise nicht. Nach zwölf Tagen –

Warte, das ist ausgerechnet die Zeit vom Weihnachts- bis zum Drei-königsfeste! bemerkte Walter.

Ja, da langten sie vor den Toren Jerusalems an. Wie es ihnen bei Herodes ergangen und was sie dann weiter erlebt, ist euch aus der Bibel bekannt. Neu dürfte euch aber wieder sein, was der Großvater über die letzten Lebensschicksale der hl. drei Könige zu erzählen wußte: Nach dem Tode Jesu kam der Apostel Thomas – eingedenk des göttlichen Auftrages: Gehet hin und lehret alle Völker! – in das Land jener drei Könige, die ihre Reiche zu einem vereinigt hatten. Da sah er, als er den berühmtesten Heidentempel des Landes besuchte, einen Denkstein, worauf ein Stern mit einem Kindlein und einem Kreuze darüber dargestellt war. Als er die Heidenpriester nach der Bedeutung dieses Bildes fragte, erfuhr er von der einstigen Reise der drei Könige. Mit Staunen und Freude ward Thomas solches inne und fing darauf sogleich an, die Botschaft des Heiles zu verkünden. Die drei Könige, welche von des Apostels Bemühen vernahmen, eilten ihm entgegen und begrüßten ihn aufs herzlichste. Thomas weihte sie vor seiner Abreise zu Bischöfen. In erlesen hohem Alter, jeder zählte über hundert Jahre, entschliefen die drei frommen Männer bei einer Feier des Abendmahles, nachdem ihnen Gott kurz zuvor abermals einen wunderbaren Stern hatte erscheinen lassen, den sie als Zeichen ihres baldigen Todes auffaßten. Ihre Leichname wurden in einer gemeinsamen Gruft beigesetzt, kamen später nach Konstantinopel, dann nach Mailand.

Jetzt sind sie aber doch in Köln! warf Walter darein.

Gewiß! Als nämlich Kaiser Friedrich Barbarossa die stolze lombardische Stadt 1163 zerstörte, nahm er die Reliquien an sich und ließ sie in feierlicher Weise nach Deutschland bringen. Dort sind sie seitdem in einem kostbaren Reliquienschrein zur öffentlichen Verehrung ausgesetzt. – Zu den liebsten Jugenderinnerungen des Großvaters, fuhr der Vater zu erzählen fort, gehörte sein Umzug als Sternsänger. Er nämlich und zwei sangeslustige Jungen aus der Nachbarschaft (der Großvater selbst hatte als Knabe eine Stimme, so hell und rein wie eine Glocke) verkleideten sich als hl. drei Könige. Jeder bekam eine Krone aus Goldpapier aufs Haupt; der Mohrendarsteller rußte sich sein Gesicht; der Großvater als Spielleiter trug einen langen Stab mit Stern. So zogen sie im Dorfe nach dem Hochamte von Hof zu Hof, deklamierten ihre Verse und ließen ihre hübschen Lieder ertönen. Ihre Leistungen fanden ungeteilten Beifall und wurden regelmäßig mit kleinen Geld- oder Brotgaben belohnt, welche der Großvater gerne seinen beiden ärmeren königlichen Kameraden überließ.

Weißt du die Verse nicht mehr? fragte Gertrud begierig.

Ich will versuchen, sie in der Erinnerung zu wecken, so gut es geht. Großvater hat sie uns oft genug deklamieren müssen. Ich glaube, das Dreikönigslied lautete so:

(Alle drei beginnen):	»Da sind die heiligen drei
	König mit ihrem Stern:
	Der Kaspar, der Melcher und Balt-Hauser. –
	Die sahen den wunderbaren Stern.
	Potz Wetter, was soll da drauß' wer'n?
	Sie reiten dahin in großer Eil',
	an jedem Tag an hundert Meil'.
	Sie kommen vor des Königs Haus,
	Herodes schaut selber beim Fenster heraus:
(Der Anführer):	Wo wollt ihr hin in so großer Eil'?
	Geht herein und ruht eine kleine Weil'.
(Die zwei anderen):	Wir können nit ruh'n
	eine kleine Weil',
	wir müssen noch reiten manche Meil'.
(Der Anführer):	Und könnt ihr nit ruh'n
	und tut's euch not,
	so nehmt von mir doch
	ein Stücklein Brot!
(Die zwei anderen):	Wir mögen von dir kein Stücklein Brot,
	wir müssen schnell fort,
	das tut uns not.
(Alle drei):	Sie zogen fort über den Berg hinaus.
	Der Stern stund wieder
	über dem Haus.
	Sie traten in das Haus hinein
	und fanden Jesum im Krippelein.
	Sie gaben ihm einen reichen Sold,
	Weihrauch, Myrrhen und laut'res Gold.« –

Vielerorts war die Sternsängerei in eine ganz gewöhnliche Bettelei ausgeartet, so daß die Polizei in den ersten Jahrzehnten des 19. Jahrhunderts Anlaß nahm, sie strengstens zu verbieten. Im altbayerischen Hügelland,

287

wo die Behörden weniger streng waren oder die Zähigkeit, womit man an alten Sitten hängt, um so größer war, besteht eine ähnliche Sitte heute noch fort. Am Vorabend von hl. Dreikönig, wenn es ganz dunkel geworden ist, gehen junge sangeskundige Burschen oder Burschen und Mädchen – im Bettlerkleidung vermummt – von Hof zu Hof, singen ihr Lied und erbitten sich eine Gabe. Man nennt das »das Dreikönigsansingen« oder »die hl. Dreikönig anschreien«. Vereinzelt besteht diese Sitte auch noch in der Rhön; nur sind es dort Schulknaben, welche am Vorabend als hl. drei Könige umherziehen.

Im Mittenwald an der Isar hieß die Nacht vor hl. Dreikönig die Gehnacht (Gebnacht). Da sangen die Kinder vor den Häusern umher:

> »Gehnacht ist a heilige Nacht,
> ist unsers Herrn Tischlenacht
> (Anspielung auf das
> Wunder Jesu bei der Hochzeit zu Kana).
> Da braten wir an Fisch;
> da richten wir den Tisch;
> da schenken wir ein
> in unseres Herrn Becherlein.«

Schließlich kam der Bittreim, die Hauptsache:

> »Mein Basel, a bißle Brot
> oder a bißle Zelten (Kletzenbrot),
> tu enk's Gott vergelten.«

Gertrud und Walter mußten bei diesem Reim herzlich lachen. Der Vater fuhr fort: Das Umsingen am Dreikönigvorabend bildete den Schluß der Klöpfel- oder Anrollernächte, worunter man die Donnerstagabende im Dezember verstand. Darüber wollen wir später einmal beim »Advent« ausführlicher reden. Hier genügt vorläufig die Erklärung, daß da arme Leute und Kinder singend und gabenheischend von Haus zu Haus zogen. Ihr Spruch war oft nur:

> »Heunt ist Klöpflesnacht!
> I bitt' um a Klöpfel (Klopfet = Geschenk):
> Äpfel, Birn, Nuß und Brot.«

Ein polizeiliches Verbot hätte man gegen den Brauch des Dreikönigsingens doch nicht erlassen sollen! rief die leicht begeisterte Gertrud.

In diesem Falle ganz recht! beruhigte der Vater. Kinder, wie weit aber die Bettelgängerei gekommen war, könnt ihr deutlich daraus ersehen, daß in manchen Gegenden die Sänger auf einem Wägelchen à la Moritat einen Dreikönigkasten mit beweglichen Figuren herumführten, welche sie in Bewegung setzten, wenn sie ihren Vortrag mit Wechselgesang begannen. So zogen sie geschäftsmäßig von Dorf zu Dorf und stappelten die Häuser ab. Ihre Aufführungen waren nur mehr der erwünschte Vorwand, fromme, milde Herzen zu einer reichen Spende zu veranlassen. Im protestantischen Norden, z. B. in Hildesheim und in Braunschweig, schritt man bereits Ende des 16. und 17. Jahrhunderts dagegen ein mit dem Befehle, »solches ferner weder Fremden noch Einheimischen zu gestatten«, weil aus den Veranstaltungen »mehr Verachtung, Gespött und Unfug entstand als Auferbauung und Gutes.«

Ursprünglich war der fromme christliche Brauch aber doch ein sehr guter und lobenswerter, entgegnete Gertrud.

Sicherlich, bestätigte der Vater. Die Umzüge der Sternsänger, wie sie der Großvater noch kannte, waren die Reste mittelalterlicher Dreikönigspiele, wie solche zu allererst in den Kirchen und Klöstern zur Darstellung kamen. In frühchristlicher Zeit, als nämlich die wenigsten aus dem Volke lesen und schreiben konnten, wurden die festlichen Hauptbegebenheiten der Evangeliumslehre – wie z. B. die Geburt Christi, die Ermordung der unschuldigen Kinder, die Anbetung der Weisen etc. –, um sie möglichst sinnfällig und eindrucksvoll zu machen, in Form von Schauspielen aufgeführt. (Sie wurden Krippen-, Herodes-, Dreikönigsspiele etc. genannt und gingen aus der kirchlichen lateinischen Liturgie hervor, die ja an sich einen gewissen dramatischen Charakter trägt.) Diese Darstellungen kamen dem Volksempfinden entgegen und fanden darum rasch in deutschen Landen weiteste Verbreitung. Unter den Dreikönigsspielen war vornehmlich das »Heidingsfelder Spiel« berühmt und beliebt; es nahm seinen Weg vom Bistum Würzburg durch alle Gaue Deutschlands, allerdings mit mannigfachen, den verschiedenen Gegenden angepaßten Änderungen. Von den wenigsten Dreikönigsspielen sind die Dichter bekannt. Darum ist aber nicht schade; denn die Dichtungen waren zumeist vom künstlerischen Standpunkte aus wertlos und roh. – Ein sehr verbreiteter Dreikönigbrauch war ehedem auch das sogenannte »Königmachen«. Es war namentlich in Franken stark im Schwung. In jeder Familie wurde ein

Honigfladen aus Weizenmehl gebacken, in welchen eine Bohne oder ? Münze gesteckt worden war. Am Morgen oder auch am Vorabend des Festes wurde der Kuchen gleichmäßig unter die Familienmitglieder verteilt. Wer das Stück mit der Bohne oder Münze erhielt, war König. Er wurde unter Jauchzen auf einem geschmückten Stuhl dreimal in die Höhe gehoben, wobei er jedesmal ein Kreuz an die Zimmerdecke malte. Seiner Herrschaft mußte sich am Feste alles fügen. Er bestimmte für den ganzen Tag alle Festlichkeiten und Vergnügungen. Seine erste und wichtigste Aufgabe war das Anschreiben der Dreikönigszeichen. Der Brauch hängt villeicht mit der Sitte zusammen, daß in der erstchristlichen Zeit die Fürsten am Dreikönigtage am Altare opferten. Um die innige Hingabe zum Christentum zu bekennen und der besonderen Gnaden dieses Festes teilhaftig zu werden, wollte jede Familie einen König haben, damit er für sie opfere. Auch galten die hl. drei Könige als mächtige Schutzherren, gute Geister, deren Fürbitte man sich gerne empfahl. Nun wollen wir aber zur Gegenwart zurückkehren und kurz besprechen, was die heutigen verschiedenen Dreikönigbräuche zu bedeuten haben. Da muß ich vor allem erwähnen, daß das Dreikönigfest zugleich der Gedenktag der Taufe Jesu und der Hochzeit zu Kana mit der wunderbaren Weinverwandlung ist.

Ah, darum wohl steht das Segenswasser, das am Vorabend des Festes frisch geweiht worden ist, als Dreikönigwasser in besonderen Ehren, sprach Walter.

Ja, man besprengt damit bei der Ausräucherung alle Hausgenossen und das Vieh, »weil es alle üblen Einwirkungen des Teufels zunichte machen kann«. Man spritzt es auch auf Felder und Wiesen, in Obstgärten und Weinberge aus, um reicheren Ertrag zu erzielen. Einem verwandten Zwecke dient der Dreikönigweihrauch.

Damit wird es sich ähnlich verhalten wie mit dem Kräuterbrand in den Rauchnächten, wovon du uns damals erzählt hast, sagte Walter. Durch die Ausräucherung mit ihm sollen wohl Krankheiten aus Wohnung und Stall möglichst ferngehalten werden; denn geweihten Rauch scheuen die bösen Geister, dachten unsere Altvorderen.

Gut gemerkt. Bekanntlich reinigt und läutert das Feuer; der wohlriechende Weihrauch soll das Sinnbild eines wohlgefälligen Opfers sein und die Räume gleichsam heiligen, daß nichts Unchristliches aus und ein gehe. Der volkskundliche Forscher Dr. Höfler vermutet »im Weihrauch die Ablösung des vollen Brandopfers« und meint, daß derselbe bei uns an Stelle des Wacholders bei den Opfern getreten sei. Eine ähnliche Wirkung wie dem Dreikönigrauche schreibt das Volk dem Dreikönigsalz zu: Schutz gegen böse Geister und Krankheiten. Fromme Landleute mengen heute noch etliche Körnchen Dreikönigsalzes der Festmahlzeit und dem Viehfutter bei. Das übrige wird von der bedachtsamen Hausmutter sorgfältig für Krankheitsfälle oder andere wichtige Anlässe aufbewahrt. Manche Bäuerin in Altbayern stellt einen sogenannten »Salzstein« her, indem sie frischen Weihbrunn und Dreikönigsalz in einem Schälchen zusammenmischt, nach dem Auftrocknen des Wassers das Salz formt und an der Luft sich erhärten läßt. Vor einer großen Wanderung oder einem anderen wichtigen Unternehmen bricht man ein Bröcklein am Salzstein ab, genießt hiervon und steckt den Rest zu sich. Wegen seiner Unentbehrlichkeit galt unseren Altvorderen das Salz gleich dem Brote als eine heilige Gabe. In der Schweiz war es früher einmal der Brauch, einem Scheidenden drei Brosamen und drei Körnchen Salz in die Tasche zu tun. So glaubte man ihn gegen Not und Unglück zu feien. – Jetzt wären wir bei der Zweckerklärung desjenigen Brauches angelangt, der sich fürs erste wie ein geheimnisvolles Rätsel ansieht. Ich meine das Anschreiben der Dreikönigbuchstaben.

Ich gestehe, nicht zu wissen, warum man diese Zeichen an die Türe malt, erklärte Gertrud.

Ihre Dreizahl und die Verbindung mit dem Kreuzzeichen lassen mich vermuten, daß es Schutzzeichen sind, sprach Walter nach einigem Überlegen. Die Drei ist ja eine heilige Zahl.

Unstreitig sind dies alte Bannzeichen, die bewirken sollen, daß kein böser Einfluß oder Geist über die Schwelle derjenigen Räume komme, deren Eingang damit bezeichnet wurde, sondern nur der Geist Treugesinnter und Wohlwollender, wie es seinerzeit die hl. drei Könige waren, die das arme Jesuskind besuchten und ihm ihr Bestes spendeten.

Hinten im Böhmerwalde schrieb man die Dreikönigbuchstaben auch in den Kamin und sprach dabei:

>»Kaspar, Melcher, Balthasar,
behütet uns auch dieses Jahr
vor Feuer- und vor Wassersg'fahr!«

In der Oberpfalz malt man noch da und dort beim erstmaligen Weideaustrieb Ende April oder anfangs Mai jedem Stück Vieh mit Dreikönigkreide ein Kreuz auf den Rücken; auch spritzt man ihm Dreikönigwasser nach. In alter Zeit hieß der Tag der Epiphanien die Perthennacht beziehungsweise der Perchtentag = der leuchtende, glänzende. Mit Recht; denn an Dreikönig ist zum erstenmal ein sichtliches Anwachsen des Tages zu bemerken. Ein alter Volksreim bezeichnet dies folgendermaßen:

>»Auf Weihnacht um an Hahnschritt,
auf Neujahr um an Mannsschritt,
auf hl. Dreiküni an Hirschensprung;
zu Lichtmeß um a ganze Stund.«

Im bäuerlichen Volksmund ist das Fest der hl. drei Könige das »große Neujahr«, der »obriste Tag«. – Um sich das wilde Heer der Geister bei seinem Zuge durch die Lüfte in den Rauchnächten geneigt zu machen, hielten unsere Vorfahren Speisen für dasselbe bereit und stellten sie auf den Ofen in Nähe des Kaminschlotes oder vor die Haustüre. (Das waren Versöhnungsopfer, die sich z. B. im Berchtesgadener Ländchen ungemein lange erhalten haben.) Auch malten sie Zauberzeichen, sogenannte Drudenfüße, an die Türen und Wiegen etc. Wir haben hier jedenfalls ursprüngliche Runen vor uns, schützende, unheilabwehrende Zeichen, wie sie der weise Allvater Wodan die Menschen lehrte. Run bedeutet soviel als Geheimnis, geheimes Zeichen. Die Rune hatte den doppelten Zweck: Unheil zu bannen und Erwünschtes herbeizuzaubern. Bei ihrer Anschreibung mußte stets eine Beschwörungsformel gesprochen oder gesungen werden. Ohne diese waren die Zeichen wirkungslos. Von einer ehemaligen heidnischen Lichtfeier mag sich gar mancher Zug mit dem christlichen Feste der drei sternkundigen Weisen mit ihrem wegweisenden, wunderbaren Himmelslichte verwoben haben.

Ansinglied, Straubing, 1590

Mit Gott so wöllen wir loben und ehrn
Die heiligen drei König mit ihrem Stern.
Sie ritten daher in großer Eil
In dreißig Tagen vierhundert Meil.
Sie fragten Herodes mit großen Freuden:
»Wo ist der geboren König der Jüden?
Wir haben gesehen seinen Stern,
In Morgenland mit großen Begehrn;
er ist geboren ohn alles Leid
Ein Kindlein von einer reinen Maid.
Wir sind die König vom großen Stern
und bringen dem Kinde ein Opfer gern.«
Da das der König Herodes hört,
sein Leib erschrecket ganz empört,
darzu das ganz Hierusalem;
darumb er ließ versammelen
all Hohpriester und Schriftgelehrten,
fragend wo Jesus soll geboren werden.
Sie aber sagten allzuhand:
»Zu Bethlehem im jüdischen Land.
Da berüfet Herodes die Weisen fein
und sprach: »Nun ziehet samt dahin
und forscht befleißt nach dem Kindelein,
das da soll all geboren sein.
Und wenn ihr's funden, sagt mir's dann,
daß ich auch komm und bet es an.«
Wie sie nun solches hatten gehort
von König Herodes, zogen sie fort,
verließen Hierusalem den Plan
und sahen den Stern vorher gahn,
ging für ihn hin bis an den Ort,
da das Kindelein geboren ward.
Sie funden ein Esel und ein Rind
mit Marien mit dem Kind.

Joseph macht ein kleines Feuerlein
und kocht dem Kind ein Müselein
und streicht ihm's mit den Fingern ein:
»O Jesus, liebes Herrle mein!«
Sie fielen nieder, beteten es an,
täten ihre Schätze dar auf den Plan.
Sie geben ihm einen reichen Sold,
Myrrhen, Weihrauch und rotes Gold.
Der Joseph der sprach mit großer Eil:
»Liebe Herren, sitzt nieder und rast ein Weil!«
»Es ist uns durch den Engel bekannt,
wir sollen nit bleiben in diesem Land,
daß wir nicht wieder zu Herodes kehrten
und setzten das Leben in Gefährden.«
Da sprach der Joseph aber zu ihn:
»Wollt ihr nicht bleiben, so fahrt halt hin!«
Darumb sie solches vom Engel verstanden,
lenkten sie wieder zu ihren Landen
und zogen ein ander Weg heraus,
vermeideten also Herodis Haus,
da Herodes gesinnet ganz und gar
das Kindlein umzubringen war.
Ehr sei, Preis und Herrlichkeit
dem Kindlein der heiligen Dreifaltigkeit!

Sterndreherlied

Die Heiligen Drei Könige sind hochgeborn,
Sie reiten daher mit Stiefel und Sporn.
Sie reiten für Herodes sein Haus,
Herodes schaut selber zum Fenster heraus.
»Wohin geht heut ihr Marsch, ihr drei?«
Fragt Herodes ganz frank und frei.
»O lieber Herodes, o sag uns geschwind,
Wo finden wir 's göttliche Jesukind,
Das uns der Stern am Himmel verkünd?«
Da machte Herodes ein finstres Gesicht.
»Das Christkind«, sagt er, »das weiß ich nicht.
Das ist wohl nicht in Jerusalem,
Geht weiter und fragt wieder in Bethlehem.
Stadt Bethlehem ist ein kleiner Ort,
In ein paar Stunden seid ihr dort.
Und habt ihr gefunden das göttliche Kind,
Dann kommt zurück und sagt mir's geschwind.«
Die heiligen drei Könige hatten wenigen Sinn,
Sie huben sich auf und reisten dahin.
Sie reisten gerade auf Bethlehem zu.
Da bleibt der Stern stehen, da halten wir Ruh.
Wir finden das Kindlein auf Heu und auf Stroh.
Das ist der klein' Jesus, den grüßen wir froh.
Wir opfern ihm Gold, Weihrauch und Myrrhn
Und hilf, daß wir kommen in Himmel zu dir.
Zu Herodes, da kehren wir nimmer zurück.
Der hat wie der Fuchs einen falschen Blick.
Dem kennt man schon an den Augen an,
Daß er dem Kindlein nichts Gutes getan.
Gott Vater, Gott Sohn und Gott Heiliger Geist
Und die Heilige Dreifaltigkeit.

Josef Lettl

»Die Heiligen Drei König san hochgeborn ...«

Die Heiligen Drei König san hochgeborn;
Sie reiten daher mit Stiefel und Sporn;
Sie reiten vorbei an Herodes seim Haus.
Herodes schaut eben zum Fenster heraus.

Mit diesem Sprücherl ziehen in den Tagen von Neujahr bis Dreikönig die Ministrierbuben von Haus zu Haus, dem vorangetragenen Stern folgend. Sie räuchern in den Hausflur hinein und schreiben auf die Tür zwischen die Jahreszahlen die Initialen der drei heiligen Könige: K-aspar + M-elchior + B-althasar. Diese Anfangsbuchstaben werden auch dem altchristlichen Segensspruch »Kristus Mansionem Benedicat« – Christus segne dieses Haus – zugeschrieben. Und wer möchte nicht Segen erheischen in diesen finsteren Rauhnächten? Der Holzweber Kaspar, er war einer Maß bayerischem Lebenselixier zu keiner Tages- und Jahreszeit abhold, er meinte, das Christkindl fragte ihn: »K-aspar M-agst a B-ier?«
Die Weisen der Weihnacht sind verklungen, die Silvesterböller verknallt. der Schlüsslöder hat am Alten Jahr (letzten Tag des Jahres) etliche tannerne Stöcke gesprengt, weil das neue Jahr einfach angeschossen gehört, wie er glaubte. Zwischen Neujahr und Dreikönig ziehen die Sternsinger durchs Land. Weil man vom 1. bis 6. Januar die Neujahrswünsche darbringen kann, darum sind in ihren Liedern und Sprüchlein oft solche eingewoben. Das »Neujahrsabgewinnen« ist natürlich dem frühen Neujahrsmorgen vorbehalten. Am 5. Januar endet die Reise der Sternsinger, und die Nacht zum Dreikönigstag ist die eigentliche Rauhnacht und die letzte der zwölf ab Weihnachten. Rauh-, Rauch-, Losnächte werden sie im Volksmund genannt oder auch »die Heiligen Zwölf«.
Im ländlichen Arbeitsleben war es eine ruhige Zeit zwischen den beiden Hochfesten. Nur die nötigsten Arbeiten, wie die im Stall, wurden gemacht. Meist waren Wege und Fahrstraßen vereist, und Felder und Saaten ruhten unter der wärmenden Schneedecke. Jede Tätigkeit, die eine Drehbewegung erforderte, war verboten. Also standen Spule, Spindel und Spinnradl still. Und die Drohung unserer Großmutter, wenn

draußen der Wind den Schnee vor sich herstöberte und dabei sein eisiges Lied um die Hausecken pfiff: »Bleibts fein ja herinn' nachm Gebetläutn, sonst nimmt enk das Nachtgjaid mit!«, sie zeigt, wie eng manchmal Glaube und Aberglaube, Christliches und Heidnisches miteinander versponnen sind.

Am Rauhnachtstag in aller Frühe machten wir Buben uns auf den fünfviertelstündigen Weg zur Pfarrkirche ins Christamt. Es waren so viele Engelämter bestellt worden, daß der Pfarrer bis Heiligdreikönig anstückeln mußte. In der Rocktasche hatten wir eine Flasche und ein Stranitzl (Tüte) mit Salz und vom Untern Krämer ein Packerl Weihrauch mit Kreide erstanden. Nach der »Dreikönigsweich«, im Anschluß an den Gottesdienst, gings im geweihten Raum etwas unheilig zu. Mannerleut und wir Buben drängten zum Zuber mit Dreikönigswasser, wollte doch jeder von der Oberschicht schöpfen, weil diese die stärkste »Weich« mitbekommen hatte. Und wie beim Osterfeuer mußte da unser Mesner, der Schachtnerschmid, mit seinen kräftigen Armen Luft schaffen.

Eilends ging es nach der Kirche heimzu, wir wußten, daß uns dort Genüsse erwarteten. Seit der Frühe war der Krapfenteig geschlagen worden und die Backbretter hergerichtet. Die Mutter stand mit gerötetem Kopf vor der Schmalzpfanne. Im Kuchlofen brannte resches Feuer. Der Duft im ganzen Haus! Eine Rauhnachtsnudel, goldgelb und frisch aus der Pfanne, das war ein rarer und darum ein beachtlicher Gaumengenuß, und er war von uns Kirchgängern wohl verdient.

Vom seitlichen Stubenfenster, das zur Geh- und Fahrstraße ging, wurde nun Ausschau gehalten nach den Heiligen Drei Königen. Bald tauchten die ersten im Nebel und Schneeflockenwirbel auf. Nachher standen sie vor unserer Haustür, der Kaspar, der Melchior und der schwarze Balthasar in sternbehangenen Nachthemden, mit goldenen Pappkronen auf dem Haupt, sagten ihr Sprüchl auf und bekamen von der Mutter Rauhnachtsküchl und etliche Nickel (Geldmünzen). Kinder aus ärmlichen Verhältnissen waren es, welche mit diesem Heischebrauch zu einem etwas freudigeren Dreikönigsfest kommen wollten. Die Heiligen Drei bedankten sich recht fleißig und machten sich weiter auf die Reise, und wir Kinder schauten ihnen nach, bis sie in der winterlichen Düsternis draußen verschwanden.

Mit dem Einbruch der Rauhnacht ging es ans »Räuchern«. Mit Kachelofenglut im Kohlebügeleisen, geschwungen wie das Rauchfaßl in der Kirche, mit Dreikönigswasser in einem irdenen Haferl und mit der Kreide wurde losgezogen von Gebäude zu Gebäude, von Raum zu Raum bis ins letzte Stüberl. Unter lautem Beten wurde »gefötzt« (Dreikönigswasser gesprengt), Jahreszahl und Kreuzl geschrieben und damit Schutz gegen alles Böse und Segen erfleht für Haus und Hof und die Menschen darin. Das Vieh im Stall bekam Brot mit Weihwasser benetzt und geweihtem Salz darauf. Max, unser Waglrappe, blähte zum Gruß seine Nüstern und wieherte, als wir in den Stall traten mit Weihrauch und Wasser. Die Zugochsen »Max« und »Moritz« äugten uns groß an. Die Leute verrichteten zeitig die Abendstallarbeit, und nach dem Gebetläuten versammelten sich alle zur Nachtsuppe in der warmen Stube.

Draußen waren jetzt nur noch die Rauhnachtssänger unterwegs, und wir freuten uns, wenn ihr Singen auf der Gred vor der Haustür zu vernehmen war. Das Nudelbrett, extra von der Mutter für die Sänger mit Krapfen aufgeschichtet, es leerte sich schnell im Laufe des Rauhnachtsabends. Und dafür sorgte auch der Spruch:

> Heut is d' Rauhnacht, wer hats aufbracht?
> An öida Mann, is über d' Stieagn oabagföin,
> hat sich drei Boandl brocha!
> Krapfen heraus, Krapfen heraus,
> oder ich bohr enk a Loch ins Haus!

Die Rauhnacht wich dem Dreikönigsmorgen, und alle mobilen Leut im Haus machten sich auf den Gang zum hochfestlichen Gottesdienst. Sie vernahmen den Text der frohen Botschaft: »Als Jesus zu Bethlehem in Juda geboren war, siehe, da kamen Weise aus dem Morgenland nach Jerusalem ...«

Zu den armen Hirten, welche als erste dem Christkindl ins »Weisat« (Heimsuchen des Neugeborenen) gehen durften, gesellten sich nun die Weisen, die Könige und die Heiden, zum Beweis dafür, daß Christus für uns alle Mensch geworden ist. Die orientalische Karawane war nun auch im Kripperl aufgestellt, weihnachtlicher Lichterglanz erstrahlte noch einmal im Gotteshaus, und von der Orgelempore und im Kirchenraum erklangen Weihnachtslieder.

Die zwölf dunklen Nächte waren überstanden, der Tag begann zu wachsen: *Neujahr um an Hahnatritt, Heiligdreikönig um an Mannaschritt, Sebastiani um an Hirschensprung und Lichtmeß um a ganze Stund.*
Am 7. Januar steht St. Valentin, der Patron der Diözese Passau, auf dem Kalenderblatt. *Sankt Valentin, hand d' Feiertag hin!* sagt der Volksmund. Und: *Erhardus mit der Hack'* (8. Januar) *steckt d' Feiertag in den Sack!*

Die hl. Dreiküni

»Die hl. Dreiküni san frisch und munta,
sie mechtn brav Zwetschgn, brav Kletzn drunta.
Und wenns uns was gebn woits, so gebt's uns nur boid,
denn af enkana Gred is uns [mir] 's Singa ois z' koit.«

Die heiling drei Küni

»Die heiling drei Küni,
dö hackan an Bam,
is oana dabei,
hat sei Hacka valoan;
is oana dabei,
der hat s' wieda gfundn.
Dös hand hoit dö heilinga
drei Zimmalumpn.«

Johann Baptist Laßleben

Der hl. Dreikönigstag in der Oberpfalz

Der hl. Dreikönigstag hieß früher der große Neujahrtag. Am Vorabende wurden in Biberbach die Namen der hl. Dreikönige auf einer Anhöhe vor der Ortschaft dreimal ausgerufen. Nach dem letzten Rufe aber mußte der Mann, der diese Aufgabe besorgte, eilen, wieder in den Ort hinabzukommen, da ihn gewöhnlich ein polterndes Ungetüm mit Steinwürfen verfolgte. Zu Neukirchen-Balbini besorgten Weiber dies Geschäft. Sie riefen:

> Die hl. Dreikönig sind hier:
> Kaspar, Melchior und Balthauser.
> Behüt uns Gott dieses Jahr
> Vor Feuer- und Wassergefahr.
> Die hl. Dreikönig sind hier.

Diese Verse wurden dreimal gerufen. So weit der Hall dringt, brennt es nicht. Man nannte diesen Spruch: »Die hl. Dreikönig ausrufen.« Im Orte selber liefen die Weiber und Kinder durch die Gassen und riefen den Spruch aus. In Rötz gingen zwei alte arme Männer, verkleidet mit Spitzkappen von Goldpapier auf dem Kopfe, von Haus zu Haus. Der eine trug einen Stern auf einem Stabe, der andere ein Rad an einer Kurbel, die er immer drehte. Ihr Spruch, den sie beim Betreten der Häuser sagten, lautete:

> Die hl. Dreikönig mit ihrem Stern,
> sie fressen und saufen und zahlen net gern.

Nach Empfang eines Geschenkes sangen sie noch:

> Soll i neunmal umigain
> oder soll i stain?
> rumpadi bumbum!

Hierauf entfernten sie sich.

Zu Vohenstrauß hatten sonst die Kinder am Vorabend einen Umzug. Voran ging ein Knabe mit dem Stern auf einer Stange. Danach kamen die drei Könige in zerrissenem Anzuge mit Krone und Szepter von Goldpapier, hintendrein die ganze Jugend hüpfend und obigen Vers singend. Um Tiefenbach gingen sonst an diesem Tage drei alte Männer herum, der eine an der Spitze mit dem Stern, die beiden anderen ein Kistchen tragend, in welchem drei Krippenmannerln die hl. Dreikönig vorstellten. Die Männer sangen vor jeder Türe:

> Die hl. Dreikönig ... usw.
> Gebt uns was heraus,
> wir gehen gleich zu einem andern Haus.

So durchzogen sie den ganzen Ort.

In Roding gingen die Kinder in die Häuser und sangen die hl. Dreikönige an. In den Wirtshäusern aber spielten sie Sommer und Winter, wobei es immer zum Raufen kam und der Winter zur Tür hinausgeworfen wurde.

Im Westen der Oberpfalz gingen die Sternsinger von Weihnachten bis Lichtmeß. Sie drehten dabei einen Haspel, woran ein Stern angebracht war.

In Velburg verbanden sie auch das Sommer- und Winterspiel damit. Sie zogen auch auswärts bis Altdorf hin, natürlich in der Hoffnung eines Lohnes.

Um Pfatter gingen die Sternsinger als hl. Dreikönig verkleidet; ebenso in Taimering. Sie bekamen viele Geschenke.

Karl Heinrich Waggerl

Der König Melchior

Allmählich verbreitete sich das Gerücht von dem wunderbaren Kinde mit dem Schein ums Haupt und drang bis in die fernsten Länder. Dort lebten drei Könige als Nachbarn, die seltsamerweise Kaspar, Melchior und Balthasar hießen, wie heutzutage ein Roßknecht oder ein Hausierer. Sie waren aber trotzdem echte Könige und, was noch merkwürdiger ist, auch weise Männer. Nach dem Zeugnis der Schrift verstanden sie den Gang der Gestirne vom Himmel abzulesen, und das ist eine schwierige Kunst, wie jeder weiß, der einmal versucht hat, hinter einem Stern herzulaufen.

Diese drei also taten sich zusammen, sie rüsteten ein prächtiges Gefolge aus, und dann reisten sie eilig mit Kamelen und Elefanten gegen Abend. Tagsüber ruhten Menschen und Tiere unter den Felsen der steinigen Wüste, und auch der Stern, dem sie folgten, der Komet, wartete geduldig am Himmel und schwitzte nicht wenig in der Sonnenglut, bis es endlich wieder dunkel wurde. Dann wanderte er von neuem vor dem Zuge her und leuchtete feierlich und zeigte den Weg. Auf diese Art ging die Reise gut voran, aber als der Stern über Jerusalem hinaus gegen Bethlehem zog, da wollten ihm die Könige nicht mehr folgen. Sie dachten, wenn da ein Fürstenkind zu besuchen sei, dann müsse es doch wohl in einer Burg liegen und nicht in einem armseligen Dorf. Der Stern geriet sozusagen in Weißglut vor Verzweiflung, er sprang hin und her und wedelte und winkte mit dem Schweif, aber das half nichts. Die drei Weisen waren von einer solchen Gelehrtheit, daß sie längst nicht mehr verstehen konnten, was jedem Hausverstand einging.

Indessen kam auch der Morgen herauf, und der Stern verblich. Er setzte sich traurig in die Krone eines Baumes neben dem Stall, und jedermann, der vorüberging, hielt ihn für nichts weiter als eine vergessene Zitrone im Geäst. Erst in der Nacht kletterte er heraus und schwang sich über das Dach. Die Könige sahen ihn beglückt, Hals über Kopf kamen sie herbeigeritten. Den ganzen Tag hatten sie nach dem verheißenen Kind gesucht und nichts gefunden, denn in der Burg zu Jerusalem saß nur ein widerwärtiger fetter Bursche namens Herodes.

Nun war aber einer von den dreien, der Melchior hieß, ein Mohr, baumlang und tintenschwarz, daß selbst im hellen Schein des Sternes nichts von ihm zu sehen war als ein Paar Augäpfel und ein fürchterliches Gebiß. Daheim hatte man ihn zum König erhoben, weil er noch ein wenig schwärzer war als die anderen Schwarzen, aber nun merkte er zu seinem Kummer, daß man ihn hierzulande ansah, als ob er in der Haut des Teufels steckte. Schon unterwegs waren alle Kinder kreischend in den Schoß der Mütter geflüchtet, sooft er sich von seinem Kamel herabbeugte, um ihnen Zuckerzeug zu schenken, und die Weiber würden sich bekreuzigt haben, wenn sie damals schon hätten wissen können, wie sich ein Christmensch gegen Anfechtungen schützt.

Als letzter in der Reihe trat Melchior zaghaft vor das Kind und warf sich zur Erde. Ach, hätte er jetzt nur ein kleines weißes Fleckchen zu zeigen gehabt oder wenigstens sein Innerstes nach außen kehren können! Er schlug die Hände vors Gesicht, voll Bangen, ob sich auch das Gotteskind vor ihm entsetzen würde. Weil er aber weiter kein Geschrei vernahm, wagte er, ein wenig durch die Finger zu schielen, und wahrhaftig, er sah den holden Knaben lächeln und die Hände nach seinem Kraushaar ausstrecken. Über die Maßen glücklich war der schwarze König! Nie zuvor hatte er so großartig die Augen gerollt und die Zähne gebleckt von einem Ohr zum anderen. Melchior konnte nicht anders, er mußte die Füße des Kindes umfassen und alle seine Zehen küssen, wie es im Mohrenlande der Brauch war. Als er aber die Hände wieder löste, sah er das Wunder: Sie waren innen weiß geworden! – Und seither haben alle Mohren helle Handflächen; geht nur hin und seht es und grüßt sie brüderlich!

Georg Lohmeier

Der Heiligdreikini

Anfang der dreißiger Jahre konnte man sie noch auf allen abgelegenen Straßen und Wegen dahinmarschieren sehen, die fleißigen Vagabunden, gelegentlichen Körbelzäuner, Besenbinder, Feilenhauer, Flickschuster, Kraxenkrämer, Hausierer, Zuckerweibeln, Federnschleißer und die direkten Bettelleut. Es waren originelle Charaktere darunter, wahre Philosophen und freiwillige Heilige, moderne Diogenesgestalten und arme Teufel, obdachlose Verrückte und ausgestoßene Krüppel. In den einsamen Bauernwirtshäusern kehrten sie ein und vertranken ihre Fechtpfennige. Und doch hatten sie, die professions- und obdachlosen Vagabunden, ihre festen Plätze und Standquartiere. In jeder Pfarrei gaben sie regelmäßig einem Einödhof die Ehre. Und gegenseitig gingen sie sich selten ins Gäu.

Blieben sie im Sommer oft nur etliche Tag, konnte sich die Einquartierung im Winter über zwei, drei Wochen erstrecken. Und jeder bevorzugte seine spezielle Liegestatt. Der »hupferte Körbelzäuner-Girgl« liebte es, im Schweinestall zu schlafen, aber im Roßstall zu arbeiten. Er flocht in Stundenschnelle die besten Futterschwingeln. Der »lang Hans« logierte sich auch im Winter auf der Heuobern ein und arbeitete untertags gelegentlich fünf Minuten lang als Messerwetzer. Der »Taubenlucki«, von Beruf gewesener Schaukelbursche, durfte aus sittlichen Gründen nicht in den Kuhstall. Er nächtigte im Roßstallgang. Der »toagige Schneider«, ein Krückenmann und von äußerster Hinfälligkeit, wurde von der Schweizerin im Kuhstall gebührend verwöhnt. Er saß dann untertags in der Stube hinterm Ofen neben dem Großvater und knetete aus weichem Brot zahlreiche Rehe und Hunde und Hasen. Die Zuckergretl, die in ihrer Jugend tatsächlich Zuckerhüte verkauft haben soll, ging als Federnschleißerin und Quadratratschn von Hof zu Hof und durfte meistens im Haus in der Menscherkammer nächtigen.

Eine der merkwürdigsten Gestalten dieser an Originalen noch reichen Zeit, das war der »Heiligdreikini«, im Sommer auch »Herr Sanitätsrat« geheißen. Er war der Profession nach ein Einmannbänkelsänger. Den Sanitätsratstitel besaß er nur wegen seiner Rotkreuzarmbinde, die er noch

vom Ersten Weltkrieg her am rechten Ärmel trug. Die Binde war natürlich längst nicht mehr weiß, und von einem roten Kreuz war lange nichts mehr zu sehen. Der Sanitätsrat war überzeugt, daß ihm mit der Binde nichts passieren könne, »denn alle Kombattanten haben die Genfer Konvention unterschrieben«.

Dieser Friedensheld trug sich ziemlich militärisch. Seine Beine steckten in Wickelgamaschen, seine Mütze konnte ein französisches Offizierskäppi gewesen sein, und sein Mantel jedenfalls war ein alter deutscher Militärmantel. Da der Mensch einen Beruf brauche, um seinen Lebensunterhalt zu verdienen, nannte er sich einen »friedfertigen Sänger«. Er verfügte allerdings nur über ein Repertoire von zwei Nummern. Das normale Kirchenjahr über sang er das Te Deum laudamus. Im Winter aber ging er als Heiligdreikönig und intonierte schon am ersten Adventssonntag sein flottes »Die Heilig Drei König sind hoch geborn, sie reiten daher mit Stiefel und Sporn. Sie reiten vor des König Herodes Haus, der Herodes schaugt eben zum Fenster heraus ...«.

Sein kräftiger Baß tönte durch den ganzen Hausflöz, in die Stube hinein, in die Kammern, ja sogar in den Roßstall hinaus. Er stand mutterseelenallein im Rahmen der Haustür und hielt sein grauweißes Sacktuch in die Höhe. Damit schlug er leicht den Takt. Aber eigentlich bedeutete es den Stern von Bethlehem. Seine Stimme klang voll wie eine Orgel. Er hatte sich nicht von ungefähr den Beruf eines Sängers ausgesucht. Es ging einem besonders die rhythmische Stelle von dem König Herodes, der eben zum Fenster herausschaut, durch Mark und Bein. Und es machte gar nichts, daß man erst den Nikolaustag schrieb. »Ja, meine lieben Leut, i muaß bereits am ersten Dezember anfangen mit meinem Dreikinigliadl, sonst komm i ja kaum bis auf Dingolfing damit, und es is Aschermittwoch. I möcht aber bis auf Straubing kemma damit.«

Der Heiligdreikini oder der Herr Sanitätsrat war unter allen vagabundierenden Handwerksburschen die markanteste und beliebteste Erscheinung. Er konnte überall auf Zweiringe oder gar Fünferl hoffen. Und sang er um eine Essens- oder Brotzeitzeit, durfte er selbstverständlich mithalten. Man konnte mit ihm allerdings nur über seinen Sängerberuf reden, über Leute, die an seinem Gesang eine besondere Freude hätten, über den Wirt von Sterneck z. B., der sich auch im Hochsommer zum Großen Gott wir loben Dich immer auch noch den König Herodes dazusingen lasse. War der Sanitätsrat betrunken, was selbstverständlich gelegentlich vorkam, sang er weder den Heiligdreikini noch das Te Deum, sondern schrie in ungeheuerer Lautstärke die Responsorien der Präfation. Und das bis zur Erschöpfung. »Per omnia saecula saeculo-orum! A-men! – Dominus vo-obiscum ... Su-u-hursum co-o-horda-a!« Für dieses Hochlied kassierte er aber niemals ein Honorar, bestenfalls die samaritanische Hilfe des Hausknechtes, der den Herrn Sanitätsrat in seinem Zustande auf die Streu im Schweinestall bettete oder auch in einen gerade leerstehenden Schweinekoben legte, denn die Pferde und die Kühe hätten sich nur geschreckt an dem lateinischen Gesang. Den anderen Morgen war der Dreikini dann immer schon um fünf Uhr in der Früh dahin.

Kein einziges Mal hab' ich ihn am Dreikönigstag singen hören, immer schon um Nikolo. In der Dreikönigswoche singe er bereits in der Gegend von Pfarrkirchen, hieß es. »Mei, habns die Pfarrkirchner schön, die derfan an Dreikini aa wirkli auf Dreikini hörn«, rief die alte Schwimmerin von Schwimm öfters aus. So berühmt war der Herr Sanitätsrat, und er gehörte zum Advent wie der Vorläufer des Herrn, der Johann Baptist. Er war ein Vorläufer der Weisen aus dem Morgenland.

Nur für ein einziges Gesprächsthema war er, außer für seine beiden Gesangsnummern, noch zu haben: für die Konvention von Genf und ganz besonders für den Segen des Roten Kreuzes. Er empfahl allen Bauern und Bäuerinnen, jahraus, jahrein eine Rotkreuzarmbinde zu tragen, und zwar am rechten Arm. Damit würde im Kriegsfalle jeder Todesfall unmöglich werden. Mit einem Wort: Die liebe und praktische Verrücktheit des Heiligdreikini, sein theologischer Charakter, seine altbayerische Baßstimme und seine Unbeirrbarkeit über Jahre hinweg ergeben allein schon die ganze Geschichte. Es bleibt nur noch nachzutragen, daß er im September 1937 beim Wirt in Hinterköllnbach von der Landgendarmerie verhaftet wurde, auf verhältnismäßig raschem Behördenweg einer Landesirrenanstalt überstellt war und im Zuge der Aufhebung derselben den echten Heiligen Drei Königen im Himmel anvertraut werden konnte. Es bleibt der Phantasie aller Heiligdreikönigverehrer im Advent überlassen, sich auszumalen, wann und wo und unter welchen Umständen der Herr Sanitätsrat zum letztenmal sein Te Deum angestimmt hat und ob man ihn dann auch noch den König Herodes hat singen lassen, der da eben zum Fenster herausgeschaut haben soll. – Seine Rotkreuzarmbinde hatte man ihm jedenfalls schon vorher abgenommen.

Georg Lohmeier

19 - K + M + B = ?

Vidimus stellam eius in oriente! Wir haben seinen Stern gesehen im
Morgenland! – Et venimus cum muneribus adorare Dominum, und sind
mit Geschenken gekommen, den Herrn anzubeten!

Sie habn an weiten Weg ghabt, die drei Weisen aus dem Morgenland, die
Drei Heilign Kini oder no besser, die Heiligndreikini. – Verfahrn habn sie
sich freili' net kinna, weil eahna der söl helle Stern von Bethlehem gleicht
hat. Vidimus stellam eius! Sein Stern, dem Kindl der seine. – Es hat ja an
jeder Mensch sein Stern, aber »stellam eius«, dem Christkindl sein Stern,
war schon bsonders hell. Der hätt' die ganze Welt ausleichtn könna. Und
dengascht habn ihn grad die Heiligndreikini gsehgn. Gscheite, brave und
guate Kini müaßn dös gwen sein. Indem eahna der Weg net zweit wordn
is, obwoihl daß sie no koan Auto ghabt habn und koan Flugzeig. Ja net
amal mit der Eisenbahn habns fahrn könna. Sie san eahnane Weg grittn,
auf Roß und Kamel und Elefant.

Man sagt zu einem, der zuviel gegessen hat: Du bist ein rechter Fraßkini.
A Fraßkini oder ein Dreikini – dös is grad gleich, indem es ja schon in
dem uralten Dreikönigslied heißt: »Die Heilig Dreikönig mit ihrigem
Stern, sie essen, sie trinken und bezahlen nicht gern!« – Und hat das
Gedicht Johann Wolfgang von Goethe anno 1781 bei einer Weimarer
Hofredoute am 6.1. schön aufsingen lassen.

Natürlich, die Sternsinger oder Heiligndreikini mögns lustig und naß!
Dös san junge Leut und können was vertragn.

Kaiser Barbarossa hat ihre Gebeine – ein Geschenk des Kaisers an
Rainald von Dassel – anläßlich der Eroberung Mailands anno 1162/63
nach Köln bringen lassen. Aber wia sans nach Mailand kemma?

Wias wieder hoamkomma san von Bethlehem, san sie große Heilige
wordn und sind verstorben und begraben worden in der Stadt Sewa im
Orient. Unter Kaiser Zeno von Ostrom sind sie dann nach Konstantinopel übertragen worden, und von dort hat sie die Stadt Mailand erwor-
ben. Nix Gwiß woaß man nimmer. Aber die Reliquien im Kölner Dom
sollen in dem goldenen Schrein – trotz des hohen Alters – noch recht gut
erhalten sein. Sie gehören drei Männern von sehr unterschiedlichem Alter

an. Weshalb also es gar nichts ausmacht – im Gegenteil, es ganz gut getroffen ist –, wenn unter den Hl. Dreikönigen einer ein großer ist, einer ein kleiner und einer eine mittlere Statur hat.

Für die Weihnachtskrippen ist heute, am Dreikönigstag, der letzte große Aufzug. Da dürfen sie, die sich ja schon lange allmählich nähernden Weisen, ganz nahe ans Kripperl hin. Heut gehört ihnen die Szene. Die Hirten müssen zurück zu ihren Schafherden, und auch die Jäger und Holzknecht sind schon wieder im Wald. Heut ist der Auftritt der Könige mit ihrem bunten Gefolge. Das ist oft ein Glanz! Es gibt Krippen in Bayern, wo ein solcher Heiliger Dreikönig gleich zwanzig und dreißig Mann im Gefolge hat. Kamel- und Eseltreiber agieren im Hintergrund, Läufer und Trabanten geben das Geleit, Kammerdiener und Adjutanten sind geschäftig, tragen Baldachine oder halten die üppigen Kleider. Und die weisen Monarchen selber erst! – Wie die ihre kostbaren Geschenke vor der Krippe niederlegen, Gold, Weihrauch und Myrrhen! Wie sie mit unsagbarer anbetender Geste königlich das Knie beugen. Das ist eine Anbetungsszene, wie wir sie in der heutigen geschäftigen Frömmigkeit nicht mehr erleben. Es ist die Frömmigkeit der Könige, es ist die Anbetung jener, die sonst sich meistens selber anbeten lassen.

Ja, ja, die Heiligen Dreikini sind hochgeborn! Sie reiten daher mit Stiefel und Sporn. Sie reiten vor des Königs Herodes Haus – der Herodes schaugt eben zum Fenster heraus ... Venimus adorare Dominum!

Der Kaspar, der Melchior und der Balthasar! Woher weiß man denn das, daß die drei so geheißen haben? Im Evangelium findet man ihre Namen nicht. Aber sie sind uns von alters her überliefert worden. Jedenfalls liegen die drei im Dom zu Köln begraben. In einem wunderschönen und kostbaren Schrein. Der Kölner Dom ist ja ihretwegen überhaupt erst gebaut worden. Und sie sind große Heilige, die Heiligen Dreikönige. Alle drei. Nicht daß jemand glaubt, der Kaspar waar ebba mehrer heilig wia der Balthasar oder der Melcher! – Der Balthasar ist der würdigste Greis mit dem schlohweißen Bart. Melchior ist der arabische Sterndeuter mit dem ganz gescheiten Gschau, und der Kaspar ist der brave Afrikaner mit seine krausetn Haar. Der Herr ist allen Völkern erschienen.

Drum hoaßt ja dös heutige Fest »Erscheinung des Herrn oder Epiphanie«. Und ein gewisses juristisches Odium ist dem Tag geblieben. Wie es ja in allen Urkunden beim Notari heißt: Erschienen sind mir, dem kgl. bay. Notar N. N. in meiner Kanzlei und mir selber persönlich bekannt: die Herren Kaspar, Melchior und Balthasar Hinteregger, Brüder zu Hinteregg etc.

Ein juristischer Klang ist dem Dreikönigstag seit alter Zeit zu eigen. Besonders die germanischen Stämme, sobald sie zum Christentum übergetreten, haben am Dreikönigstag ihre Rechtsgeschäfte datiert und versiegelt. Die deutschen Könige haben noch im Mittelalter ihre Urkunden gerne am 6. Januar ausgestellt. Oder auf den Königstag anfangen lassen. Gesetze, Übergaben und Verkäufe wurden gerne auf den 6. Januar gesetzt.

Denn noch früher, heißt es, soll am Dreikönigstag das neue Jahr angefangen haben. Das Anschreiben dieses neuen Jahres auf die Stubentüre, früher auch auf Tisch und Bettstatt, ist noch der Brauch. 19 – erschienen ist dem Kaspar, dem Melchior und dem Balthasar der Stern von Bethlehem – anno Domini 85.

Oder wia die frechn Münchner Lausbubn gsagt habn, wenn sie mit der Kreidn die Zeichen Epiphanie auf die Türen geschrieben haben: 19 – K + M + B – 85. Sie haben das respektlos so gelesen: 19 kalte Münchner Bratwürst kosten 85 Pfenning. Vorigs Jahr habns grad 84 kost. – Und im Jahr 2000 kostens dann nix mehr.

Der Dreikinitag war allerweil schon ein Rauchtag. Geradeso wie der Heilige Abend oder der Neujahrstag. Rauhnächte gibt es, glauben manche Volkskundler, schon länger als zweitausend Jahr. Mag sein und auch nicht. Ich bezweifle es, daß die Kelten den Weihrauch schon gekannt haben. Diese uns gelegentlich heidnisch anmutenden frommen Bräuche haben eher christlichen Sinn. Zu den Gesten der Anbetung gehört der Weihrauch und gehört das Weihwasser. Und an die Stelle der Myrrhe setzen wir die dicke Kreiden, die an die Türen, durch die wir ein und aus gehen, die Chiffren der dahineilenden Zeit schreibt, der Vergänglichkeit.

Die Dreikönigsweihe, wo der Weihrauch, die Kreide und vor allem das Dreikönigswasser geweiht werden, verursacht heute noch in vielen, vielleicht sogar in den meisten Pfarreien, eine Konkurs des Volkes. Und man muß die Packerl, den Weihrauch und die Kreiden, vorher beim Kramer bezahlen, nicht nach der Weih, denn die Weih läßt sich nicht kaufen. – Das Dreikiniwasser hat die stärkste Weihwasserweihe des Jahres. Dagegen kann nicht einmal das Osterwasser an.

Mein Muatter hat no jeds Jahr mehrer Liter Dreikiniwasser hoamtragn laßn. Und hat dös houchgweichte Weihwasser extrig in ihrm Kostn aufgspart. Is a neus Stück Vieh aufn Hof kemma, hat sie dös Küli oder die Kalbn mitm Heiligdreikiniwasser besprengt – no eh dös Stückl hat in

Stall gweist werdn derfn. Außerdem hats no a Stückl Brout mit gweichtm Salz kriagt. Aber dös Salz war a halbwichtige Dreingab. Das wichtigste war das Dreikönigswasser.

Aa dös erste Fuader Troad, dös in Hof gfahrn is, hat d' Bäurin mit etli Tropfa hl. Dreikiniwasser angspritzt, daß dergibt, daß bei der Ahnt nix passiert, daß a guats Mehl werd, daß halt die Fuatterei und die Strah glangt.

Hat der Bauer in d' Stadt fahrn müassn – zum Advikatn oder aufs Gricht –, hat 'hn sein Bäurin zerst mit hochheiligem Dreikönigswasser gründlich besprengt. Jetzt hat eahm nix mehr passieren könna. – Denn dieses Weihwasser hatte den höchsten und hatte die meisten Exorzismen bekommen bei seiner Weich. D. h., die meisten und stärksten teufelsbeschwörenden Gebete wurden über dieses Hl. Dreikönigswasser am Tag der Erscheinung des Herrn gesprochen. – Natürlich auf lateinisch: Exi immunde spiritus! Weiche, du unreiner Geist! – Ja, gegen die deitschen Betereien is der Teifi nimmer empfindlich.

Verglichen mit den anderen Weihwassern, hatte das Dreikönigswasser doppelt soviel Prozent, pflegen alte Dreikönigswasser-Verehrer zu sagen. An alte Bäurin, tiaf drin im Wald, hat ihren Weichbrunn allweil selm gweicht. Durch eine Magd is dös dem Hochwürden Herrn Pfarrer zu Ohren gekommen. Der hat den weiten Weg auf den Prackenberg nicht gescheut und hat die Bäurin, kaum bei der Tür herein und geringschätzig nach dem Weihbrunnkessel greifend, gleich scharf angredt: »Mein liabe Bäurin, hat er gsagt, was is denn dös für a minderwertiger Weihbrunn?!« – Und er hat an etli Tropfa aufn Stubnbodn gspritzt. – »Wie ich erfahrn hab müassn, habn Sie dös selber gweicht? Hm?!« – Aber die kuraschierte Pracknbergerin hat dem Herrn Pfarrer ungenant ins Gsicht gschaugt und hat gsagt: »Ja, Hochwürdn, dös han i selm gweicht. Den weitn Weg zu üns aufa verschütt i mit der altn Weihbrunnkann allweil dös mehrist. Dös is ma z' dumm wordn, und drum weich i's iatz selm!« Der Pfarrherr schüttelte mißbilligend den Kopf. »Aber, aber, eine christliche Bäurin tut so was net«, brummelt er.

»Ja mein, Hochwürden, mit acht Deanstbotn, fünf Kinder und 42 Stuck Vieh im Stall brauch ma mir oanmal z'vuil Weihbrunn.«

»Ja, und wie vollziehen Sie diese Weich?«

»Ganz oanfach: I nimm auf an Eimer Quellwasser an Liter Dreikiniwasser. – Und 's Glück im Stall laßt net nach!«

Wer am 6.1. nicht alles Namenstag hat? Die Kasperln, die Melcher und die Balthes! – Der heilige Balthasar ist bei uns ein gestandener Namenspatron. Balthes, der Schmied von Kochel. Balthes, der kräftige Held, Holzknechte, Jäger und Wilderer können so heißen. Aber will sich schon einer mit dem heiligen Kaspar zufriedengeben? Kennen Sie keinen Kaspar? – I schon. Und man nennt ihn hierzulande den Kaschbe, den Meier-Kaschbe z. B. oder den Angermeier-Kaschpar. Daß der heilige Kaspar auch einen so lustigen und hintertriebenen Gesellen als Patenkind haben muß, wie es der Kaschperl ist, das hat schon auch seinen Sinn. Da sagt nämlich in einer Kaschperlkumödie der Kasperl: »Was, i, der Kasperl, soll net gscheit sein? Wo doch mein Namenspatron schon ein Weiser aus dem Morgenlande gewesen ist?«

Aber wer tauft heutzutag seinen Sohn schon noch Melchior? – Das klänge unseren Ohren zu altmodisch, zu winkeladvokatisch. Gerade darum ist der Melchior empfehlenswert, er ist mit seinem Patronat nicht so überladen wie der hl. Josef oder der hl. Michael. Er würde sich seines Schützlings wahrscheinlich besonders sorgfältig annehmen.

Und als sie im Traume die Weisung bekamen, nicht mehr zu Herodes zu gehen, kehrten sie auf einem anderen Wege heim. –

Sie haben sich nicht ausfratscheln lassen! Sie habn halt an Stern ghabt. Und einen Stern haben heißt in alter Redensart soviel wie »ein Glück haben«! Wie wieder ein anderes Sprichwort sagt: »Man nennt koan an Blasl, er hat denn an Stern!« – Der Blaß oder die Bläß, das ist ein Pferd, ein Fuchs oder ein Brauner mit einem weißen Sternfleck auf der Stirn. A Stern auf der Stirn! Dös is a glücklichs Vieh. Und wenns grad a Hunderl waar – oder a Katz. A Blaßl is'! Und man nennt koan an Blaßl, er hat denn an Stern.

Und weils gar so hohe und frühe Heilige des Neuen Testamentes sind, haben sie noch ein Patronat übernommen, zum Reisepatronat dazu: sie sind die Helfer auch noch der Epileptiker. – Eine merkwürdige Doppelfunktion: Patrone der Reisenden und der Epileptiker zu sein! In der heutigen reisewütigen Zeit schwinden aber auch diese Unterschiede. Und singt heut manch einer ein Solo, ein Dreikini allein, dann klingt das ungefähr so und ist auch keine direkte Geschichtsfälschung.

> I bin a Dreikini
> A Dreikini bin i
> Und i folg halt meinem Stern
> Bsunders hoamzu recht gern.

Quellenverzeichnis

»Alte Weihnachtslieder« in: Deutsche Gaue. Bd VI. Kaufbeuren, 1905

BACHER-TONGER, C. »Das gestohlene Jesulein«, in: *Regensburger Bistumsblatt*, 52 (1966), S. 16.

BALSAMER, ALOYS, »Der Niklas«, in: *Ein Grantler sagt ... Selbstgespräche eines Bayern*. Regensburg: Walhalla und Praetoria Verlag 1975

BAUER, KARL, Regensburger Weihnacht, in: Regensburg. Aus Kunst-, Kultur- und Sittengeschichte. Regensburg: Mittelbayerische Druckerei- und Verlagsgesellschaft 1970

BEKH, WOLFGANG JOHANNES, *Baierische Kalendergeschichten für Stadt- und Landleut*. München: Hornung, 2. Aufl. 1973

BLUNCK, BERTHOLD/DREYER, ERNST ADOLF, Deutsche Weihnacht. Leipzig: Seybold 1934

BRONNER, F. J., Von deutscher Sitt und Art, München 1908

DEUTSCHES PASSIONAL, Augsburg 1513

EBERTSHÄUSER, HEIDI CAROLINE (Hrsg.), *Das bairische Jahr*. München: Hugendubel 1979

EICHENSEER, ERIKA/EICHENSEER, ADOLF J., *Oberpfälzer Weihnacht. Ein Hausbuch von Kathrein bis Drei Kine*. Regensburg: Mittelbayerische Druckerei und Verlagsgesellschaft 1978

FÄRBER, SIGFRID, Der Nikoluas bei den Hartl-Kindern, in: Frohe Einkehr. München: Don Bosco-Verlag 1949

GREIF, MARTIN, »Barbarazweige«, in: Berggedichte. München: Kösel, S. 10

HAGER, FRANZISKA/HAYN, HANS, Drudenhax und Allelujawasser. Volksbrauch im Jahreslauf. Rosenheim: Rosenheimer Verlagshaus 1975

HASELBERGER, VIRGIL, Traunstein 1782, »Weyhnachtslied ...«, in: Münchner Intelligenzblatt, 4.1.1783

HAUEISEN, ERNST, »Vom Anklöpfeln im Advent«, in: Volk und Heimat 13, München 1937, Nr. 12, S. 350–51

HUBER, K./SIMBECK, L., Niederbairisches Liederbuch. München, o. J.

HUBER, MAX, *Glauben auf Boarisch*, Regensburg: Pustet 1979

KÖCK, INGE, »Engelverkündigung«, in *Der Zwiebelturm*, 2 (1947), S. 331–332

KRAUSS, ANNEMARIE, »Ein Neujahrswunsch aus alter Zeit«, in: *Der Neue Tag*, 30.12.1967, o. S.

KREIS, JULIUS, »Damals«, in: *Kleine Großstadt*. München: Langen-Müller 1952

LASSLEBEN, JOHANN BAPTIST, Neujahr in der Oberpfalz, in: *Die Oberpfalz* 17 (1923)

LECHNER, R., »Vom Bauernjahr im Bezirk Vilsbiburg«, in: *Niederbayerische Heimatblätter* 2, Vilsbiburg 1930, Nr. 11

LETTL, JOSEF, *Durch's Jahr hindurch. Ein bayerisches Hausbuch.* Regensburg: Pustet 1988

LOHMEIER, GEORG, *Bayerisches für Christenmenschen.* München: Ehrenwirth, 2. Aufl. 1990

MARKMILLER, FRITZ, *Der Tag der ist so freudenreich. Advent und Weihnachten.* Regensburg: Pustet 1981

MAYER-PFANNHOLZ, ANTON, *Deutsches Alpenland. Ein Heimatbuch.* Leipzig 1920

MOTYKA, GUSTL, *Alte Oberpfälzer Bräuche.* Regensburg: Mittelbayerische Zeitung 1983, S. 111–112

NEUMAIER, FERDINAND, »Nikolo bumbumbum«, in: *Sing mar e weng.* Grafenau: Morsak Verlag 1981

ORFF, CARL, *Ludus de nato Infante mirificus.* Mainz: Schott o. J.

PEINKOFER, MAX, *Werke, Band 2: Die Fünferlkuh. Waldweihnachten.* Passau: Passavia 1977

PEITZSCH, INGE, *Glebt is glei.* Stockach-Wahlwies: Weidling 1981

POLLINGER, JOHANN, *Aus Landshut und Umgebung,* München 1908

RINGSEIS, FRANZ, *Meine Versln san wias Leem,* München: Ehrenwirth 1978

SCHREYER, ODILO, »Glückselig neu's Jahr«, in: *Die Oberpfalz* 34 (1940), S. 20

SCHLICHT, JOSEPH, »Silvesterabend und neues Jahr«, in: *Altbayernland und Altbayernvolk.* München 1886

SCHLICHT JOSEPH, *Bayerisch Land und Bayerisch Volk,* München 1885

SCHMELLER, ANDREAS, *Bayerisches Wörterbuch,* 2. Band. Stuttgart/Tübingen 1828

SCHMID, PASCHALIS, *Als Herre Krist geboren ward. Christnachtsröselein gebrochen dem ewigen Lieb.* München: Gesellschaft für christliche Kunst, 1921

SIEBZEHNRIEBL, XAVER, »Grenzlandweihnacht«, in: *Unser Heimatland,* Nr. 10 (1958), o. S.

STAUDIGL, FRANZ XAVER, »Der Nachtwächter«, in: *Mittelbayerische Zeitung.* Weihnachten 1974, o. S.

THOMA, LUDWIG, *Gesammelte Werke.* München: Piper

WAGGERL, KARL HEINRICH, *Und es begab sich ... Inwendige Geschichten um das Kind von Bethlehem.* München: Otto Müller, 28. Aufl. 1963

WALTHER, HANNA, *Das Boarische Weihnachtsbüachl.* Starnberg: Ruperti 1984

WALTINGER, MICHAEL, *Kinderreime und Volksdichtungen aus Niederbayern,* in: *Deutsche Gaue,* Bd. XII, Kaufbeuren 1911

Herausgeber und Verlag danken den Rechteinhabern für die freundliche Abdruckgenehmigung

Hilde Lermann
Die Braut des Märchenkönigs
Sophie von Wittelsbach

Biographischer Roman
288 Seiten, Geb.
ISBN 3-431-03419-5

Ein Leben wie ein Roman – das Leben der Sophie von Wittelsbach,
Schwester der österreichischen Kaiserin Sissi, Verlobte des Märchen-
königs Ludwig II. von Bayern.

Günter Albrecht
Seine Majestät der König
Aus dem Leben Ludwigs II. von Bayern

152 Seiten, Geb.
ISBN 3-431-03430-6

Wer mag schon in vergilbten Zeitungsausgaben blättern, bis er auf die Kö-
nigsproklamation „Wir Ludwig II. von Gottes Gnaden, König von Bayern,
Pfalzgraf bei Rhein, Herzog von Bayern, Franken und Schwaben . . ." stößt?
Und wer hat schon Zugang zu den Gerichtsakten und medizinischen Gut-
achten, die versuchen, Licht in das Dunkel um den Tod Ludwigs II. zu
bringen? Wie aber, wenn eine Person schon zu Ludwigs Lebzeiten alle
zugänglichen Informationen und Dokumente gesichtet und aus der Sicht
eines Zeitgenossen kommentiert hätte? Stellen wir uns die Gouvernante
und Hofdame Carla von Lichtenfels vor, deren Schwester mit ihrem Ehe-
mann nach Pennsylvania ausgewandert ist. Und jetzt schreibt Carla ihrer
Schwester Fanny ins unbekannte Amerika Briefe über all den Klatsch und
Tratsch bei Hofe, Informationen, Spekulationen, Sensationen. Nach Mög-
lichkeit legt Carla diesen Briefen einen Zeitungsausschnitt bei oder einen
Theaterzettel, eine Proklamation, ein Gedicht – und immer steht darin eine
Person im Mittelpunkt, die durch die lebhaften Berichte eine lebendige
Gestalt annimmt: Seine Majestät der König, Ludwig II. von Bayern.

Alfons Schweiggert
Schattenkönig
Otto, der Bruder König Ludwigs II. von Bayern
Ein Lebensbild

160 Seiten mit zahlr. Abb., Geb.
ISBN 3-431-03192-7

Mehr als 2000 Veröffentlichungen in Buchform und in Zeitschriften
existieren über den berühmten Bayernkönig Ludwig II. und seine vielbe-
suchten Märchenschlösser. Über seinen Bruder, den Prinzen Otto, ist so
gut wie nichts Umfassendes erschienen. Dabei eröffnet gerade die Kennt-
nis seiner Biographie interessante, mitunter auch überraschende neue
Aspekte hinsichtlich des Lebens von Ludwig II.

Ehrenwirth Verlag München

Bayerische Märchen

Erzählt von Alfons Schweiggert

352 Seiten mit Illustrationen, Geb.
ISBN 3-431-03372-5

In diesem Buch hat der vor allem in Bayern weithin bekannte Literat Alfons Schweiggert eine Sammlung bayerischer Märchen zusammengestellt und nacherzählt. Die in diesem Band versammelten Märchen sind Volksmärchen im besten Sinne: Sie vermitteln etwas von der Seele der traditionsbewußten bayerischen Kultur, die auch in ihren Märchen eine regionale Differenziertheit aufweist. Dies hat der Erzähler einfühlsam berücksichtigt, indem er seine Sammlung bayerischer Märchen regional untergliedert hat: Altbayern, Franken und Schwaben weisen eine Vielzahl jeweils eigener Volksmärchen auf, die sich insgesamt zu der hinreißenden Sammlung bayerischer Märchen verbinden, die Alfons Schweiggert mit diesem Buch vorgelegt hat.

Franz Ringseis
Der Bayerische Witz
1000 Witze in einem Band

8. Auflage, 480 Seiten, Geb.
ISBN 3-431-01814-9

„Ein Prachtbuch. Ringseis trifft den Tonfall so gut, daß auch für ‚Zuagroaste‘ jede der Pointen gut verständlich ist. In ‚mittlerer‘ Mundart, das heißt in ‚gemildertem Bayerisch‘ geschrieben, eignet sich das Buch mithin auch für ‚Preißn‘, die seltsamerweise recht gut darin wegkommen. Alles in allem eine Sammlung, die sich sehen lassen kann, . . .“
Münchner Stadtanzeiger

Da Boarische Struwwepeta
Am Hoffmann Heinrich sei Struwwepeta aaf Boarisch vozölt vom **Spinner Meinrad** und **Sauer Walter**.

32 Seiten mit farbigen Abbildungen, Geb.
ISBN 3-431-03129-3

Die Autoren haben den eher spröden Urtext so witzig und dennoch originalgetreu übertragen, daß „Da Boarische Struwwepeta“ auch den größten Kindern zur erheiternden Lektüre wird.

Ehrenwirth Verlag München

Georg Lohmeier

Liberalitas Bavariae

Von der guten und weniger guten alten Zeit
in Bayern

408 Seiten, Geb.
ISBN 3-431-02696-6

Kenntnisreiche und gescheite Anmerkungen zur
bayerischen Geschichte.

Georg Lohmeier

Königlich Bayerisches Amtsgericht

Alle Verhandlungen in einem Band.

9. Auflage, 528 Seiten, Geb.
ISBN 3-431-01948-X

„Nur ein Schlitzohr wie Georg Lohmeier ist imstande, das
Komödiantische, das in den Tiefen der bayerischen Seele
ruht, ans Tageslicht zu bringen, zur Gaudi der Eingeweih-
ten und zum Staunen der übrigen."
Bayerischer Rundfunk

Georg Lohmeier

Bayrisches für Christenmenschen

2. Auflage, 240 Seiten, Geb.
ISBN 3-431-02665-6

Georg Lohmeier kennt sein Land wie kaum ein anderer und
ist vertraut mit all dem, was sich seit alters her in Bayern
zwischen Weihnachten und Ostern, Pfingsten und Aller-
seelen abspielt. Damit die schönen alten Bräuche nicht
aussterben, hat er sie aufgeschrieben und mit vielen
Geschichten illustriert.

Ehrenwirth Verlag München